凯里学院“光辉照耀苗乡侗寨：中国共产党民族政策在黔东南的实践（台江县篇）专项课题（项目号：GHZYMXDZ0012）结题成果

黔东南山乡巨变

台江县篇

杨沁　杨伶佳　编

民族出版社

图书在版编目（CIP）数据

黔东南山乡巨变·台江县篇 / 李斌主编；杨沁，杨伶佳编著．-- 北京：民族出版社，2023.7
ISBN 978-7-105-17074-6

Ⅰ．①黔… Ⅱ．①李… ②杨… ③杨… Ⅲ．①社会主义建设成就—台江县 Ⅳ．① D619.732

中国国家版本馆 CIP 数据核字 (2023) 第 177687 号

黔东南山乡巨变·台江县篇

编　　著：杨　沁　杨伶佳
策划编辑：张义军
责任编辑：张义军
出版发行：民族出版社
网　　址：http://www.mzpub.com
地　　址：北京市和平里北街 14 号
邮　　编：100013
印　　刷：北京盛通印刷股份有限公司
版　　次：2023 年 9 月第 1 版
印　　次：2023 年 9 月第 1 次印刷
开　　本：787 毫米 ×1092 毫米　1/16
印　　张：13
字　　数：238 千字
书　　号：ISBN 978-7-105-17074-6 / D · 3425（汉 550）
定　　价：54.00 元

（投稿热线：010-58130111　1092781806@qq.com；发行部：010-64211734）

台江县城全貌（县委宣传部 / 供图）

台江县城局部（何金武 / 供图）

岗党略村寨门前的巨幅雕塑（舒俊姣 / 供图）

红阳万亩草场（县融媒体中心 / 供图）

交密村鸟瞰图（县委组织部/供图）

施洞镇新貌（县委宣传部/供图）

岗党略村全景（舒俊姣 / 供图）

方黎湾社区桃源安置点（县委宣传部 / 供图）

方召镇巫梭村千亩茶园（杨兴美 / 供图）

反排村全貌（县融媒体中心 / 供图）

红阳村老木桥（县融媒体中心 / 供图）

岗党略村村容寨貌（舒俊姣 / 供图）

九摆村村貌（刘思思 / 供图）

“强师工程”幼儿园教师专项培训开班仪式（县委宣传部 / 供图）

城关第三幼儿园举行毕业典礼（董静婷 / 供图）

佛山市顺德区支教团赴台江三中考察调研（县委宣传部 / 供图）

农技专家到红光村指导养蜂技术（刘思思 / 供图）

九摆村“六月六”民俗活动（县融媒体中心 / 供图）

九摆村茶叶生产示范园（邰胜志 / 供图）

台江中等职业学校学生在声乐课上（杨晓波 / 供图）

台江县老年大学苗族歌舞班游学活动（老干部局 / 供图）

长滩村乡村旅游展演活动（部春 / 供图）

排羊乡富强村九方民族服装厂工作车间（王家敏 / 供图）

长滩村刺绣扶贫工坊（张奎 / 供图）

老屯乡创建“美丽庭院”（姜郦芸 / 供图）

老屯乡羊肚菌大棚基地（李昌柒 / 供图）

县城河滨木质栈道（县融媒体中心 / 供图）

巫梭村食用菌产业基地（部春 / 供图）

阳芳村五彩米（蔡兴文 / 供图）

《黔东南山乡巨变》丛书编委会

总　序

中国是一个统一的多民族国家，在漫长的历史长河中，各民族密切交往、相互依存、交流融合、休戚与共，形成了中华民族多元一体格局，“辽阔的疆域是各民族共同开拓的”“悠久的历史是各民族共同书写的”“灿烂的文化是各民族共同创造的”“伟大的精神是各民族共同培育的”“一部中国史，就是一部各民族交融汇聚成多元一体中华民族的历史，就是各民族共同缔造、发展、巩固统一的伟大祖国的历史”。[①]各民族共同推动了国家的繁荣发展和社会进步。

中国共产党历来十分重视民族和民族地区工作，在不同的历史时期，把马克思列宁主义的民族理论与中国的实际相结合，制定了一系列符合中国实际的民族工作路线、方针、政策，对发展各民族经济，繁荣各民族文化，起了十分重要的作用，是我们战胜各种困难和风险，推动建设有中国特色社会主义事业不断前进的重要保证。

党的十八大以来，以习近平同志为核心的党中央紧紧围绕坚持和发展中国特色社会主义，着眼于民族团结和繁荣发展两大主题，始终坚持人民利益至上的原则，高举民族团结伟大旗帜，把人民的根本利益作为党和国家一切工作的根本出发点和归宿。坚持和完善民族区域自治制度，做到统一和自治相结合、民族因素和区域因素相结合；坚持促进各民族交往交流交融，不断铸牢中华民族共同体意识；坚持加快少数民族和民族地区发展，不断满足各族群众对美好生活的向往。

黔东南苗族侗族自治州成立于 1956 年 7 月 23 日，现下辖凯里市和麻江、丹寨、黄平、施秉、镇远、岑巩、三穗、天柱、锦屏、黎平、从江、榕江、雷山、台江、剑河 15 个县，是一个苗、侗、汉等多民族聚居区，2020 年末常住人口

① 习近平：《在全国民族团结进步表彰大会上的讲话》，见国家民族事务委员会编：《铸牢中华民族共同体意识——全国民族团结进步表彰大会精神辅导读本》，4–6 页，北京，民族出版社，2021。

376.03 万人，户籍人口 488.65 万人，少数民族人口占总户籍人口的 81.7%，其中苗族人口占 43.4%，侗族人口占 30.5%。[①] 人口在万人以上的有水族、布依族、土家族、畲族、壮族、仡佬族、瑶族等世居少数民族。中华人民共和国成立 70 多年以来，黔东南苗族侗族自治州各族人民在中国共产党领导下，认真贯彻执行党的各项民族政策，各民族交往交流交融日益加深，像石榴籽一样紧紧抱在一起，和衷共济，和睦相处，和谐发展。2019 年 12 月，黔东南州成功创建“全国民族团结进步示范州”，经济、教育、文化、交通等各项事业取得了长足的进步和令人瞩目的成就，经济实力大幅跃升，生活水平极大改善，民族文化繁荣发展，黔东南州实现了历史性跨越。据《黔东南年鉴》统计数据，1949 年，黔东南州地区生产总值仅有 6288 万元；1955 年突破亿元，达到 10436 万元；1978 年达到 56026 万元；1984 年突破 10 亿元，达到 10.49 亿元；2003 年突破 100 亿元，达到 1130771 万元；2012 年达到 4957500 万元；2018 年突破千亿元，达到 1036.62 亿元。城镇居民、农村居民可支配收入从 1950 年的 115 元、33 元，到 1978 年分别增加到 220 元、106 元，到 2008 年分别增加到 11616 元、2452 元，到 2018 年分别增加到 30130 元、9227 元。地方财政收入 1952 年时仅有 1275 万元，到 1978 年达到 4284 万元，2000 年达到 48192 万元，2008 年达到 137382 万元，2018 年达到 663781 万元。[②]2020 年，黔东南苗族侗族自治州各族人民在中国共产党的坚强领导下，打赢脱贫攻坚战，彻底撕掉千百年来的绝对贫困标签，与全国人民一道迈入全面小康。

凯里学院源于 1958 年创办的黔东南大学，校名几经更迭变迁，2006 年 2 月经教育部批准升格为普通本科院校。作为黔东南州的最高学府，凯里学院始终坚持“三性一型”（地方性、民族性、师范性，应用型）的办学定位，充分发挥高校“社会服务”“文化传承创新”等基本职能，理应在黔东南地方经济社会发展和文化建设中贡献智慧和力量，有责任、有义务把中国共产党领导全州各族人民取得的历史性成就呈现出来。作为地方本科高校，凯里学院不仅在人才培养、科学研究上与地方接轨，而且在社会服务、文化传承创新上也与地方积极配合，发

① 黔东南州统计局、国家统计局黔东南调查队：《黔东南统计年鉴（2020）》（内部资料），7 页。

② 黔东南州统计局、国家统计局黔东南调查队：《黔东南统计年鉴 2018》（内部资料），403–405 页、414–416 页、402 页。

挥人才高地的作用。黔东南州民族文化浓郁，是国家级民族文化生态保护区，享有“生态之州”“歌舞之州”“人文之州”“百节之乡”“民间手工艺之乡”“苗族侗族文化遗产保存核心地”“迷人的民族文化生态博物馆”等诸多美誉。基于此，学校在专业、学科设置上，主动融入地方经济社会。2013 年人类学（二级学科）被遴选为贵州省重点支持学科，2017 年民族学（一级学科）被批准为贵州省重点学科，2018 年民族学（一级学科）被遴选为贵州省区域内一流建设培育学科。2014 年民族学本科专业开始招生，2022 年非物质文化遗产本科专业获批。根据贵州省级重点学科和贵州省区域内一流学科建设需要，结合黔东南州实际，学校决定出版《黔东南山乡巨变》丛书。丛书之所以用“山乡”命名，是因为它符合黔东南州地形地貌特点，全州地处云贵高原向湘桂丘陵盆地过渡地带，州境总体地势北、西、南三面高而东部低，中部雷公山区和南部月亮山为中山地带，西部和西北部为丘陵状低中山区，东部和东南部为低中山、低山、丘陵、盆地，境内大部分地区海拔 500—1000 米，是典型的山乡。丛书作者由凯里学院、黔东南州委党史研究室、黔东南州民族研究所等单位的专家学者构成。丛书共计 17 部，对全州及 16 个县市逐一进行介绍。丛书内容除历史底蕴和文化渊源部分外，其余部分的数据资料选取时间起于中华人民共和国成立，止于 2018—2020 年。丛书全面展示中华人民共和国成立后 70 多年黔东南州各族人民在中国共产党领导下，政治、经济、文化、教育、交通以及在脱贫攻坚等各个领域所取得的历史性成就，发生的历史性变革。丛书的出版，不仅总结了在中国共产党领导下黔东南州各民族取得的伟大成就，而且有利于增强文化认同、坚定文化自信，为铸牢中华民族共同体意识提供黔东南经验。

当然，我们也意识到，丛书主要是记录黔东南州经济社会发展的各个方面，内容的广度和深度以及理论上的研究还有待提高，学术性有待进一步加强，加之编著者的水平有差异，不足和疏漏在所难免。敬请各位读者海涵指正。

李斌

2021 年 3 月

前　言

台江县地处黔东南苗族侗族自治州中部，苗岭主峰雷公山北麓，清水江中游南岸，东南与剑河毗邻，西南连接雷山，全县总面积1108平方公里。台江县辖台拱镇、施洞镇、老屯乡、台盘乡、革一乡、排羊乡、方召乡、南宫乡8个乡镇156个村居委员会。境内有苗族、汉族、侗族、彝族、布依族等18个民族，2020年年末总人口173080人。

台江苗族文化丰富独特，保存完好。苗族古歌、多声部情歌、苗族姊妹节、龙舟节、苗族服饰、苗族刺绣、苗族银饰等多项目被列入国家级非物质文化遗产名录。境内有国家级风景名胜区雷公山保护区、贵州台江国家森林公园等，林木覆盖率67%，被授予“中国绿色名县”称号。台江县还荣获十佳“最具原生态的旅游大县”、十佳“最具民俗风情的旅游大县”和“贵州省长寿之乡”称号。

中华人民共和国成立后，在中国共产党的领导下，台江县这个少数民族聚居区和全国各地一样，各项建设事业都有了很大的发展，全县人民的经济生活有了极大改善。不可否认的是，民族地区有其特殊性，如何处理经济建设中全局发展和民族地区的共同繁荣，做到二者兼顾，这是中国共产党民族政策在台江县的实践过程中不断探索的问题。

经济的发展还需要加强资金、技术、人才、信息等方面的扶持。民族地区的经济发展，不仅是一个经济问题，而且也是一个政治问题，它直接体现社会主义制度的优越性，体现党和政府对民族地区的关怀。

本书共分四章。

第一章阐述了台江的历史底蕴和文化渊源。分三节，第一、二节介绍台江县苗、汉两大主要民族的情况，对苗族、汉族的基本情况，重点是其文化特征进行介绍。第三节介绍多元交融的民族文化。

第二章到第四章按时间顺序介绍党的民族政策在台江的实践。第二章为探索时期，从 1949 年开始到 1978 年十一届三中全会为止。第三章为改革开放时期，从 1979 年十一届三中全会后到 2012 年党的十八大召开前。第四章为跨越发展时期，从 2012 年党的十八大召开到 2020 年为止。

每章的结构相同，分四节，第一节是民族政策和民族事务，介绍党的民族政策的情况和执行情况。第二节为党的民族经济政策的实践。第三节为党的民族文化政策的实践。第四节为党的民族教育政策的实践。每节都从两个大方面介绍，一是实践措施，即党的各项政策的具体内容，以及台江县对各项民族政策所采取的措施；二是实践成就，总结了各项民族政策在台江县所取得的成就。

目　录

第一章　历史底蕴和文化渊源

第一节　历史沿革

台江地处黔东南苗族侗族自治州中部，苗岭主峰雷公山北麓，清水江中游南岸，东南与剑河毗邻，西南连接雷山，西邻凯里，北与黄平、施秉隔江相望，南北长 50.4 公里，东西宽 30.7 公里，全县总面积 1108 平方公里。

台江，唐朝始置陀隆县，隶应州，羁縻于唐。元、明两朝为“化外生苗地”，无建制。清雍正六年（1728），朝廷决定开辟苗疆，镇远知府方显至台拱诸寨招抚苗民，登记户名，赐苗族汉姓，编设保甲。雍正十一年（1733）五月二十五日，建台拱厅，由镇远府设理苗同知一员分驻台拱，建台拱城。雍正十二年（1734）施秉县置主簿分驻台拱。

清乾隆二年（1737），台拱厅下设土官建置：高坡土千总辖高坡、交宫、汪江、交密、南牛、南宫、翁细、翁西、四登、掌吉等寨，方召土千总辖李子、桐木、待忙、基甲、交汪、交架、方召、巫脚交、巫脚南、养门、麻栗等寨，南市土千总辖南市、台雄、白扎、红寨、乌龟警、掌皆归、在帮、大德等寨，乌漏土把总辖乌漏、乌尧、排略、掌我、翁相等寨，方陇土把总辖方陇、稿午、交洗、八郎、东郎、南蒿、翁笋等寨，龙塘土把总辖龙塘、龙井、平水、台盘屯、交江、铝厂、南瓦、德眷、南垌等寨，榕山土把总辖榕山、平敏、格色、白土、老屯、羊屯、稿仰、长滩、南开、岩寨、偏寨、新寨等寨，掌下土把总辖登鲁、交片、黄茅、掌下等寨。乾隆三年（1738）十一月二十日，丹江厅打格坝（今大德村）等寨改隶台拱厅。至道光末年，龙塘土把总无嗣而废。咸丰、同治年间农民起义废除各土官建置。光绪二年（1876）清理咸同善后事，高坡、方召土千总，方陇、榕山土把总复职。至光绪中叶，高坡土千总停袭，方召土千总、方陇土把总无嗣，榕山、掌下土把总停袭。厅下编制保、甲、牌，以10户为牌，10牌为甲，10甲为保，直隶于厅。宣统三年（1911）贵州反正，成立大汉贵州军政府，台拱厅同知汪荫畏势而逃，省军政府派王子雍为台拱厅知事，接管厅事，直隶于省。基层沿袭保、甲、牌制。

民国二年（1913），改台拱厅为台拱县，隶镇远道，为二等县。置革东、来同（今台雄）、台盘、南省、在浓（今丈浓）、施洞六区。区下沿袭保、甲制。民国四年（1915），镇远县龙塘（天堂）、偏寨、柏梓坪、八更溪、施洞口、平地营、石家寨、塘龙等寨拨归台拱县。设中、东、南、西、北五区，区下设保、甲。

民国二十一年（1932），改区保、甲制为区、乡（镇）闾邻制。全县设六区。第一区所驻台阳（台拱城），辖台阳镇、台拱、在浓、斐略（今排略）、梅影、桃赖、南省、番省、李子乡；第二区公所驻麻栗，辖麻栗、九龙（今交汪）、覃膏（今方召）、乌南（今巫脚）、惠林（今宝贡）、横经（今坝场）乡；第三区公所驻革东镇（今隶属剑河县），辖革东镇、博爱（今掌架）、沅江、内寨（今剑河县温泉）、五岔（今五河）、交榜乡；第四区公所驻来同（今台雄），辖来同、怀化（今白扎）、交密、乌山（今交片、红阳）、登楼（今登鲁）乡；第五区公所驻南江（今南瓦），辖南瓦、德春、瑞花（今台盘棉花坪）、南桐、台盘乡；第六区公所驻清河（今施洞），辖清河镇、大雅（今偏寨）、鸣凤（今榕山）、明德（今大塘）、尚志（今报效）、维新（今南哨、四新）、蕴经（今方寨、八更）、开化（今良田）乡。

民国二十七年（1938），改区为联保，置联保办事处，下设保甲，废牌。全县共9个联保83保876甲。台雄联保驻台雄，台盘联保驻台盘屯上，交下联保驻交下，覃膏联保驻待忙，革东联保驻革东街（今隶剑河县），五岔联保驻五岔，猫坡联保驻猫坡，台阳联保驻城关，清河联保驻施洞。民国二十九年（1940）恢复区置，区统联保，联保统保，保统甲。

民国三十年（1941），撤丹江县，以丹江河、养排小溪向东顺山脉为界，东北部地域划入台拱县，取台拱之“台”，丹江之“江”为县名，更名为台江县。同时调整地域，黄平县的革一、冷西、大小黑寨、白岩脚、万人坑（地名）、新寨、后哨、旧司、四新、屯上、革一大寨、田坝、梨树坳划归台江；施秉县的平兆、景洞塘、景洞坳、猫鼻岭、芝麻寨、新寨划属台江。台江县属的五岔、川洞、打老、巫门、岩寨、白神、张往、寨章、干俄、屯州、内寨、下岩寨拨划剑河；平地营、施洞堡（今施秉县马号）、甘荫塘划归施秉。是年冬编整保甲，全县设 5 区 17 联保 106 保 1108 甲。

民国三十一年（1942），台江县废区置，改设乡镇，全县分为萃文镇（台拱）、永安乡（台盘）、友助镇（施洞）、德立乡（革一）、蹈和乡（平兆）、德风乡（革东）、覃膏乡（方召）、孝弟乡（南宫）、尚志乡（报效）、绥阳乡（排羊）、西江镇、白建乡、开觉乡、黄里乡、陶尧乡。民国三十三年（1944）4 月，设立雷山设治局，原划入台江县的西江镇、黄里乡、震威乡、培墉乡、陶尧乡划为雷山设治局的行政区域；绥阳乡仍归台江，民国三十三年（1944），全县辖 10 个乡镇。

1949 年 12 月 3 日，台江解放。全县设第一、二、三区：第一区政府驻县城，辖萃文镇、水安乡、绥阳乡、孝弟乡；第二区政府驻施洞街，辖友助镇、尚志乡、德立乡；第三区政府驻革东街（今隶剑河县），辖德风乡、覃膏乡、蹈和乡。乡下沿袭保甲制。隶镇远专区。1950 年 4 月，因匪患干扰，县人民政府迁施洞，9 月 18 日，匪患平息后，县人民政府复移县城，全县各乡（镇）废保甲，建村组。

1953 年 1 月，改台江县为“台江苗族自治区”，隶镇远专区。剑河县的翁掌阿、东依下寨、养哥、掌皆归下寨等寨划归台江县辖。3 月，实行民主建政，把全县 10 个大乡（镇）划分为 44 个小乡（镇）。1954 年 4 月，台江苗族自治区改称台江苗族自治县，区域隶属不变。1955 年 4 月，全县设台拱、施洞和革东三个区。

1956 年 4 月 18 日，国务院批复镇远专区，成立黔东南苗族侗族自治州筹备委员会。7 月 23 日，黔东南苗族侗族自治州成立。12 月 21 日至 25 日，台江苗族自治县第二届人民代表大会第一次会议召开，会议将台江苗族自治县改名为台江县。1957 年 2 月，全县进行乡镇区域调整，撤台拱区的台雄、桃赖、交江、德眷、李子、九龙乡。全县有台拱、台浓、南省、番省、南瓦、台盘、排羊、九摆、红阳、登交、南宫、交密、交下、东杠、施洞、平兆、坝场、老屯、报效、滥田、南哨、革一、大塘、革东、麻栗、交东、宝贡、方召、巫脚、水井30个乡（镇）。

1958年9月，建立前进（驻台拱）、旭光（驻南宫）、幸福（驻革一）、清江（驻施洞）、和平（驻革东）人民公社。

1958年12月29日，台江县并入剑河县，撤区建大公社，原台江县地域划为剑河县的台拱、施洞、革东公社。1959年1月，原台江地区的前进、幸福公社合并称台拱公社，清江公社改称施洞公社，和平公社改称革东公社，旭光公社下辖的南宫、交密、交下、东杠划归太拥公社。

1962年5月30日，恢复台江县置，原属剑河县的五河公社划归台江县。全县设11个人民公社，社下设生产大队。1965年3月27日，把台拱人民公社划为台拱镇和台浓人民公社，原滥田公社更名为良田公社。1967年1月，革东区易名东风区。7月，台拱镇并入台浓人民公社，九摆人民公社并入排羊人民公社，南哨人民公社并入良田人民公社。1968年，废除区置，将29个人民公社又再次合并为台拱、台盘、排羊、南宫、施洞、老屯、革一、宝贡、方召、革东10个人民公社。1970年4月，恢复区置，改10个人民公社为28个小公社。台拱区驻台拱，辖台拱、南省、番省、南瓦、台盘、排羊、红阳、登交、南宫、交密、交下、东杠人民公社。施洞区驻施洞街，辖施洞、平兆、坝场、老屯、报效、良田、革一、大塘、南哨人民公社。东风区驻革东街，辖革东、交东、五河、宝贡、麻栗、方召、巫脚人民公社。1980年7月，台拱人民公社划为台拱镇和台浓人民公社，良田人民公社复划为良田人民公社和南哨人民公社。1982年，改东风区为革东区，至此，全县下辖3个区30个社镇。

1984年7月，废人民公社设乡镇，增设南宫区，台拱镇升格为区级镇，革东人民公社、施洞人民公社分别改为革东镇和施洞镇。全县辖4区1镇。1984年7月，将人民公社管理委员会改称为乡镇人民政府。乡镇下设村民委员会、居民委员会及村民、居民组。

1991年3月，实施建镇并乡撤区。撤台拱、施洞、南宫、革东区，把原台浓、登交、红阳、番省、南省乡并入台拱镇；原四新、良田、平兆乡并入施洞镇；原交东、五河、宝贡、麻栗乡并入革东镇；原南瓦乡并入台盘乡；原大塘乡并入革一乡；原报效、坝场乡并入老屯乡；原巫脚乡并入方召乡；原交密、东杠、交下乡并入南宫乡；排羊乡辖地不变。2003年6月18日，台江县革东镇划归剑河县。至2010年，台江县辖台拱镇、施洞镇、老屯乡、台盘乡、革一乡、排羊乡、方召乡、南宫乡8个乡镇156个村居委员会。

第二节　多民族聚居的共同家园

台江苗族文化丰富独特，保存完好。苗族古歌、多声部情歌、苗族姊妹节、龙舟节、苗族服饰、苗族刺绣、苗族银饰等多项目被列入国家级非物质文化遗产名录。台江有丰富而独特的口头遗产，尤以苗族古歌著称。台江有令人称叹的服饰文化和刺绣艺术。台江苗族因长期历史演变，在小小一县之间，竟有九个支系，每一支系都有独特的服饰体系，台江县被中国工艺美术行业协会授予“中国刺绣之乡”称号。

境内有国家级风景名胜区雷公山保护区、贵州台江国家森林公园等。南宫省级森林公园原始森林面积达12万亩，海拔800—1200米。公园内的红阳景区距离台江县城仅3公里，南宫景区距离台江县城43公里，森林资源保护良好，除有大面积的原生态常绿阔叶景观外，还有连绵起伏的红阳万亩草场景观。2009年营造林36.8万亩，建成绿色通道130公里，全县森林覆盖率60.81%，林木覆盖率67%，被授予“中国绿色名县”称号。台江县还荣获“最具原生态的旅游大县”和“最具民俗风情的旅游大县”“贵州省长寿之乡”称号。省级风景名胜区有清水江风光，省级以下风景名胜区有百鸡山瀑布群、施洞苗族风情旅游区等。

中华人民共和国成立前，县内除苗族、汉族外，其他民族迁入的有侗族、壮族。壮族只有黄姓一家，居住在交包村，于民国时期迁入；侗族极少，分散在平兆等村寨。

2010年，台江县境内有苗族、汉族、侗族、彝族、布依族等18个民族，总人口158565人，其中苗族151862人，占95.8%；汉族5233人，占3.3%；侗族1118人，占0.7%；其他民族352人，占0.2%。2014年，全县总人口163570人，少数民族人口为158439人，占全县总人口数的96.86%，其中苗族156759人，占总人口的95.83%，其他少数民族1680人，占总人口的1.03%。2016年，台江县境内总人口169018人，苗族162928人，汉族4632人，侗族1103人，水族17人，布依族60人，其他民族278人，少数民族总人口164386人，少数民族人口占总人口比重97.3%。2017年，台江县境内总人口167616人，苗族161234人，汉族4521人，侗族1340人，水族30人，布依族100人，其他民族391人，少数民族总人口163095人，少数民族人口占总人口比重97.3%。2018年，台江县境内总人口169943人，苗族163525人，汉族4511人，侗族1365人，水族30人，布依族103人，其他民族409人，少数民族总人口165432人，少数民族人口占总人口比重97.3%。2019年，根据台江县人口普查数据显示，台江总人口171535人，少数民族人口占总人口比重为97.4%，其中苗族165240人，占96%，汉族4502人，占2.7%，侗族1377人，占0.8%，其他民族593人，占0.35%。

一、苗族基本情况

（一）迁徙分布

台江是贵州苗族高度聚居的县，根据史籍记载和传说，苗族祖先在远古时期曾生活在平原地区，后来由于战争等原因，不断向西南迁徙。秦汉时期，苗族先民主要分布在武陵郡及五溪以西广大地区，即今湘西和贵州大部分及川南一带。后又有一部分继续南迁，进入广西，再由广西到今黔东南都柳江流域，经榕江进入丹江（今雷山县）、剑河等地定居，不久又逐步进入今台江县东南部，后再向城郊等地势较低的西部、北部迁移。进入台江定居的时间，按苗族父子连名推算，最早的有七八十代，约2000年左右，相当于东汉安帝元初年间。据了解，县内南瓦乡垌下寨一户张姓的祖先迁至该地居住已57代，约1800余年。翁脚乡方白村的苗民迁至该村定居也有57代，约1400余年，相当于南北朝时期。

（二）支系姓氏

苗族是一个具有悠久历史的民族。早在远古时期，苗族先民“九黎”部落就生息于黄河中下游，其部落联盟称“九黎”，蚩尤乃其首领。迁到台江的有“方”“黎”“柳”“打”4个部落。

台江苗族自称为“Hmongh”音译“蒙”，是苗族的共同族称。中华人民共和国成立之后，统称“苗族”。部落族称有“方”和“黎”两大部落族称。苗族氏族是由两个以上血缘相近的个体家庭所组成，各个氏族族称来历有二：一为沿用部落族称，或加以音变为氏族族称；二为氏族族称来源于每个氏族的始祖名字。现在苗族都有了汉姓，而这些汉姓绝大多数是各个氏族族称的音译。

（三）家庭、房族

苗族先民迁徙到台江县境定居时，已是母系氏族社会过渡到父系氏族社会的交替阶段。这时各个支系的家庭以男性为家长，妻从夫居，世系以父系计，开始使用子父连名，财产继承权以父系计。

家庭结构严格执行一夫一妻婚制，妻从夫居。若无子嗣，丈夫希望续娶次妻，必须征得正妻及其娘家同意方可。

世系以父系计，并采取子（女）父联名的命名方式加以巩固。如此代代子（女）父连名，即为家谱。

财产继承归男子，女子无财产继承权。女子出嫁时，衣服、首饰等嫁妆尽量多给，以尽骨肉之情和对女子出嫁前在家劳动的补偿。富有之家，女子父母兄弟还给予一些田地，谓“姑娘田”“姑妈田”。这些田地由父母兄弟义务代为耕种，收获所得交给女子处理。尽管如此，女子所得，仍少于兄弟继承祖业所得。从经济上看，子女经济利益是不平等的。

一般实行小家庭制度。成员有父母、夫妻、子女。通常三代同堂。兄弟成家以后，都要分家。多数家庭在长子结婚后即开始分家，另住新屋。其余各子和未嫁女子与父母同居老屋。以下各子谁结婚，谁就分出去。父母与幼子和未出嫁的女子同住，直至寿终为止。父母先逝，未出嫁的姐妹，可与任何一个兄弟同住，直至出嫁为止。若幼子不守孝道，父母则可与任何一子同居。有些人家，由于经济负担或不和睦原因，父母不同时与某子同居，而分别与各自心爱的儿子同居。有些人家，直到幼子结婚时，各子才分居。还有些人家，让大媳妇、二媳妇相处几年后，幼子结婚时，大家才分家。若某子娶了妻子，与其他家庭成员不睦，则不分长幼次序，可以提前分居。凡是独子，结婚后不能与父母分居，不然会遭到房族和社会的指责。以下情况，三代以上同居的家庭也有：其一，苛捐杂税太多，如果分家负担太重。其二，富有之家，家长掌握大权，不愿把财产分散。这类家庭子弟，大都不爱劳动，都想依靠长辈荫护而不想分家。分家时，须请房族长辈出面作证。先由父亲提出分产计划，母亲若有意见，再做一些补充说明。儿子们一般没有大的异议，才正式分家。若有异议，可通过协商调整，达成一致，再正式分家。

台江县境内的苗族基本上是农民家庭，财产主要是田土、山林。分家时，除留一部分“养老田”给父母作晚年生活资料来源外，其财产按儿子人数等值每人一份。对未成年的幼子，一般多给一些，以示全家对他的怜爱和照顾。生产工具、现金、债权、债务，也是平均分配和平均负担。媳妇带来的私产和各自的衣物，不在分配之列。父母的“养老田”，归与父母同居的儿子耕种和继承。分家时，分出者所住新屋，一般由父母和兄弟共同建造。分居者若有能力，则可自行建造。分家后，逢年过节，或平时有什么好吃的，各子请父母前来共享，保持尊老尽孝的优良家风。

按照习俗，分居的儿子及其妻子，在开始分炊的那天早上，要回到父母与幼子同居的老屋点取火种带来新屋，以示不忘祖宗。

房族是氏族内部血缘更为接近的若干小的分支，这些房族，大都同住一个村寨，少数分住几个村寨。这些房族都有自称，这些自称大都以本房族始祖之名为名。如台拱镇养你寨住有三个房族，均属“待方”部落内部一个氏族的分支，但自称各异，即“当家”“里家”“雄家”。当、里、雄原为三兄弟，当，安稳之意；里，田地之意；雄，立起之意。他们原来居住在外地，以后才迁徙到本寨来分开居住，繁衍子孙，形成三个房族。他们的子孙便以他们的名字为本房族的称号。这三个房族现在都有了汉姓，即唐姓、李姓、熊姓。他们使用汉姓，是清代以后的事。清雍正、乾隆年间，三兄弟被官府抓去当兵，问他们叫什么名字，以便造册，领取口粮。他们不懂汉话，无法回答，由懂得汉话的同伴代为回答，官府就用与三兄弟的苗名“dangl”（当）、“lix”（里）、“xongt”（雄）谐音的“唐”“李”“熊”三个汉字作为他们的姓名，从此以后，三个房族才有汉姓。但直到如今，三个房族，在寨子内部，仍自称“当家”“里家”“雄家”，出门与汉人交往，才自我介绍为“姓唐”“姓李”“姓熊”。现在县境苗族各个房族都有了汉姓，其来源有的与养你寨唐、李、熊三个汉姓房族相同。有的则是雍正十一年（1733）在县境设台拱厅，登记户口，用与各个房族自称苗语谐音的汉字为姓。如自称“柳家”（liuxzaid），则写成“姓刘”；自称“告家”（gudzaid），则写成“姓顾”；自称“方家”（fangszaid），则写成“姓方”等。有的则效法他人，这类人见到别人有汉姓，出门很方便，便跟别人（大多为好友）使用同一汉姓。因此，现今县境苗族各个房族的汉姓，绝大部分是他们房族自称的苗语音译。可以说，现在县境苗族有多少个汉姓，即有多少个苗族房族。

二、汉族基本情况

汉族迁入境内在地区上是先入西部革一、北部施洞、东部革东边缘集镇，然后是中南部台拱、南宫地区；时间上是元、明两朝有少数迁入定居，清朝雍乾、咸同两次苗民大起义失败后，大量屯军进入县内中南部地区；光绪中期到民国时期迁入者多为商人。

县境西部革一原隶黄平。黄平于元代建军民府谭氏家族定居革一已 30 代，约于元代至元年间。革一范氏及台盘的张氏家族其祖先均曾任黄平千户所属官百户，然后定居下来，时间当在明朝。县北施洞陈氏家族已定居 15 代，约始于明万历年间（1573—1620）。清乾隆帝镇压“雍乾起义”后于境内安置屯军 1039 户，革东王氏和石氏家族就是这一时期定居下来的。白扎的龙氏家族，祖籍为北京大石板龙家湾，始祖随明兵南征，初居贵州平越府瓮安县，旋居黄平邱家寨，于清乾隆年间（1736—1795）迁居白扎。覃膏堡赵氏家族，于雍正十一年（1733）由瓮安迁入，乾隆《台拱厅志略》载：“台拱厅境，除台拱、革东、施洞诸地，偶有他乡寄籍者外，四境全系苗人。”说明当时除屯军外，中南部地区尚无汉人涉足。嘉庆二十五年（1820），屯军增至 2601 户 10628 人，遍及中部的台拱、南市塘、大德堡、白扎、排羊屯上；南部地区的覃膏堡、交密、交包、石灰河、松老等地。咸同张秀眉起义，屯军官兵外逃者众，汉族人口下降。光绪年间，两湖及江西商人曾先后于施洞、台拱、革东等地集资修建江西会馆和两湖会馆，有的也定居下来。民国时期或因天灾，或因战祸，有少量汉族流入境内定居。2010年全县汉族总人口5233人。

新中国成立初，原籍山东、河南、山西、江西、湖南等省南下、西进及以后部队转业、学校分配等多省籍的汉族干部进入境内，大部分在县内杂居。

三、其他民族

中华人民共和国成立后，根据人口普查记载，1953年有侗、布依、彝族、壮族4个民族，以侗族为最多；1964年增加水族、土家族、回族、瑶族；1982年又增加了仡佬族；1990年增加了满族。1991年各族人口依次是：侗族629人，回族36人，布依族27人，土家族21人，瑶族18人，仡佬族8人，彝族8人，壮族7人，水族3人，仫佬族1人。2010年各族人口依次是：侗族1118人，回族86人，布依族49人，瑶族48人，土家族46人，壮族33人，仡佬族21人，彝族17人，水族14人，白族8人，蒙古族8人，仫佬族8人，满族3人，其他民族4人。2019年侗族1377人，其他民族416人。

第三节　多元交融的民族文化

一、苗族文化

（一）语言文字

苗族语言属汉藏语系苗瑶语族苗语支。台江县内苗语属黔东方言北部土语。除居住在城镇的少部分人，97%的苗族都以苗语为第一语言，并在语音、词汇、语法以及修辞等方面有自己独特的规律和完整的体系。由于社会历史发展不平衡和居住分散，形成若干个次土语点，即方旎、方南、方白、南宫、方纠、方西等。方旎次土语点以台拱镇为中心，包括台盘乡的南庄村，老屯乡的排略村、坝场村、报效片；方南次土语点包括老屯、施洞两个乡镇；方白次土语点分布在方召乡各村寨；南宫次土语点主要是南宫乡；方纠次土语点分布在排羊乡和台盘乡各村寨，方西次土语点分布在革一乡。这些次土语点的语音大部分相同，少部分略有差异，分别表现在声母、韵母和声调调值上。

苗语词汇包含基本词汇、外来词汇和专用词汇三大类。基本词汇指苗语中固有的基本词汇，是本民族语言的核心；外来词汇是苗族与其他民族长期交流而相互借用的词汇；专用词汇是基本词汇和外来词汇中对某些事物专用的词汇。按词的组成可分为单纯词、合成词、四音格词三类。

中华人民共和国成立前，苗族没有正式文字，中华人民共和国成立后国家派专家经过充分调查，给苗族创造了文字，结束了苗族没有文字的历史。台江苗族文字方案是由 26 个拉丁字母组成的，有 32 个声母，26 个韵母，8 个声调，属黔东方言，以凯里养蒿为标准音点。苗文不但能记录本民族的语音，而且还能为汉语注音释义，对学习第三种语言也有帮助，其结构和书写形式简单易学、易记。苗族文字方案于 20 世纪 50 年代在台江开始试行，后因极"左"路线的干扰，苗文试行工作被迫中断。中共十一届三中全会以后，党的民族语言文字政策重新得到贯彻落实，台江苗文试行工作于 1982 年开始恢复。

台江苗文恢复试行以来，先后举办了苗文师资培训班 1 期，共 426 人，其中苗文扫盲教师 208 人，双语文实验教师 123 人，机关干部 95 人。在农村开办苗文夜校 136 所（287 个班），参加学习的 7160 人，经验收脱盲 6292 人，其中男 3363 人，女 2929 人。自学掌握苗文的 314 人（机关 166 人，农村 148 人）。苗文进入各级各类学校 41 所（师范 1 所、中学 4 所、小学 36 所）。小学部分包括县民委开办的张家寨、巴拉河、稿午（2003 年划给剑河县）3 所双语实验小学，9 个班，学生 206 人。1992 年暑假，分别选送 6 人和 7 人到凯里民族师范学院和黔东南民族行政管理学校参加"双语"师资培训班学习。1993 年 8 月，又选派 7 人到凯里民族师范学院参加"双语"师资培训班学习。截至 1994 年年底，先后举办 11 期师资培训班，共培训 572 人。其中双语师资 6 期，学员 123 人，选送到省、州学习的共 42 人次，全县共培训双语教师及苗文扫盲教师计 614 人次。

为推动台江苗文试行工作，县苗文推行领导小组办公室在县民委的具体指导下，搜集整理了《张秀眉之歌》300 余本，编写《台江苗文通讯》35 期，印发 3500 多份，创办《台江苗文报》发行 6 期 1.8 万份。翻译编印小学课本《小学语文词汇苗汉对译手册》1—12 册 5000 多本，发至各双语文教学实验班供教师和学生参与学习。编印小学读物《亲闻》4 期共 1500 份。1992 年以来，全县参加学习苗文共10155人，能掌握运用苗文的有近万人。

双语教学工作有了较大的发展。全县开展双语教学的有20所小学，33个班级，870名学生。其中男生474人，女生396人，教学成绩显著。1992年，全县开展双语教学的有12所学校22个班级，学生526人（男生323人、女生203人），其中实验小学3所7个小班，学生142人。

自1995年通过国家民委和中国社会科学院的论证验收后，1996年继续加以巩固，并在施洞镇偏寨小学五年级新开了一个双语文教学班。1995—1996学年度第二学期，张家、稿午、巴拉河三所双语实验小学有8个班级，学生163人。1996年学生总数177人，从事双语教学的教师10名。1998年，台江有双语学校2所7个班，学生138人，双语教师5人，其中3人属民办教师，2人从民管校苗语班学习毕业后安排到双语小学任教。1999年，台江有双语小学2所6个班，学生108人，有双语教师5人，辅导员4人。2000年，台江有稿午和巴拉河双语小学2所6个班，教师4人，学生98人。2001年，有双语小学2所6个班，教师4人，学生107人。2002年，台江有3所学校10个班开展双语文教学，学生297人。

（二）婚礼习俗

台江县苗族婚姻，一般有“说合婚”和“自由婚”两类。说合婚姻大都按古礼进行，有一套严格的礼仪，婚姻要得到社会认可，一般要经过提亲、择日、嫁娶、回门等礼仪程序。

自主婚姻一般不经过双方父母商量同意，由男女双方在“游方场”上多次交往了解后自主决定，互定终身。这类婚姻较为简朴，结婚的时辰通常是在夜间进行。到了约定婚期的那天晚上，新郎约几个密友，按事先约定的时间，到女方寨边的游方场上或双方约定的地点，向新娘发出信号，如打口哨、吹木叶、唱歌等，以尽量不惊动女方家人。姑娘悄悄拿起早已备好的衣裙、首饰和一把必带的雨伞，交由一两个知情的女伴悄悄带出门，转交给来迎亲的新郎及同伴。然后，姑娘像往常出去游方一样从容出门，到与新郎约定的地点，跟着男方和邀来的伙伴们往男方家去。接亲的小伙们也可到女方家鸡鸭圈捉只鸡或鸭带来。此时，新娘最相好的同寨姐妹们要送一程，一般送到途中便返回（在南宫、交密一带，陪同的姐妹要一直送到男方家，并住三天三夜才回）。送亲的姐妹们在半路分手时，新郎要拿出一些钱分给她们，以作酬谢，俗称“草鞋钱”。走到新郎寨边，开始燃放鞭炮，请新郎父母开门迎接。

来到新郎家门口，同样要由新郎的小妹或堂妹举行接伞仪式。接雨伞后，新娘先用左脚跨进屋内，由接伞的妹妹携手带新娘进入新房，迎亲的妇女们陆续进入新房陪伴休息。当夜，新郎父母杀公鸭一只祭祀祖宗神灵，并以酒、肉食简单地宴请房族、寨老及接亲的人员，表示给儿子娶来了媳妇，完成了婚姻大事。

新郎父母即请一至两名善于辞令、有涵养的中老年男子，带一只捆于伞梢上的绿头公鸭子，携米酒一壶，前往新娘家“报信”，要求认亲，并代新郎新娘向女方家“认错”“请罪”，请求宽恕。如果女方家同意开亲，即将男方家送来的鸭子宰杀，设宴招待报信人，并邀请房族、寨老一同欢宴。然后，双方定下新娘回门日期及应办的礼品。若女方家不满这门亲事，则拒绝接收处理报信人带来的鸭、酒等礼物，对报信人可接待，也可不接待。遇到这种情况，报信人要尽量耐心，一而再，再而三地赔罪请求，最后实在不行时，只好回来如实向男方家汇报。一般情况下，女方家开始时可能会说几句表示拒绝的话，以示女方家的自尊，往往经多次请求后，女方家也就承认这门亲事了。认亲以后，新郎家就准备礼物，办婚礼，送新娘回门。婚礼和回门仪式基本与“说合婚”相同。新娘结婚回门后，同样要在娘家居住一两年。

说合婚程序较复杂，择偶多从恋爱开始。恋爱交友俗称“游方”，是台江苗族青年社交和择偶的主要方式。在台江，每个寨子都设有专供男女青年娱乐和恋爱择友的固定场所，即“游方场”和“游方坡”。设多少“游方场”或“游方坡”，由寨子内居住人员的构成而定，一个寨子是由同一家族或同一宗支聚居，设一个“游方场”或“游方坡”。寨内是多个家族或宗支杂居，则以家族或宗支各设自己的“游方场”，以免同一家族或同一宗支的兄弟姊妹混在一起，起到回避的作用。在台江苗族社会中，同一宗支即同一个家族，同宗平辈的男女即为兄弟姐妹，不能通婚，自然也就不能在一起谈情说爱，否则，即认为是有违伦理。寨子的“游方场”设在寨边或寨中，“游方坡”则设在寨子附近的坡上。这些“游方”场所，有的栽有大树，设有石凳、木凳，供青年男女歇息。

很多地方都设有固定的节日或规定一定的时期作为“游方”的活动期，如革一、台盘一带的青年男子春节过后至农历正月十五期间就走村串寨“游方”；方召一带于农历二月、六月、七月轮流举行3次青年男女“坡会”活动；坝场、井洞塘、良田等地的青年男女也于农历二月十五日举行“坡会”；老屯、施洞等地则有农历三月十五的姊妹节；排羊、台盘于农历六月吃新节后，规定场期为青年男女“游方”活动。

青年男女“游方”多数是在夜间进行的。每当夜幕降临，男青年们便来到“游方场”上以吹口哨或唱歌方式，邀约姑娘们来“游方”，但这些行为只能在村头寨尾或“游方场”中进行，在寨内街巷吹口哨或唱情歌，将被视为对女方寨子的不恭。青年男女们初次“游方”见面，大都是群体性的活动，或对唱情歌，或嬉戏玩乐。经过多次交往了解后，感情较深的情侣，可成双成对坐到稍为清静的地方，或窃窃私语，或轻声吟唱，但不得超越“游方场”范围，必须在同伴视线范围之内。也有的地方，夜间“游方”是在女方家门口或阁楼窗口边进行。男在外，女在内，相向唱谈，长夜倾诉；夜深后，征得女方同意，男青年们可到女方屋内围炕私语或对唱。关心自己女儿的母亲，有时还来指导女儿唱歌，以免唱输，并以此为借口，看小伙子长得是否帅气。

白天“游方”一般在节日或特定的活动期间内进行，如过年、坡会、姊妹节或吃新节等，地点一般在“游方坡”或集会附近。其间，小伙子们走村串寨，可十天半月不归，也不用自带盘缠，所到之处，全由姑娘招待。经恋爱交往彼此认为情投意合后，女方主动相约到男方家中去，表面上是相互邀约往来，实则是女方刺探男方家是否热情及家境状况。这一现象，有的地方又称“看新房”。

在“游方”过程中，男女双方经过多次交往谈心了解，确定感情后，开始商量婚事。有的还互赠信物，女方多半是手镯、项链，男方一般是戒指、头巾或新衣物，以表决心。若在正式结婚之前，一方或双方感情有变化，不愿结合，信物可以互相退还。不过，这只是感情的确定，婚姻关系的最后确立，必须通过结婚礼仪来体现。

（三）生育习俗

在台江苗族社会，婴儿出生时，一般由家族中的长辈妇女为其接生，如今在离医院近的或条件许可的地方也有到医院接生的。婴儿出生后，一般都不穿衣服，只是用背包包裹着，这是在婴儿临出生前就已准备好的。到了第三天的早上，由房族中辈分较高的妇女为婴儿穿衣，后抱出产妇的起居卧室与家人及亲戚见面，让婴儿触摸器具。一般男婴儿摸的是笔墨纸张、犁耙、柴刀、书包之类，女婴摸的则是丝线、绣花针、剪刀、竹篮等，祈愿婴儿长大后在这些方面有一技之长。同时，还杀鸡敬供祖宗，并用酒肉宴请房族亲友，在台江县城附近及南宫一带，这个时候就给婴儿取名了。然后，向舅家及亲戚朋友报喜，在婴儿未满月之前，外婆、舅妈、姑妈等亲戚都带鸡或猪肉、酒等前来慰问和祝贺。每当亲戚到来，主人都杀鸡备酒热情款待。婴儿满月前，家中要设一凳子专供产妇就座，其他人不能坐也不准将凳子带进别家。其间，产妇不准到左邻右舍去串门，也不准参加祭祀或集体性娱乐活动，认为可能会带来不吉利，实际上是对产妇产后的身体疗养与保护。满月时，择吉日让产妇及另外几名妇女，带婴儿到外婆或择定的亲戚家走客，外婆或亲戚家即设宴招待，参加就餐的舅家或亲戚家人员，一般都以衣服、布匹或钱物相赠。

在革一、台盘一带，在婴儿未满月，十多天或二十来天时，主人家要择日通知亲戚朋友来祝贺，名为“谁婴”。来“谁婴”的都是中年或老年妇女，一般要带一只鸡、一块猪肉、一壶酒，主人家则杀猪宰鸡鸭相待，主人家房族中老年男女都来作陪就餐。主家来参加就餐的中老年男女，都要送婴儿一定的礼品，男的一般送点钱，女的则送衣服、布料或棉花等，主家即以一坨糯米饭、几块刀头肉回赠。满月后，主人家再择吉日，邀约房族的中老年妇女带婴儿到舅家去走客。去舅家时，主人家必须携带一腿猪肉、糯米、酒及鸡鸭等物，具体数量以舅家房族人数及主人家的经济条件而定。舅家则将这些猪肉、糯米及鸡鸭等煮熟后，通知房族中的中老年男女作陪。舅家及舅家作陪就餐的人，也要送婴儿一些礼物，对这些送礼的人，均以一坨糯米饭和几块刀头肉回赠。这些礼物，意为给婴儿添福加寿，祝福婴儿健康成长。

（四）丧葬习俗

台江苗族实行土葬，根据死者死亡时的情况，民间有正常死亡与非正常死亡之分，凡衰老死亡或有病的中年人因病死亡的，属正常死亡；难产死、缢死、服毒药死、溺死、跌死、刀枪死、麻风病死、夭折等为非正常死亡。正常死亡与非正常死亡，其葬俗不同。

台江苗族民间，对正常死亡者比较讲究，一般有送终、停尸、守灵、吊丧、安埋、送魂等一系列仪式。

老人病重垂危时，要通知亲戚朋友们来探视。特别是母亲病危时，首先要通知舅家，以显示对舅家的敬重。舅家及亲戚朋友来探视时，一般要带一只鸡或猪肉、一壶酒等，有的地方舅家还要带来一小包饭，与病人一同吃，既表示对病人的安慰，同时也表示与病人作最后的聚餐。临终前，必须把老人移到堂屋或火坑边，搭铺护理，子女们都在旁侍候，聆听老人的遗嘱，直到老人落气。落气后，即鸣炮送终。接着，取井中清水为死者洗面、擦身、梳头剃发，为死者整容、净身。请房族或亲友中与死者同性别的中老年人给死者着寿衣，一般须着死者生前穿过的衣裤。这些衣裤或裙，都忌呢绒质和棉衣，忌有铜质或胶质纽扣。但在穿着时，与活人有所不同，如活人的裹腿和包头帕由左向右缠绕，死者则必须由右向左缠绕。如果是对襟或右衽衣服，则将右衽穿成左衽，巫梭一带还有将衣服反穿的习俗。脚穿纸底卷鼻黑布鞋。老人死时如果牙齿齐全，必须打掉一颗牙齿。

台江苗族民间对那些非正常死亡的人，尸体不许进屋，也不再停尸守灵，就在屋外给尸体沐浴、更衣、整容后，用木匣装殓，抬至深山安埋；或抬到固定的场所焚烧，用白布把骨灰包回，按正常死亡的葬礼安埋。若死于夏季谷物未收获时节，就不能火化，认为此时进行火化，其烟火会给当年的谷物造成歉收。这样，先用木匣或木板镶棺装殓，抬到深山停放，待秋收结束后，再行火化安葬。有的地区，则把尸体草草安埋于山林内，待两三年后，又挖出火化安葬，葬礼如正常死亡者一样。儿童夭折，则用木匣装尸，在寨子边找个偏僻的空地安埋，无葬礼。

丧事期间，忌在屋内商量丧事和在尸体旁吃食。未唱“焚巾曲”送走亡灵前，忌猜拳行令劝酒。出丧未满三天忌扫地。有丧事的人家忌吹笙。丧家未引亡灵“走客”前，忌家人洗衣服，忌借钱财给别人。

（五）生产习俗

1.农耕习俗

台江苗族以水稻种植为主，在旱地也种植一些小米、玉米、麦类、豆类、薯类等粮食作物和麻类、烟叶、花生、棉花、油菜、蔬菜等经济作物。在长期的农耕作业中，形成了一系列与农耕相适应的习俗。

动土俗称“起活路”，春节至正月十五期间，除日常生活必需的如打柴割草外，是不准动锄挖土、抬粪上坡以及纺纱织布的。最近几十年来此礼虽有所改变，但也必须在春节过后的正月初七、初八才开始上坡做农活。大家上坡做农活前，每个寨子先由活路头“动土”“起活路”。活路头一般选择“子”“丑”“未”等吉日，于凌晨带上锄头、钉耙，到自家的田或土里，焚香烧纸，向东朝拜，用锄头在东面挖三锄，插上一把芭茅草，草尖朝东，念咒祈祷，预祝一年风调雨顺、人畜安康、五谷丰登，并象征性地挖土或平整一下田土，然后回家向各户宣布一年农事开始。有的村寨的动土仪式，由活路头规定日期，通知各户在自家田边土头举行，仪式基本相同。

每年将要插秧的季节，必须由某些人到田里先插上几兜秧，叫“开秧门”，“开秧门”后各家各户才动手插秧，若不这样，则认为当年可能歉收。台拱、施洞、革一、台盘一带，过去每个寨子都有一块公认的“母田”，由这丘“母田”的主人祭祀插秧后，其他各家的田才能开始插秧。到插秧的季节，田的主人即选定日子，带一只公鸭、香纸、酒、饭、五根茅草和一根拇指粗长约六尺至七尺去了皮留有五个杈枝的五倍子树，一起带到田里。之后，把五倍子树和茅草插在田内，象征性地在五倍子树周围插上几兜秧苗，再以祭品供祭。前去的路途中避免与人相遇，或与人相遇也不要问询或作答，否则认为不吉利。敬田后，大家才可以插秧。这个首先插秧的人，俗称“秧头”。如果“母田”所有权转让，新的主人就当“秧头”。但南宫村的“秧头”，就固定在尹姓某家，据说长期以来他家的庄稼长得好，从而把他家固定下来当“秧头”。除“秧头”外，其他人家敬田时可不用鸭而用鸭蛋代替，五倍子树也可免去，其他供品则相同。时间在白天，也没有避人的禁忌。

巫脚一带虽然没有“秧头”，但插秧前也必须由各家开自己的“秧门”。“开秧门”时，每户都要由一男人，选择在和他的生日同一属相的那天清晨，携带酒、肉等供品到自家的田去祭祀。到了“秧门田”后，先插三五棵芭茅草（认为芭茅草是大刀，鬼见了就害怕，不敢再来损害庄稼了），然后再插三五根兜秧苗于其周围，并滴酒、掐肉少许于田中，表示敬开辟田地的祖先；回家后再以鸡、鸭、鱼、肉等祭祖，请求祖先保佑。

如果尚未“开秧门”有人提前插秧的话，一旦被发现即给予处罚，所罚的钱物用作买猪，以猪头和香、纸、酒、饭等去敬“秧门田”，然后全寨子聚餐，以作警示。“开秧门”仪式，一直到20世纪50年代农村办集体农业社田土入社后，仍有人按入社前田土所有者煮蛋去祭。

台江苗族民间认为，过苗年时，不仅人要过年，田土也要过年，一些地方至今还有祭田的习惯。如巫脚、交下一带，在农历十月过苗年（丑日）的那天早上，每家由一男子用三根芭茅草和一包牛粪到田里去祭田，苗语叫“起里”，表示田也要加餐过年。民间认为，祭田后，才能犁田，才能获得好收成；否则，得罪了田，可能会导致来年歉收。台拱城郊一带，也在丑日天亮以前，每家由一人带一小撮牛粪、一块刀头肉、一些酒饭、香纸到自己的田里去祭田，用五根芭茅草插在牛粪上，表示对田的酬劳致谢。

2. 渔猎习俗

台江苗族很早就从事渔业生产，主要以稻田养鱼为主，一些居住在江河沿岸附近的村寨，人们便利用农闲时间到河里捞虾捕鱼。

每年开春后的农历三四月，将种鱼捞出放在繁殖田里，让种鱼交尾产卵培育鱼苗，20 来天后，将鱼苗捞出分放到养殖田中。鱼苗的放养密度，以田的肥力情况而定，每亩可放 50—80 尾。此后，不用再投放饲料，鱼就以田里的肥泥、水生杂物及稻谷抽穗扬花后的稻花为食，秋收后每尾可达三四两重。

河里捕鱼的方法很多，比较传统的有用渔网捞、钓钩钓、堆石拦水捕捉、扒砂安筛捕捉、药闹等。堆石拦水捕捉，即选择一些溪沟一边有小积水塘鱼儿汇集的地方，用石头堆砌成拦水堤并用细沙或泥土铺上，将水流拦到一边去不让其再进入水塘中，用小盆或其他水具将塘水舀干后捕捉。扒沙捉鱼就是在河的浅滩处安放上鱼筛、鱼篓等捕鱼工具，并用沙石、树叶伪装好，然后从下游六七米远处扒开河中沙石，将躲在岩缝中的小鱼、虾往上赶，从而钻进以岩砂及树叶伪装的鱼筛或鱼篓里去。当把沙石扒到鱼筛或鱼篓口时，快速扒掉砂石、树叶，将鱼筛或鱼篓提起来，便可捉鱼。药闹鱼，主要有化香树叶、辣蓼树叶、茶油枯、石灰、地瓜籽等，将它们捣烂后放入水中，鱼被药物闹晕后浮出水面，捉起来非常容易。

围猎时，除猎狗外，参加的人员还分为“枪手”或“箭手”“看山”“撵山”等。“撵山”人员最多，负责跟踪在猎狗后边追赶猎物。“看山”和“枪手”也由两三人或多人组成，特别是“看山”人基本上每个路口或每个山头都有一两人，负责观察猎物去向，猎物接近枪手位置时，即向枪手发出准备狙击猎物信号。集体围猎时狩获猎物后，人数较多时，除留部分给猎狗外，大家共同聚餐，寨上不参加围猎的人也可请来享用，意为让大家一起来担当“灾祸”责任。民间认为，猎获猎物，是山神的赐予，如果吃独食，可能要受到土地山神的惩罚，会给猎获猎物的人带来灾祸。如果猎物较多需要分配时，参加的人员包括猎狗都有一份，猎获时有人看见，也是见者有份。

苗族狩猎的时间一般在插秧或秋收过后的农闲季节，或大雪封山的冬季。狩猎的人数，以猎物的大小而定，少则一人，多则几人、十几人，体型大而凶悍的猎物如熊、虎、豹、狼、野猪等，可能几十人乃至整个寨子的成年男子都参加。过去，在冬季农闲或大雪封山的时候，不少苗族村寨都有集体围猎的习惯。

捕鸟也是台江苗族农闲时的一项重要活动，传统的主要有安鸟套、网捕、竹夹、鸟铳击杀、粘膏等几种方法。捕捉的鸟类主要有候鸟、画眉鸟、黄豆雀、野鸡、斑鸠、锦鸡等。一般根据季节和各种鸟类的生活习性，选用不同的捕捉方法，捕鸟的时间大多数选在鸟类还在群居的那一时段最为适宜。如捕捉画眉鸟、黄豆雀选在繁殖出窝后、群居生活前的夏季或冬季。

生产过程中也有诸多禁忌，如大年初一到十五不能上坡搞生产，在家不能碾米、纺纱线，不能拿针线，不能扫地，认为这样会把一年的雨水带到外地去，可能会造成干旱。初年春雷未打三次之前，忌从事农田活动。插秧以后，不准烧死人，认为烧死人会熏坏庄稼。做活回家，忌扛着锄头、钉耙进屋，只能提着放进门角或其他地方。耕牛犁田忌见孕妇，忌妇女上屋盖瓦等。

（六）建筑文化

台江县境内的苗族，历来喜于山川秀丽的河边或平坝傍水地带为寨，聚族而居，有的以一个房族或氏族为一寨，有的以一个房族或氏族分居几个连片村寨。寨子有的十几户，有的几百户，单家独户少见。县境中部、西南部、北部、西北部苗族，多居住在较开阔低平易垦田畴地带，东南部雷公山麓苗族，多建寨于山腰、山梁险地。

苗族人民自古以来就有美化村寨环境的优良传统，村落周围绿树环绕，形成天然木栅。数人合抱的枫树、青松古柏四季常青。每个村寨常在寨子出入要道或寨旁名胜之地，设置一对对造型古朴的长条木凳或石凳，供过往行人小憩或供青年男女“游方”。有些寨子用石板或鹅卵石铺砌巷道，使寨子格外整洁朴实。有的在跨溪处，搭建长廊式的“风雨桥”。桥洞两侧设有栏杆和长凳，形同游廊，供人们休息。接待宾朋时，常以“风雨桥”为迎客“酒卡”。

县境农舍建筑艺术是独具匠心的，有平房、曲栏回廊式吊脚楼和吊脚半边楼。建材多是杉木，构架独特，组合得体。房屋结构全系卯榫衔接，不用寸钉，斜穿直套，纵横交错，结构精巧，其坚固程度，可延续两三百年无损。房顶材料各异，有小青瓦盖、草盖、杉树皮盖，多为山架结构，“歇山”屋顶，两面淌水。

位于县境中部、西南部、北部、西北部河谷地带的苗族村寨，多为“吞口”式平房。常见五柱四瓜，四联三间：即一明间两次间。明间，俗称堂屋，面阔一丈二尺，面壁内缩一柱形成吞口。两次间各宽一丈一尺。进深一般在一丈九尺至二丈一尺之间；最大进深是七柱六瓜的房架，可达二丈二尺。房架中柱通常最高为二丈二尺八寸，最矮为一丈四尺八寸。

苗族住房结构、装修，与苗族民俗息息相关，许多重要活动，诸如办喜事、办丧事、宴请宾客时，多在堂屋举行。装板后，上面可存放东西。两次间楼上楼下可装修住人。正中间堂屋，通常隔成前后间，前间面壁中开一窗，装几何图形木质格子窗口，是一家人饮食、休息、取暖、待客的活动中心，也是安灵设位祭祖之场所。堂屋正壁有的人家依照汉俗设神龛，供祖宗牌位；有的则保存民族传统习俗，存放历届祭鼓节留作供奉的水牛角。“长命树”（用全竹制作）竖于正堂屋左中柱边。中设火塘，通常用石条镶成正方形，四周糊泥，中设一铁三脚架，供煮菜烧饭用。其上悬一炕架，旋转需要烘烤的食品。火塘还是一家取暖之所，因而终年火种不断。堂屋后间只能住老人，不能住已婚男子和刚生育的媳妇，以免得罪祖先。堂屋两侧（两次间），也隔成前后两间，前设客房，后安卧室，地基宽大。家庭经济状况较好的，还在门院两侧建厢房。猪牛圈与厕所建在住宅附近。

居住在东南部雷公山麓的苗族住房，多为曲栏回廊的吊脚楼和吊脚半边楼。因耕地少，平地留为稻田栽种粮食，房屋多建于倾斜度较大的山坡上，就坡面通常辟为上下两级屋基，下级竖长柱，上级竖短柱，使前半部楼板与后半部地基平行相接，形成吊脚半边楼，若每排柱的最外一根自上而下截齐上级屋基，这便形成吊脚楼、曲栏回廊式的吊脚楼和吊脚半边楼，多数是三间正房带一顺屋面而稍低于正屋的吞口偏厦。吊脚楼吊脚的一面，置连接两吊脚柱宽尺许的坐方回廊伸出，饰以数十根弯月形木条，形成靠背式座椅曲栏，苗语称“嘎息”，是一家人小憩的场所。回廊两端各安有楼梯，可供上下。曲栏回廊式的吊脚楼和吊脚半边楼多为三层，一般上层作仓库，两边安置纺织机；下层堆放杂物，或关牲畜家禽，安碓杵；中层住人。

谷仓多建于离住宅几十米处，均为高脚仓。喜种糯谷及小米的村寨，多在寨边向阳地带竖两柱，上盖杉树皮，连两柱横架十数层木条的晾禾架挂晾糯谷，谷仓和禾架立于离寨边较远的地方，为的是防止不慎失火，粮食不致被烧毁。

苗族把起房造屋当作一件极重大的事，既讲究又慎重。其营建方法和步骤是：择地基、备料、发墨、大兴土木、立架上梁等。上梁礼仪结束后，设酒宴请宾客，在畅饮中、吹芦笙踩鼓助兴，狂欢至兴尽方休。

新房落成后，大门安装好时要举行踩门仪式，请舅、姑爹或寨上有名望的老人前来踩门，凡被主人请来踩门的人，须带一壶酒、一只鸭、一篮糯米饭、糕点和鞭炮等，踩门后，主人宴请欢乐一番。建房用工多是互相帮忙，全村协作，只供酒饭，不付酬，这是自古就形成的民风。

凡买旧屋，必须换中梁，因中梁象征吉祥，而原中梁的吉祥，已为原来屋主所有。今买人屋，不买吉祥，故中梁必须更换，另请号墨师傅制作并封赠，以示紫气东来，发财发富，人丁兴旺，但忌讳购买绝嗣户旧屋。抬房梁时，主人抬树脚，客人抬树梢，路上不许换肩、不许换人，不准将中梁木放在地上。起房造屋时，“发墨”后的中柱忌跨越或骑坐；孕妇忌过木工工场。修房屋受伤出血忌擦于柱头，买旧房须更换中梁。

（七）饮食文化

台江苗族居民历来主食大米，包括糯米与黏米，辅以玉米、小米、小麦、红薯、洋芋等杂粮，副食为豆类、瓜类、蔬菜，都为自己栽种。野菜是从坡上采集而得。日常调味品有辣子、葱、蒜、芫荽、木姜子、木姜花、花椒等。肉食除猪、牛、羊是自养或在市场上购买外，鸡、鸭、鱼、鸟全系自养或捕获。很少杀牛，以杀猪较为普遍，屠宰猪主要在节日丧葬、至亲往来的情况下进行，平常不轻易宰杀，所喂的猪以出售为主。杀鸡杀鸭，也主要在以上情况下进行，平常很少吃。过去食油的人家极少，中等以上人家才偶尔用油炒菜。党的十一届三中全会后，年终杀猪过年的人家已逐渐增多，赶场天和平常买肉吃的人家也已不少。

台江苗族饮食具有重视糯食、爱好喝酒、爱酸爱辣的特点。其原因是县境高寒山区的田多属冷水田，只宜种芒糯，因而居住在这些地区的苗族，多种芒糯和多吃糯米饭。过去县境苗族大都贫苦，吃饭无菜的人家极为普遍，糯米饭味香且甜，单吃亦可，而且抵饿。此外，糯米可以加工成粑粑、粽子、甜酒、彩色饭（节日用）、新娘饭（嫁女用）等。据说，清末、民国以前，县境苗族大约以70%的田栽种糯谷。婚丧嫁娶、祭祀祖宗等重大节日活动，都要备有糯食，新娘回门必带糯食，子女出远门必煮糯食，接亲待友以糯食为尊。

爱好喝酒也是台江苗族的另一特点，老年人及成年男女绝大多数都能饮酒。酒系自酿，有泡酒、甜酒和烧酒等，甜酒是将糯米蒸熟，倒在簸箕上，撒上酒曲，和拌均匀，装进坛中，经三日发酵而成，味香且甜。甜酒除单独食用外，还是制作腌鱼、糟辣等食品必不可少的佐料。泡酒是将纯净清凉的泉水冲进甜酒中而成，过去盛行于比较贫困的高寒山区，既可当酒喝又可做饮料。境内以“重阳酒”和“糯米酒”著名，请客会友、祭神敬祖都要相聚畅饮，主人以有酒盛为荣，客人以酒醉为幸。

饮食口味爱酸爱辣，并按此二味制成许多富有民族风味的菜肴。酸汤菜是县境苗族的常年菜，时时都有，不停上桌。酸汤菜是由酸水和各种蔬菜、瓜豆混合煮成的。酸水是用米水酿成，其法是：煮饭时，将米下锅，待水开后，成为米汤，将米汤倒入坛中，数日成酸汤。台江每户苗族家庭都有这样一坛酸水，它不仅供煮酸汤菜用，夏天还可以当茶水喝，有解暑作用。煮酸汤菜的烹调方法是：先将酸水放入锅中，兑水熬成酸汤，同时撒进一把米同煮，使酸汤有甜味，并略带稀粥状，让酸汤菜味道更为浓厚。酸汤煮沸以后，放进青菜、瓜、豆、竹笋乃至蕨菜、野菜等同煮。这样，煮好后的酸汤菜，各种美味都有，吃时加上盐巴、干辣椒面、木桨花等为调料，美味可口。炎夏季节，吃顿酸汤菜，顿觉清凉解渴，消暑提神。

（八）节日习俗

台江苗族节日较多，有春节、苗年、捞鱼节、敬桥节、吃新节、姊妹节、龙舟节、舞龙嘘花节、鼓藏节等。

1. 春节

春节，苗语称“nongx niangx diel”，音译“农酿丢”，意思就是过客家年。据老辈人说，苗家过客家年是近八九十年来才兴的，尤以新中国成立后才逐渐盛行。一些地处边远地区，不与汉族杂处的村寨，如巫脚、方白、交下、东杠一带不过春节，有的村寨虽过春节，但并不如过苗年隆重，如排羊、台盘、革一等地区。过春节比较热闹的地区是台拱、施洞、老屯这些与汉族毗邻而居的村寨。这些地区苗族过春节，完全是从汉族学习而来。因而春节一些仪式，也向汉族学习，如贴对联、十五玩龙灯、耍狮子等。春节期间，这些地区的苗族，凡与汉族有交往的都兴互相拜年、互相请酒，民族友爱关系充分得到体现。

苗族过春节虽然仿照汉族而来，可又不完全按照汉族的风俗习惯来进行节日活动。有些规矩与禁忌也和过苗年一样讲究。如年三十晚上，有的老年人要用黄豆来测雨水。方法是：用一截比黄豆稍大的竹管，放进 12 粒黄豆（代表 12 个月），然后加水，到正月十五过小年时（即元宵节），再取出观察，第几粒黄豆泡涨，表示第几月的雨水就好。反之为干旱，届时要设法防患。大年初一清晨，要观察天色和听鸟叫，预测吉凶征兆，如哪边天的天色好，说明那个方向今年的收成好。喜鹊叫，宜于养鸡；乌鸦叫，宜于养鸭。

2. 苗年

苗年是苗族祭祀祖宗和庆祝丰收的传统节日。苗年有大年和小年之分，时间分别在农历十月、十一月子、丑、卯、辰这些传统吉日，一般要举行三五天的娱乐活动。在这些吉日中，各寨过年之日有所不同，如城郊地区是以十月第一个丑日为大年，不兴过小年。南宫、方召一带是以十月或十一月第一个丑日为大年的正日，第三个丑日为小年。革一地区在十一月的卯日，老屯地区在十一月的第二个辰日过年，都无大小之分。施洞一带不过苗年，只过春节，与汉族无异。

革一地区苗年俗定在农历十一月中旬。阴历十一月刚到，人们便开始为过年忙碌起来，砍柴割草、烤酒，这些都得提前准备。苗年前夕，忙着打米、做豆腐、浸泡糯米等。刚接新媳妇的人家，要备大糍粑送媳妇回娘家，一个糍粑要 5 斤左右的糯米打制，送多少根据女方家族多少人来定，女方父母家十来个，其他家族一家一个。年前还要准备各种年料，打扫卫生，妇女们还要忙碌着为出嫁或要去接亲的女孩们制银衣盛装。

革一一带大年前几天都要宰年猪，有要办喜事的家庭甚至要准备两头大肥猪，一头宰了过年，过年第二天接媳妇或嫁女办喜事时再宰一头招待亲友。其间人们还要将自家水田的水放浅，捉了鲤鱼来过年。男孩们则穿着新衣服，抱大公鸡进行斗鸡比赛，展示自家大公鸡的肥大、漂亮和雄壮，放他们决斗几天再杀了过年。有的家还把大公鸡抱到寨子附近自家桥边的土地神前，行礼后才杀，将鸡血淋在土地神门前，表示先向土地神献牲礼，希望土地神保佑代代子孙繁衍兴旺。

苗族农耕离不开牛，牛每年为人们耕田犁地，因此，过年时对牛也很敬重，先以大米和菜煮好食喂牛，也有的家直接用糯米饭喂牛，好饭好料将牛喂饱后，人们再过年。过年不忘祖宗，饭前各家主人先把酒、肉、鱼、糍粑供于神龛前烧香烧纸祭祖，并在各大小门边包括猪牛圈边、房前屋后、路口插香祭祖。过节吃饭时，再冷的天，也不能关大门，表示让祖先神灵们自由出入，共享年宴。

3. 捞鱼节

捞鱼节是县境革一、大塘苗族青年男女们的节日。每到农历正月初一和十五，不管是细雨绵绵，还是冰天雪地，姑娘们都要收拾打扮，携带渔具，成群结队到寨上去过捞鱼节。

捞鱼节是青年男女们谈情说爱、物色对象的日子，他们利用赶场相遇的机会，相互提出邀请，首先由男青年提出邀请，约女青年到他们寨子去过捞鱼节。女青年如果答应了，双方便商定时间，决定参加人数。大年初一到了，姑娘们便到男青年寨子去捞鱼，不管她们上哪“丘田”，田主都不得干涉和说是“偷鱼”。平日养鱼舍不得吃的田主人，这时却很大方，任由姑娘们捕捞。小伙子们在田坎边看姑娘们捞鱼逗笑，告诉她们那是谁家的田，指点姑娘们去捕捞，没有鱼的说是有很多鱼，水深的说是水浅的，有意骗姑娘们。有的姑娘们看破机密，不愿上当，小伙们便把姑娘们的渔具抢过来往深水田里扔去。这样，姑娘们只好走下又深又冷的水里去捕捞。鱼捕捞完了，全由小伙子们烹调，姑娘们坐享其成。吃完夜饭后，小伙子和姑娘们便开始“游方”唱歌，尽情地欢乐。夜深了，各家后生的母亲们把姑娘们请到家去过夜休息。

第二天，后生和姑娘们又继续谈情说爱。午饭后，姑娘就要回家，小伙们却故意拖延午饭，姑娘走时，他们送了一程又一程，一路歌声一路情，难舍难分。痴情的姑娘们常常故意慢慢地走，拖时间，然后借口天黑害怕，叫小伙子们相送到家去，小伙子们当然求之不得，一直把姑娘们送到她们的寨子去。这时，姑娘们又凑酒肉来回报后生们的款待，他们又继续“游方”唱歌，有说不尽的快乐。这样，一双双的情侣和幸福家庭，就在“捞鱼节”中开始结成。

4. 敬桥节

在台江，苗族架设的桥有三种：一是独家桥，二是家族桥，三是公共桥。独家桥多是为无儿无女，或只生女不育男的人家所架。架这种桥不拘地点，小沟、田坝、路中都可以架。这种桥桥身短小，几块木板或一块石板即可。若用木板，则须三块，中间必须是椿木板，两边为杉木板。每块长二尺，宽三寸，三块并排加固而成。中间用椿木板，是因椿木有香味，地龙闻了才喜欢，多给子孙。这种私人桥，若架在平路或自己家里，则先挖一与桥身宽长相等的土坑，然后将桥置于其中，周围塞泥捶紧，让桥面露于外，与地平整即成。家族或全村所架的桥，地点多选在既当路而又有溪河之处，用料多是杉树原木，由三根（也有用五根）并排加固而成。若溪河跨度长，则中间加桥墩，每根杉木必须削成方形，然后并列加固成一整块作为桥面。根据地势在桥两头栽立木凳或铺石块供人歇息，有的还建有菩萨，供祭祀。桥两头普遍栽常绿树，郁郁葱葱，形成一村一寨的名胜之地。

人们在架桥时，都要举行一定的仪式，首先要准备一尺二寸白布，一元二角仪式钱（均代表一年 12 个月），五斤大米作为请巫师酬礼。其次要三条母鲤鱼，三个煮熟染色的鸭蛋，一团糯米饭，一只活公鸭和一壶米酒，作为架桥祭品。用母鲤鱼和公鸡作祭品，都是古代苗族图腾意识，认为它们具有多子多孙、长命富贵的吉祥意义。染色蛋和糯米饭，是娃娃最喜欢吃的食品，用它们作祭品，认为能“引诱”娃娃前来“投胎”。

架桥以后，每年农历二月初二清晨，都要备办糯米饭、红蛋、粑粑、酒肉、香纸等祭品前往桥上敬祭。私人架桥，三年内若生小孩，应在小孩出生后的第三年举行“谢桥”。“谢桥”的祭品，要根据架桥时的祭品而定，如架桥时用鸭蛋，“谢桥”时要用鸭；架桥时用鸭，“谢桥”时要用一头小猪，以示重报答。如三年之内不育，则不举行“谢桥”，只是每年按时敬桥。

5. 吃新节

在台江县境内，不同村寨过吃新节的日期各异，农历的六月、七月、八月三个月都有过这个节日的。过这个节的共同点是都到田中摘秧苞（八月过的是摘新谷穗）祭祖，有的地方与陈米同蒸，象征着吃到新谷，预祝丰收。大部分地方是六月第一个卯日过，台盘逢寅日过，方召和巫脚等寨逢丑日都过，一直到收完谷子过苗年才结束。在交下村，则分别于插秧结束过“卯干呀”，得新辣子吃时过“卯干莞”，八月左右再过“卯更酉”。特别是过的六月十六日“卯干莞”比较热闹且具有当地的特色。

节日当天，各寨根据习俗，举行种种活动，如踩鼓、踩芦笙、赛马、斗牛、斗鸡、赛球、捕鸟、打猎等，排羊、台盘、城郊各寨青年男女还举行“爬坡会”，有的相约赶场，乘机进行“游方”。

6. 姊妹节

苗族姊妹节是流传于清水江中游以台江施洞为中心的苗族传统节日，该节日与苗族传统的婚姻制度、婚姻习俗密切相关，节日以苗族男女青年为活动对象，以苗族男女青年恋爱婚姻为活动内容，有着特定的人群，以特别的食物作为节日活动的道具，用特殊的方式表达青年人交往感情，按固定的程序完成节日的全过程。

20 世纪 90 年代后，台江县政府为宣传民族文化，打造民族节日文化，发展民族文化旅游事业，从“吃姊妹饭”引申为“姊妹饭节”，后又派生出了“苗族姊妹节”这个词。1998 年 4 月，台江县政府成功举办了第一届“贵州台江苗族姊妹节”，为了规范“姊妹节”的名称，在广泛征求苗族各界人士的意见以后，台江县人民政府正式将活动命名为“姊妹节”。

姊妹节活动时间以农历三月十五日至十七日为主要活动日期，有部分地区时间在农历二月十五至十七日。节日分布范围为清水江中上游和巴拉河下游沿岸各苗族村寨。在整个区域内主要有四个氏族支系七十多个村寨过苗族姊妹节。一是以台江施洞为中心的方南支系，包括台江县的施洞、老屯两个乡（镇）的所有村寨和施秉县的双井、白洗、马号三个乡（镇）部分村寨；二是以剑河革东为中心的方翁支系，包括革东、柳川、岑松等乡（镇）的部分村寨；三是以台江县城为中心的方你支系，主要为台拱镇的一些村寨；四是以台江革一为中心的方黎支系，主要为居住在革一地区的同支系苗族村寨。其中以台江施洞地区规模最大，也最具特色，代表性村寨有老屯村、偏寨村。

7. 龙舟节

龙舟节是台江县老屯乡巴拉河下游沿岸村寨和施洞镇清水江沿岸村寨的一个传统节日。每年农历五月二十四日至二十七日，在以施洞为中心，上下三十余公里的清水江两岸，巴拉河下游老屯乡长滩村以下十多公里两岸六七十个寨子举行划龙舟比赛。

划龙船的村寨，一般一寨一条龙船，有大寨分为两三个大家族，每个家族各有一条龙船。有龙船的寨子或家族，每届（每划一次龙船为一届）之前先推选一名鼓头，鼓头是由有龙的寨子或一个家族推选出来，负责下一届划龙船事宜的组织事务以及任期内寨子或族内的各项社会事务。一条龙船体现一个苗族村寨的社会组织。

8. 舞龙嘘花节

舞龙原是汉族习俗，起源于汉代，经历代而不衰。舞龙最初是作为祭祀祖先、祈求甘雨的一种仪式，后来逐渐成为一种文娱活动。到了唐宋时代，舞龙已是逢年过节时常见的表现形式。在号称天下苗族第一县的台江，舞龙灯即是苗族同胞对龙的崇拜的具体见证，其蕴意可诠释为请龙神护佑风调雨顺，四季平安，五谷丰登，六畜兴旺。舞龙灯在台江传承已有几百年的历史。舞龙嘘花虽然以汉文化为源流入，然而几百年来，这种外来文化却与当地苗族文化十分融洽，并在当地得到了发扬光大，使之成为当代各族文化和谐共处的典范。

台江舞龙灯的时间是在春节过后，初三即开始制作龙灯，在初五或初七开始出龙，至正月十七日化龙后结束。舞龙灯的村寨主要分布在台拱镇的大部分村寨，施洞、老屯部分村寨，台盘屯上及大寨村，革一屯上及田坝村，排羊屯上及部分村寨。

9. 鼓藏节

鼓藏节是台江苗族人民祭祖的节日，一般按同宗的（基本上是以家族为单位）一个寨子或几个寨子每隔 12 年联合过一次。

鼓藏节的规模有大有小，有黑鼓藏和白鼓藏之分。方召一带过的是黑鼓藏，按家族杀水牯牛祭祖，其他地区过的是白鼓藏，家家户户杀猪祭祖。所以又叫祭祖节。

黑鼓藏从迎龙起鼓、举鼓主、备祭祖牛到接双鼓、醒单鼓、制鼓、斗牛、宰牛、杀猪、送单鼓进石窟等要经历 4 年时间。

白鼓藏的选举鼓主、招龙起鼓、宰猪等要经历 3 年时间。在台江，过白鼓藏的地方有排羊乡九摆村、台拱镇展福村、台盘乡大寨村等，所祭的鼓都是铜鼓。

九摆村虽是过白鼓藏，但也宰牛，不过只是第一、二鼓主家宰。

（九）服饰文化

台江苗族刺绣种类齐全，按地域分，主要有台拱型、施洞型、革一型、排羊型和南宫型五大类。按技法分，主要有挑花、平绣、辫绣、锁绣、数纱绣、破线绣、蚕丝绣等十余种。

苗族由于所处的社会历史、自然地理、宗教信仰、风俗习惯和文化传统等诸多因素的影响，形成了迥异的审美观念、审美对象和审美情趣，服饰造型独特、款式殊异、质地精良。

苗族服饰款式风格，大致可分为方你、方鸠、方翁、方南、方白、方秀、方黎、翁芒、后哨9种类型。男装有对襟或大襟右衽上衣两大类。中青年男子多着对襟上衣，老年男子多穿右衽长衫，包青布头帕；下着一尺许宽的大脚裤。近年来，大部分地区中青年男子多穿中山装。女装有右衽大襟和胸前交叉圆领，长袖服、短袖服、大袖服、小袖服、圆摆服、方摆服以及前摆长后摆和前摆短后摆等多种形式；下装有带裙、片裙、筒裙、裤裙、短裙、超短裙、百褶裙、羽毛裙等；裤子有长有短，裤脚有大有小，相差甚为特殊。每类有众多的样式，按年龄分，有童装、青壮年装和老年装；按生活礼仪分，有盛装、便装。盛装为节日、喜庆、社交之礼仪服饰，包括头饰、服饰、银饰、鞋袜，装扮十分讲究。除部分地区经过改进的女便装外，绝大部分地区的苗族妇女的盛装衣裙都保存着浓厚的民族特色。

苗族银饰造型美观大方，种类繁多，大约有20多种，主要有项圈、手镯、银衣、凤冠、耳环、银花等。苗族银饰从工艺上可分为粗件和细件两类，粗件用银较多，但一般不精工细制，如实心项圈、项链、手镯等。细件制作十分讲究，如银衣、银花、凤冠等。

（十）苗族艺术

反排木鼓舞是苗族古老的传统舞蹈，具有悠久的历史，是一种踏四二拍舞步的群体性舞蹈。其特点是大幅度走动与优美舞蹈艺术的有机结合，舞蹈起来手脚开放，甩向同边，五体皆动。就其舞姿而言，舞蹈具有规范优美，层次分明，头、手、脚巧妙摆动与舞蹈的艺术技巧融为一体，舞蹈起来使人眼花缭乱。尤以头、手、脚的开合大，摆动幅度宽，动作灵活为最佳舞姿。它曾是氏族、部落聚集祭鼓的一种祭祖性的集体舞蹈，随着祭鼓节习俗不断发展，广为流传。但由于苗族历史社会的发展，地理、自然条件不尽相同，其风俗各有差别。就台江而言，有的地区由于不过祭鼓节致使木鼓舞中断、失传，有的地区虽过祭鼓节，祭祖的却是铜鼓，木鼓被铜鼓取而代之。而方召乡方白村仍过祭鼓节并以鼓导舞，将木鼓舞的艺术继承和发扬光大。

1968 年 5 月，在贵阳举行的贵州省第二届少数民族传统体育运动会和 8 月在新疆乌鲁木齐举行的全国第三届少数民族传统体育运动会上，反排木鼓舞队的精彩表演给人们留下了深刻的印象。1988 年，在省文化厅的组织下，反排村的男女青年随同贵州省少数民族歌舞演员，先后到北京、西安、深圳、广州等地演出。1989 年 7 月，反排村青年万正文（男）、唐汪报（女）二人又被邀请参加由省文化厅组织，经文化部、省政府批准的“贵州省民族民间文化艺术团”，赴美国华盛顿参加国际艺术节，与西方迪斯科同台演出，被列为第一批国家级非物质文化遗产名录。

芦笙舞是台江苗族人民祭祖或节日、喜庆的主要舞蹈之一。但由于历史原因，相当一部分苗族村寨已失传，现尚保存芦笙舞蹈较好的有交下、翁忙、党道、南宫、反排、方召、革东、宝贡、台盘等地。

芦笙的舞曲及舞步，各地大同小异。芦笙舞曲内容可分为礼乐曲、叙事曲、进行曲、歌体曲与舞曲等。芦笙演奏与芦笙舞的形式可分为吹笙伴舞、吹笙领舞与吹笙自舞，前两者吹笙可以是七人、九人、十一人或更多人。吹笙伴舞及吹笙者不舞或在场中小舞，周围男女群众层层环绕舞蹈；吹笙领舞及吹笙者在前边吹边舞，男女群体结队绕圈踏声舞蹈，场面蔚为壮观；吹笙自舞指小集体、双个或单个吹笙者用小芦笙表演，亦吹亦舞，舞蹈动作高难，配合默契。

苗族板凳舞，主要流行于革一、后哨、大塘、台盘等地，是在走亲访友时，妇女们酒后随兴而起的一种舞蹈。舞蹈场地不限，或在某家里，或在寨坝上。这种舞蹈的伴奏乐器主要是板凳，因而得名板凳舞。舞蹈时有两种跳法，一是由一名妇女敲击板凳，其余妇女围圈用双手随节拍拍手，双脚轮换狂跳边歌边舞。另一种板凳舞蹈是参加舞蹈之人每人双手各持一把凳子，集中在较宽的坝子上，一起围着圈子转跳，舞蹈动作是先迈右脚，脚跟向外，前点两下，与此同时双手的板凳也击两下，之后收左脚，脚跟向内，前点两下，双手板凳也随即拍两下。如此反复几遍后，圆圈队形又逐渐转换为面对面并列两队形。

二、汉族文化

（一）语言文字

汉语台江话语法与普通话语法基本相同，仅在句子语气方面有自己的特点。在疑问句中，一般不用疑问助词“吗”，而是用肯定否定相迭的形式表示，如普通话的“你吃饭了吗?”说“你吃饭了没?”这种疑问句最习惯于用“没”字。在感叹句中，当形容词作谓语或补语时，后面往往加“得很”来表达感情，如“他好得很”“他跑快得很”。在祈使句中，动词或名词的后面往往加“倒”字，以起强调作用，如“等我回来倒再办”。有的名词重叠使用，起到一定的语气作用，如“坡坡上到处是草草”“你这个崽崽想吃果果”“那边都是沟沟坎坎”。

（二）婚姻习俗

汉族婚姻缔结，旧时大都是父母包办，听从父母之命、媒妁之言，严格执行同姓不婚。民国中后期，偶有自由恋爱者，也须取得家长同意。其程序有下定（讨八字）、受聘（订婚）、过礼、接亲、办喜酒、回门、吃会亲酒等。过礼时，男方出一笔礼金，所有铺笼帐被、家具衣物，均由女方备办。迎亲时，备轿三乘，新娘坐花轿，另两乘由女方的嫂子、婶娘或姐姐乘坐，名为送亲客，全权处理新娘到男家的一切事务，男方家待如上宾。开席前，所有女方的送亲客于男方堂屋入席。燃放鞭炮，然后开席，稍有礼数不到，送亲客可提出刁难，直到满意为止。

新中国成立初，凡国家干部职工，恋爱后经领导批准，在单位领导的主持下举行婚礼。20世纪60年代以后，无须领导批准，婚姻由男女双方自定，衣笼帐被由男女双方共同备办。农村自由婚姻为多数，废除坐花轿，程序和礼数也从简。进入80年代，随着经济条件的改善，机关厂矿职工及农村，大都恢复原来的程序，小的程序诸如下定、受聘等有的已经省去，有的只作象征性的手续，而迎亲就特别隆重。彩礼很重，农村一般是千元左右，城镇多达四五千元。陪嫁品除常规的衣被外，还有电视机、洗衣机、缝纫机、收录机、电风扇等，还有的陪嫁冰箱、金耳坠、金戒指等。农村路程不远的，新娘、送亲客多为步行；较远就乘汽车，城镇的乘坐小车、大车或步行兼有。农村仍由女方备办家具，县城已改由男家自备。

（三）丧葬习俗

台江县内汉族丧葬可分为送终、守灵、开吊、入棺、出殡、复山等程序。

老人临终，子女守候身旁，聆听遗嘱，俗称“送终”。临咽气时，用一洁净火盆锅烧冥钞，称为“落气钞”，钞灰用作亡人枕芯。随即燃放一小串鞭炮，邻居听到鞭炮声，知道某家老人已辞世，纷纷到来，帮助设灵堂、灵床、净身、梳妆等后事，丧家立即请道士择日安葬，日子确定后，丧家向至亲报丧。

一般在第二天入棺，将寿木抬进灵堂，子女送的兜单垫底，寿被盖面、入棺时孝子长跪，遗体安放完毕，燃放鞭炮，但不封棺，待开吊后，所有吊丧亲友都进灵堂向死者致哀告别，然后封棺。

身边子女，自老人咽气时起，一直在灵堂守灵，邻居做伴。一般是 3—5 天，富有者 7—9 天，贫穷者只 1 天。灵堂上道士做法事和念经，其余亲友于灵堂以外击鼓唱孝歌。

出殡的前一天，女婿必备猪、鸡、酒、祭碗、祭幢等前来吊孝，内侄、外甥、姨侄等也备此厚礼；其余亲戚朋友只送祭幛和礼金。所有吊丧者都备冥纸、香、烛、鞭炮，一到灵堂就燃放鞭炮，点香，燃烛，烧冥纸。凡死者之小辈，都行跪拜礼，孝子跪拜答礼。丧家除给送重礼的亲属披麻戴孝外，其余的送一段孝布（也有不送的），当天只备便饭，不开宴席。

出殡时由道士发丧，然后将灵柩抬出，捆绑结束，棺盖放一只活公鸡，然后覆以扎有白鹤的彩画、彩花棺罩。出殡时，以一人丢纸钞者为领先，燃放鞭炮，吹奏唢呐者随后，然后由执孝幡者领队，依次是执孝幢、孝联者，才到一手捧死者灵牌的孝子（一般是幼子或长孙，旁由一人打伞搀扶），众孝子（子侄）执丧杖紧随其后，旁系孝子和女婿分左右两排拉孝纤，众孝女由人搀扶于棺后哭泣相送。过去灵柩路过的街坊住户，都在自家的门前摆有九品架的祭桌，以送亡灵；孝子经过时，都在桌前拜谢，现已淡化。每过一桥，孝子须横卧于桥上让抬棺者跨过，执孝幢及孝女和送葬亲友送出寨外即回，当天中午宴谢宾客。新中国成立后，一切从简，仪式程序，有的省去，有的只做一点象征性的礼仪。20 世纪 80 年代以后又重新恢复。

葬地较为讲究，一般都要请地理先生择地。灵柩抬至墓地后，由孝子将孝帕解开，横铺在墓穴旁边作垫，灵柩在孝帕之上，然后除去棺罩及红毯。下葬时，孝男背向灵柩跪拜，由道士用茅草扫除墓穴“余孽”，意为一切阴魂让位，孝子随即向穴井内烧纸钱，众人将棺吊入墓穴中，由执葬者开棺整容。封棺后，孝子先在墓穴的四角挖土填棺，左三锄、右三锄，表示亲自安埋老人。之后，众人一齐动手填土，坟垒成后，在坟头点三晚长明灯。

安葬的第二天或第三天，孝男孝女若干人与亲友一起，携带工具及酒菜，前往墓地，垒好坟包，安设墓门等。之后，用酒菜置于墓前祭祀。回来时，孝男用衣兜包一点坟上的泥土回家，路上不得说话，不许回头，直至堂屋，把泥土放在神龛上，表示把死者接到家来享受香火，庇护子孙。遗像置于堂屋，以示怀念。安葬后，视具体情况再为死者立碑，往后每年清明都要到坟上祭扫一次。

（四）服饰文化

新中国成立后，台江县境内汉族男性着中山装，进入20世纪80年代着西装。城镇中老年人大都着中山装，戴制帽或皮帽、棉帽等。农村有少部分仍着长衫或对襟衣，不再套马褂。

清朝时期妇女缠足，未婚者留满头，梳长辫；已婚者挽发髻于脑后，别玉簪，个别富有者别金簪、带金耳坠，贫者带玉耳坠。老年妇女头饰从简，富有者带金耳环、玉手镯。上衣宽松，长至半膝，外套无袖右衽褂，裤长至脚背，用丝带捆扎于脚腕处，脚穿素包剪刀口布鞋。民国中晚期废除缠足。30岁以下的少女少妇，城镇改穿阴丹士林布旗袍，留短发。脚穿青帮白底宽口布鞋。农村多穿紧身父母装，一律不加花边，也偶有穿旗袍的，老年妇女变化不大，只是脚腕不再扎丝带。新中国成立后，20世纪50年代盛行穿列宁服；60年代以后，逐步变化为上衣单排扣的小翻领；80年代一律着时装，下装有裙、裤和健美裤等。

（五）生产习俗

台江县境内汉族，除集镇有部分从事商业外，大部从事农业，长期奉行“男耕女织”的传统。清朝时期，田间劳作，全由男人负担，妇女只种菜、做家务、饲养猪鸡鹅鸭、织布缝衣、抚育孩子等。到清末及民国年间因与苗族长期共处，受到苗族的影响，放足妇女大都参加扯秧、栽秧、薅秧、割稻、栽玉米、薅玉米、薅油菜等田间活路；所有犁、耙、砍柴割草、挑运稻谷、肥料等重活多由男人承担。农事活动，多按二十四节气掌握。其栽插收割与苗族无异，唯南部因气候寒冷，乾隆年间屯军曾由外地引进耐寒籼稻种，试种成功后推广。其种收时间，播种约早 10 天至半个月，收割则要晚 10 天至半个月。

（六）生活习俗

汉族由于城乡经济条件和文化素养的不同，生活习俗亦有差异。

城镇富有者住房多为外砖内木结构，但为数不多，一般平民多为四联三间，四壁全装木板，屋面为小青瓦。特别是高坡地区，其住居或依山势或依地形，其建筑风格基本上融合于苗族。

境内汉族主食以大米为主，家常副食喜欢炒一两个菜；城镇婚宴则盛行八盘八碗一汤，极为丰盛。农村因送礼甚薄、酒宴略简，凡家宴（过节、亲朋来访）则视经济情况而定。其中一个特点，由于和苗族长期共处，苗族的酸汤鱼、酸汤菜具有解渴、解腻、开胃的特点，已为汉族所接受，为家宴中必备的一道菜。平常每餐必备，城镇也不例外。辣椒是不可缺少的佐料。

汉族生儿育女要“打三朝”，请“满月酒”；立房盖屋中要“上梁”“开财门”以及给老年人“祝寿”等。其礼仪与其他汉族地区无异，所不同的是自清末到民国时期兴起的唱酒歌。在上述这些宴会中，男的猜拳行令，妇女就唱酒歌，其内容大都是和主家的喜事相关。好客的主家，还特请一些歌手来唱“盘歌”，直至通宵达旦。以苗语为主要交际语言的村寨，则以唱苗族古歌为主，城镇已与苗族通婚或交朋友的，在上述酒宴中，大多苗汉民歌互相交替穿插，情绪极为活跃。

三、苗汉文化交融

（一）语言交往

中华人民共和国成立前，台江苗族聚居区社会封闭，不通汉语，仅台江、施洞、革东等城镇，以汉语为通用语言，其他集市如革一、台盘、排羊等仅在赶集中苗汉两种语言并用，广大农村则以苗语为通用语言。特别是女性，大部分不通汉语，男性中不通汉语的也很多。

中华人民共和国成立以来，随着各项建设事业的发展，特别是教育事业的发展，形成了机关、学校、厂矿、集镇居民以说汉语为主、农村以说苗语为主的语言格局。县城郊区及集市附近苗族的成年男性，大都能说流利的汉语，在苗汉杂居的村寨，两种语言都通用。所调查的 4 个点中，白扎、望虎屯主要说汉语，也通苗语；18 岁以下的汉族青少年和儿童，平时讲汉语，听得懂苗语，但不会说或说得不流利。平兆的熊氏家族（汉族）有 6 户，其中 5 户因家庭主妇是苗族，不懂汉语，其子女以苗语为主，但也能说流利的汉语；另有姚、熊各一户，家庭成员都是汉族，在家说汉语，外出与苗族交往也能说流利的苗语。覃膏因地处偏僻，周围村寨都是苗族，本寨苗族比例大，多数家庭主妇是苗族，以说苗语为主，其子女上学读书才说汉语，在家及村寨中以说苗语为主。

（二）文化技术交流

1. 文化交流

汉苗两个民族的文化交流，以民间文学的交流为最早，也较普遍，互相渗透。如苗族的童话故事、神话故事被译成汉语流传于汉族村寨，而汉族的《孟姜女》《梁山伯与祝英台》等民间故事，又被译作苗语，流传于苗族村寨。苗族的酒歌，不管大小宴席、婚丧嫁娶都要唱；有的还以古歌对唱，相互敬酒，通宵达旦。台江汉族与苗族长期共处，入乡随俗，一些歌手能通苗、汉两种语言，能唱苗汉两种民歌。中华人民共和国成立后，在县城及城郊的酒席场合中，常见苗汉两种酒歌交替进行演唱，苗族歌手能唱汉族酒歌，汉族歌手也能唱苗族酒歌，互相交融，情绪热烈。在新民歌的创作中，苗汉两种民歌都出现以苗汉语言交融进行编唱的情况。

2. 技术交流

台江在明清以前，生产技术较为落后。乾隆初年，屯军及汉民带进的生产工具、生产技术和优良高产的籼稻、打糯、杂粮以及多种蔬菜，促进了生产发展。中华人民共和国成立后，人民政府组织引进生产工具及粮油优良品种，农业生产得到较快发展。1990 年粮食总产较 1949 年翻了一番。

烹调技术也在汉苗两民族间互相交融。苗族的菜肴，以酸、辣为其特征，广大农村的家常菜，是以酸汤菜为主，逢年过节，还备酸汤鱼，因其具有解渴、解腻、生津、健胃等功能，早为境内汉族所接受。县城、施洞、革东等地汉族较集中的城镇，汉族家庭几乎每餐必备，而县城、革东、台盘等集市的郊区苗族，也学会了汉族盛餐的烹调技术。

苗族医术在刀伤、蛇伤、骨折、推拿等方面均有独到之处，其中的推拿术（俗称“刮痧”），对于轻重感冒、中暑等症，均有特效，其方法简单，无须服药，只用铜钱或调羹一个，沾上酒或水，在脑门、手、脚腕、肩部、背脊两侧等主要筋络处来回推刮，病轻者起红斑，病重者呈乌块，刮后即愈，苗族男女成年人都会。因其方法简单易学，见效快，早为境内汉族和其他民族所接受，并普遍使用。

3. 风俗交融

汉苗民族的风俗交融反映在节日上，汉族的元宵节和苗族的龙船节表现得较为突出。元宵节的集会，以汉族为主，苗族也参加；龙船节以苗族为主，汉族和其他民族也参加。汉苗民族的风俗交融也反映在婚姻习俗上，旧时苗族女子嫁汉族按苗规，汉族女子嫁苗族则两种习俗并行，即到女方家按汉族规矩，过门的酒宴等则又按当地苗族习俗办事；新中国成立后有所变化，凡城镇、汉苗通婚一律按汉族礼仪，农村则相反，汉苗通婚，大都从苗俗。丧葬习俗中，为亡人立碑，这在苗族过去是没有的，随着汉文化的传入，凡城镇及郊区，生活较好的苗族人家，都为亡人立碑。

青年男女的社交活动，在清末民初，汉苗两族是不允许的。民国中晚期，汉族劳动人民的子女受苗族的影响，也参加“游方”活动，对唱情歌，但婚配则仍决定于父母者多。新中国成立后，农村汉族男女青年参加“游方”活动较为频繁，有的就通过“游方”相识、恋爱，并经过父母同意而婚配。

汉苗经过长期共处及相互婚配，在服饰上也有所变化，深处苗族腹地的覃膏、宝贡等屯堡，由于苗族大量进入屯堡内居住，汉族人口比例逐渐减少，屯堡内，除少数女学生仍着汉族装束外，其余妇女均着苗族服饰。在城内及革东、施洞、白扎、台雄、台盘、革一、排羊等地，嫁于汉族的苗族妇女，一般保留苗族服饰，部分改着汉装，其子女大多穿汉族服饰。在全县范围内，凡进校读书的苗族女生及城内、城郊的苗族青少年女子，大都穿时装，有时也穿苗族服装。出嫁后，居住苗族村寨的一般穿苗族服饰；居住城镇的，有的穿汉族服饰，有的仍然穿苗族服饰。

4. 民族通婚

中华人民共和国成立后，贯彻民族平等政策，民族歧视已不复存在，民族隔阂已消除，民族团结、民族平等。婚姻关系上，据台拱镇 1982—1990 年的结婚统计共 526 对，汉苗通婚的 150 对，占 28.5%，苗族与其他少数民族通婚 59 对，占11.2%；汉族与苗族以外的少数民族通婚的30对，占5.7%；汉、苗两个民族以外的少数民族通婚的3对，占0.6%。在汉苗通婚的150对中，汉族女性嫁苗族的87对，占汉苗通婚的58%；苗族女性嫁汉族的63对，占42%。1991年以后，境内各民族通婚情况相当普遍，同时，凡城镇的汉苗通婚基本上依汉族婚俗礼仪，农村则大都从苗俗。

第二章　探索时期民族政策与实践

第一节　民族政策与民族事务

一、民族事务机构及民间组织

（一）民族事务机构

台江由于历史和地理的原因，新中国成立前没有共产党的组织机构。1949年11月，中共镇远地委在西进途中方于湖南芷江建立中共台江县工作委员会。同年12月，台江解放，国民党台江县党部解体，中共台江县工作委员会进驻县城。1951年3月，改工委为县委。1954年11月，设中共台江县委员会。1958年12月，台江、剑河两县合并，台江县委并入剑河县委。1962年5月，恢复台江县委。1971年10月，中共台江县第三次党代会选举组建了中共台江县委员会。

台江解放前主要行政制度为厅署建制，乡村实行土司制和联防保甲制。1949年12月3日，台江解放，建立了隶属镇远专员公署的台江县人民政府。1954年6月，县首届人民代表大会召开，按照党的民族区域自治政策，根据全县苗族人口占总人口的的93.44%的特点，成立台江县苗族自治区人民政府，实现了苗族人民当家作主。1956年12月，台江县第二届人民代表大会召开，根据《地方各级人民委员会组织法》规定，会议通过将台江苗族自治区人民政府改为台江苗族自治县人民委员会。

（二）民间组织

民国时期，台江县就有妇女会、教育会、工人联合会、商会等民众团体。这些组织，新中国成立后基本停止了活动，取而代之的工、青、妇等群众组织大多建于20世纪50年代。

1956年6月台江县成立县工会筹备委员会，到年底组建基层工会13个。1962年，县工会改为总工会。60年代至70年代，各级工会组织主要开展以技术革新、增产节约为中心的劳动竞赛，组织会员送货下乡、巡回医疗、参加生产劳动、支援农业，对台江社会和经济发展发挥了应有的作用。改革开放以来，全县各级基层工会在参与企业管理，协助党政领导建立健全各种规章制度，成立职工之家、承办职工福利、开展职工互助、活跃职工的业余文化生活等方面，做了大量的工作，取得了良好的效果。

1952年12月成立青年团台江县工作委员会。共青团作为党的助手，自建立以来，围绕党在各个历史时期的中心任务，组织青年学习党的方针政策，开展“学雷锋、树新风”，科技攻关，营造青年基地林，组织文艺宣传队、建立文化活动室，号召青年团员争做新长征突击手等一系列活动，取得了很好的社会效益，还有团员被共青团中央授予“全国新长征突击手”的称号。

台江县妇女联合会筹备委员会于1951年2月成立。自1955年12月召开首次妇代会，到1988年共召开过6届代表会议。

二、民族区域自治

1951年，贵州民族区域自治制度的推行主要在民族聚居区、乡镇。这个时期，中国共产党先后在3个区、4个乡建立民族区域自治政权。1952年，中国共产党遵循民族区域自治实施纲要精神，结合贵州民族地区的具体实际，建立了丹寨、台江、炉山等苗族自治区，还建立了罗甸彝族自治区、威宁彝族回族苗族自治区、惠水彝族苗族自治区。遵照宪法精神，中共镇远地委为贯彻执行党的民族政策，发展少数民族地区的政治、经济和文化。从1952年10月开始酝酿成立台江苗族自治区，开展民族区域自治政策宣传活动，12月13日，地委、专署召开筹备会议，制订工作计划，并抽调各县干部55人，配合中央民委派来的民族文工团和西南及贵州民族歌舞团部分团员组成工作团，深入台江各乡村，召开村干和积极分子会议、群众大会和各阶层人士会议等，反复宣传共产党的民族区域自治政策，提高广大人民群众的思想觉悟，通过一系列会议和组织发动工作，选出了出席县各族各界人民代表大会代表。

1953年1月1—7日，台江首届各族各界人民代表大会召开，与会代表303

人，其中苗族244人，占80.5%，汉族50人，占16.5%，其他民族9人，占3%，会议选举刘昌淮（苗族）为县长，杨翁丁（苗族）、朱明（汉族）为副县长。7日，在县城大操场，举行台江苗族自治区成立大会，参加庆祝大会的有：中央民族事务委员会副主任萨空了，省人民政府和镇远专署的领导，镇远专区各县代表，中央、西南和省民族文工团、省歌舞团演职人员，县机关干部、学校师生和群众近万人。

1955年改称台江苗族自治县。1956年7月，黔东南苗族侗族自治州成立，撤销台江苗族自治县，设台江县，隶属黔东南苗族侗族自治州。

三、民族调查

为了更好地宣传中国共产党的民族政策，也为了解决民族地区的实际问题，1950年8月至1952年2月，以费孝通为团长的中央民族访问团第三分团，前往贵州民族地区进行调查研究。

民族访问团先后到贵州东部、南部、西北部的农村进行调查。在调查期间，民族访问团一方面宣传中国共产党的民族政策，传达毛泽东主席和中央政府对贵州民族地区的牵挂和关怀。一方面就少数民族的语言文字、风俗习惯、历史、习俗、社会状况等进行了调查研究，写下了数十万字的调研报告。这些调查成果为此后的民族识别、民族政策的制定奠定了基础。

1956年，遵从毛泽东“要把全国的少数民族调查清楚”的指示，中央牵头组建由彭真总体负责、地方调查小组分头行动的工作队伍。这时候贵州民族调查小组主要由吴泽霖负责，调查小组先后前往台江巫脚交苗寨、从江县加勉苗寨、罗甸县平亭布依族寨、剑河县久仰、雷山县掌坡等地进行调查。

调查的内容比较丰富，包括民族起源、氏族社会、土司制、布依族的亭目制、苗族的族长、寨老；苗族、布依族、彝族、侗族等民族历史上的反抗斗争和习惯法；经济方面主要是生产力和生产关系、剥削形式、典型地主、土地改革、互助合作、手工业、畜牧业、渔业、副业等的调查；生活习俗方面主要包括家庭婚姻、居住饮食、节日丧葬、宗教信仰等的调查。此外，还有文化、教育、卫生、少数民族语言文字等方面的调查。20世纪中期的贵州民族调查取得丰硕的成果，单单编印成册的民族学资料就高达27册，调查的民族也比较广泛，包含苗族、布依族、侗族、壮族、仡佬族等，调查的内容涉及人们的经济文化、婚丧嫁娶、民族风俗、宗教信仰、政治制度等。

四、民族干部培养

毛泽东同志指出："要彻底解决民族问题，完全孤立民族反动派，没有大批从少数民族出身的共产主义干部，是不可能的"（中共中央文献研究室综合研究组，1992），中国共产党在贵州民族工作中高度重视少数民族干部培养的培养和发展工作。

大力培养少数民族出身的干部，是实现民族区城自治、行使自治权利、保障民族平等的关键。解放初期，黔东南各级地方党委就开展了对地方少数民族干部的培养工作。此时期培养的方式主要有几种：一是选送各民族积极分子到省或省外各民族院校培训班学习。二是地委、专署开办少数民族干部培训班。三是在各项群众运动中及各种工作岗位上有意识选拔培养少数民族积极分子。为了顺利实施党的民族区城自治政策，遵照党和国家1950年11月明确提出的"普遍而大量地培养各少数民族干部"的方针，黔东南地区各级党委根据本地区属少数民族聚居地区，在建党、建政、进行社会改革、推行民族区城自治等中心工作中干部需求的迫切情况，通过各种有效措施，在建立健全各级党政组织工作中，大力培养苗、侗等少数民族干部。从解放之日开始至1956年底这阶段，是民族干部培养工作成绩卓著的时期，民族工作一直是黔东南各级党委的中心工作之一。在解放、剿匪、土改、民主建政，开展"五大任务"等工作运动中，党的民族政策的切实施行，各族各界人民代表会议的召开，部分地区民族区城自治的实现，以及一系列适应黔东南民族地区实际的民族特殊政策的施行，都给此时期民族干部的培养工作提供了有利条件。

（一）干部队伍构成

自1949年12月以来，台江县委、县人民政府，即采取多种途径，贯彻中央大量选拔培养少数民族干部的方针，按照"德才兼备"的原则，大力选拔任用少数民族干部。解放初期，为了开展台江的工作，领导台江各族人民进行民主改革，一批汉族干部来到台江，并积极培养选拔少数民族优秀青年参加民主改革。民主改革后，一大批民族青年被吸收为干部。在干部队伍的民族构成中，汉族干部与苗族干部占干部总数的95%以上。20世纪50年代初期的1953年，汉族干部有180人，苗族干部有221人；60年代初期的1963年，汉族干部有237人，苗族干部有459人；70年代初期的1973年，汉族干部有514人，苗族干部有1065人。几十年中，汉族干部和苗族干部都有增长，但苗族干部增长的幅度比汉族干部增长的幅度大得多。

（二）干部考核与培养

20世纪50年代前期，台江县的县长（正、副职），科局长、区长（正、副职），股长、助理员，乡长、乡干事分别由西南行政区、省政府、专署、县政府任免。一般干部由组织部门管理、调配、任免。到1957年，县里各科、局、处负责人一般由县人委直接任免，再报请省、自治州人委备案。1978年以后，实行人事制度改革，改变对干部的集中统一管理模式，按照党政分开、政企分开和管理人与管理部门紧密结合又合理制约的原则，对全县干部实行分类管理。

干部的培训是干部管理工作的一个重要环节。1949年12月3日，台江县工委筹备举办少数民族干部训练班，部分有志青年踊跃参加，为广泛培训台江县少数民族干部开了先河。经过半个多月的训练，这期有46名青年参加的训练班圆满结束，大部分学员安排到区工作。与此同时，组织60名旧职人员集中在县人民政府学习，经过短期的教育训练，录用44人到人民政府及其基层单位工作。

1950年，为培养少数民族干部，以加强少数民族地区的工作，186师创办了民族干训所，经过政治审查，体格检查，台江县67名青年被录取，干训所学员奔赴剑河县城参加集训。因剑河县尚遗留严重匪患，干校地址又改设榕江县城，所有学员迁往榕江继续参加集训。1951年2月，第一批学员结业，24名台江籍学员分回本县工作。在台江县的干部组织与管理工作中，有计划地安排各部门干部到各类学校培训是一项经常性的工作，如1950—1951年，有377名干部被送到县外进行了各种业务、基本的文化知识和理论知识的培训。

五、开展民族团结工作

台江苗族先民，自商、周迁入定居，有九个氏族、九个宗支，建立九个鼓社，俗称“九鼓”苗族。数千年来，苗族先民在台江开疆辟土，营建家园，繁衍生息，与外界联系甚少。明洪武年间（1368—1398），在台江设卫、所、屯、堡，实行军事统治，军人均居住在苗区；屯堡废弛后，大多数军人定居台江。清雍正年间，随着改土归流的实行，安屯设堡，清查田亩，征收粮赋，推行保甲制度，台江地区阻塞封闭的局面被打破，驿道、航路开通，城镇、市场兴起，兴办义学，苗族人民与外界经济文化的交流日益加强。清后期至民国时期，省内外的汉族，为军为工为农为商贸相继迁入，定居于苗汛屯堡及水陆通衢要地；与此同时，毗邻地区侗、瑶、水、仡佬等民族，亦零星迁入北部、中部或南部村落，与苗族杂居相处，相互通婚，由此台江的民族成分逐断增多。

1956 年 7 月，黔东南苗族侗族自治州成立，改设台江县，隶属自治州。进入七八十年代以来，随着台江各方面工作的全面开展，民族间经济联合体的不断壮大，不同民族干部之间的相互学习，互相尊重以及多次“民族团结月”活动的开展，巩固和促进了民族团结，党的民族政策也得到了很好的贯彻实施。同时，苗族干部不断成长壮大，到 1992 年底，有苗族干部 2114 人，占全县干部总数 2865 人的 74%，县委常委、县人民政府正副县长、县人大常委会正副主任、县政协正副主席以及县属各科局的正副局长中，苗族干部占有绝大多数，实现了苗族管理本民族内部事务、当家作主的美好愿望，全面推动了台江各个部门的工作。

台江各民族间和睦、融洽、友好互助的民族关系表现是多方面的。在语言文化交流方面，50 年代中期党和国家组织语言学家为苗族创制了以拉丁字母为基础的拼音文字，并开始推行。汉语在中华人民共和国成立前仅在一些集镇使用，中华人民共和国成立后随着教育事业的发展，汉语在机关、学校、厂矿、集镇居民中成为主要的交流语言，而广大农村仍以苗语为主。一些汉族干部学会了苗语，许多乡村群众能说流利的汉语，汉语、苗语相互通用，有的家庭既讲汉语又讲苗语。在生产与生活方面，各民族间的交往也是相当密切的。汉区先进的生产工具、生产技术及优良品种引入苗寨，苗族传统的工艺品、医学、菜肴，也被汉族和其他民族所接受。各民族间相互尊重，交往频繁，苗族的龙船节、对唱情歌、游方等活动，有汉族和其他民族群众参加，汉族的元宵节等节庆集会，也有苗族参加。

第二节　民族经济政策与实践

一、民族经济政策实践措施

根据党中央1949年制定的必须坚持“慎重稳进”的民族工作方针，在1950年至1956年7年间，黔东南各级党委、政府结合实际，在接管建政、剿匪斗争、土地改革，对农业、手工业和资本主义工商业的社会主义改造中开展了对党的民族政策的实践。由于接管部队入黔前对全军指战员和全体干部进行了少数民族政策教育，所以在进入黔东南各地时，都较注意尊重少数民族风俗习惯，关心少数民族群众生活，模范地执行党的民族政策。经过汉族地区时就地筹粮，而进入少数民族地区则不筹不借，还把节省的盐巴、针线送给少数民族群众。接管建政中对少数民族实行了照顾政策，接管区、乡政权时汉族区、乡长一律免职，对少数民族则酌情留用部分。积极做好少数民族上层人物的争取团结工作，扩大统一战线。

（一）开展土地改革运动

在土地改革安排部署上，中共镇远地委实行先汉族地区，再民族杂居地区，后少数民族聚居地区的政策。何时进行土地改革，也由少数民族群众自己决定，各县在开展土改之前都召开各族各界代表会议，广泛征求意见，进行表决。各地依靠少数民族干部和少数民族群众，开展宣传动员工作，注意利用“自然领袖”“寨头”“姑娘头”“青年头”和少数民族艺人将党的政策用苗侗等少数民族语言编成山歌、酒歌、戏剧演唱，收到了良好效果。

1951年2月中旬，镇远地委选配干部75人、干校学员208人，县委抽调县、区、乡干部86人，组成土改工作团，在全县开展土地改革运动。从清匪入手，12月转入土地改革，分三批进行。1951年12月至1952年6月有萃文镇、友助镇、尚志乡、德立乡等四乡（镇）为第一批，2—8月在绥阳、永安、德风、蹈和等四乡进行为第二批；6—9月在覃青、孝弟两乡实行和平土改，为第三批。除匪首早已依法逮捕法办外，一般地主，均不斗争。

在开展“五大”任务中，根据党的“依靠贫雇农，团结中农，中立富农，有步骤、有分别地消灭封建剥削制度，发展农业生产”的总路线和总政策，先抓住既是匪首又是地主分子的开展斗争，结合整顿农民协会，纯洁农民权力机构组织，使之成为领导中心，担负起清退帮工、帮粮、减租、减息、退押、划分阶级成分等任务。

“五大”任务基本结束后，根据政务院《关于划分农村阶级成分的决定》，对凡占有大量土地，全部出租或绝大部分出租，只留少量土地并雇工耕种者，定为地主；大部分自耕，出租面积达15%—25%，并有雇工经营者，定为富农；大部分自耕，出租面积15%以下，并无雇工利削者，定为富裕中农；全部自耕或少量佃耕，粮食完全自给或稍有结余者，定为中农；自有少量土地，大部分佃耕者，定为贫农；无地或仅有极少量土地，常年以帮工为生者，定为雇农。工作中以行政村为单位，按总户数5%的比例，掌握地主富农之数。首先划定地主、富农两个阶层，中农（含富裕中农）以下，采取自报公议，张榜公布，三榜定案（农协小组划出本组各户成分公布为第一榜；村农会讨论修改通过并公布为第二榜；区、乡农协审查批准并公布为第三榜），给没收土地和分配土地打下基础。划分阶级成分结束后，随即成立“查田评产委员会”，定出三等九级标准，然后临田土逐丘逐块进行评议，定出常年产量，分别登记，张榜公布，反复评议，三榜（程序与上同）定案，然后按照《中华人民共和国土地改革法》没收地主的土地、耕牛、农具及其多余的粮食房屋和浮财；征收富农（含半地主式富农）出租的土地、耕牛；征收祠堂、庙宇、学校等社会团体在农村的土地及其他公地；征收小土地出租者超过当地人均土地20%以上的部分。全县共没收、征收田1.97万亩，地529亩，瓦房1832间，草房4500间，耕牛1090头，农具6685件，家具1684件，粮食498947公斤，并依法进行分配。

在分配中先进行调剂，凡本村地主土地在外村（含外乡、外县）耕种者属外村，由土地所在村没收分配；耕种者在本村，土地在外村，而外村也有相似情况者，双方协商，等量调剂。本村没收土地少，邻村没收土地多，可协商划拨一定数量土地归本村分配，做到大体平衡，并以一村的各种等级大体搭配，按人口平均，照顾原耕者。一次分配给无地少地的农民，也分给地主等量土地和房屋，让其自耕自食。对鳏、寡、孤、独、军、工、烈属，则加以照顾。分配结束后，召开庆祝大会，当众焚毁旧土地契约，宣布彻底废除封建土地制度。1953 年，人民政府向分得土地的农民颁发《土地证》，土地改革后，土地所有制发生了根本变化。地主人均降为 1.16 亩；富农降为 2.65 亩；贫农上升到 1.39 亩；雇农上升到 1.4 亩。

土改中执行的特殊政策主要有：

最大限度地扩大团结面，缩小打击面。第一，划分地主、富农成分“宜宽不宜严”。第二，先协商后斗争。第三，不提“挖匪根”的口号，不搞反分散财物斗争。

执行特殊的没收、征收和分配政策。第一，没收地主“五大财产”时，除田地之外，采取农会和地主谈判的方式进行，而不像一般地区那样通过斗争大会没收；第二，少数民族公用场地和社会公益事业用地，如游方坡、鼓楼、踩歌堂地、斗牛坡、风水林木、交渡田、桥田等，予以保留，不得征收；第三，在分配土地、山林中，对少数民族特需用地作了必要的照顾，如罗汉田、姑娘田等，不计入土地分配基数。地主的柴山、草山等予以没收，没收后作公用或分配，由各族群众自己讨论决定。

这些特殊政策的执行，保证了土地改革的顺利完成，促进了黔东南少数民族地区社会生产力的发展。

1952 年 2 月 13 日，镇远地委在台江开展第三期土改，地委决定，凡集中到县城参加“三反”（反贪污、反浪费、反官僚主义）运动的土改队员，全部回农村进行土改，第三期土改于 1952 年 6 月中旬结束。

1952 年 3 月 9 日，台江县委在全县各村组长联席会议上，对全县农村工作作了具体布置：一、对各阶层大力宣传生产政策、土改政策，解除群众对生产的顾虑和等待土改分田的思想；二、在自觉自愿的基础上组织互助组，实行等价换工；三、修沟开塘、兴修水利；四、帮助群众解决生产中的困难，把斗争成果用到生产上去，对无法解决的村，由政府贷给一部分粮食；五、制订生产计划，派干部专门领导群众生产，做到每村不准荒田；六、生产与斗争相结合，白天生产晚上开会，或男的生产女的开会，这部分人生产，那部分开会。

1952 年 6 月 3 日，台江县第一期土改工作结束，列为第一期土改的萃文、尚志、友助、德立四乡（镇）全面完成土改任务，转入正常生产秩序。县委在全县干部和群众共587人参加的第一期土改总结大会上，充分肯定了成绩，也指出了存在的突出问题。主要表现在：一、县委领导对党的政策领会不够，存在着盲目性和官僚作风；二、深入干部群众少，宣传政策的力度不够，致使很多问题得不到解决，影响干部群众的积极性，特别是对土改后农村的发展方向不明确，造成农村干部思想苦闷，顾虑重重。

1953年2月8日，台江县委对1949年12月解放台江以来3年的民族工作进行了全面的总结，肯定了取得的一些成绩，特别是经过土改运动后，使3万多名土地少或无土地的苗族群众分到了房屋、土地和农具，解决了吃盐问题，群众生活得到了改善。

（二）探索经济发展模式

1. 互助组

土地改革后，为了帮助分得土地的农民克服生产资金薄弱等困难，县委、县人民政府根据上级指示，引导农民走互助合作道路，以调剂耕畜、农具、劳力的余缺，采取临时互助组和常年互助组两种形式。1952年10月，县委决定在台拱区下桃尧、施洞区柏梓坪、革东区革东屯试办互助组，取得经验后，逐步发展。至12月，全县建成临时互助组25个，参加农户216户，占总户数的1.8%，次年发展到1831个，参加农户7970户。1953年组织常年互助组3个65户，参加互助组的农民占总户数的57.8%。1954年和1955年，继续巩固和发展临时互助组，重点发展常年互助组，通过“评工记分”以平衡劳、畜、农具之间关系。其评分办法有以工换工，男女老少不分，一工换一工；也有以两个女工换一个男工的。死分死记，不分男女及活路轻重，以人固定记分，也有男女工分各记的，还有按时记分，按劳动力强弱记分的。死分活评，按男女性别、劳力强弱、活路轻重订出标准，然后按完成活路好坏进行活评。农具评分，一般采取犁、耙等大农具随牛走，锄头、钉耙、镰刀等小农具随人走的办法，也有把犁耙、晒席等大农具评分的，每天各3分。

2. 合作社

初级农业生产合作社。初级农业生产合作社（简称初级社）是将土地作股入社，“以劳动报酬为主，兼顾土地报酬”为分配原则的半社会主义性质的农业合作组织。1954年3月13日，以台浓乡下桃尧张明达常年互助组转入初级社试点，当年建成初级社12个，参加农户273户。1955年初级社发展到19个，参加农户412户。1956年所有互助组全部转入初级社共229个，参加农户12985户，占总户数的86.2%。初级社土地股的报酬比例，根据省委在少数民族地区“土地股可略高于汉族地区”的指示精神，多数按“土劳各半”，近田、好田也有按“土六劳四”比例分配的。劳动报酬通按“死分活评”办法，在土地入股中，划给社员自留地，一般为耕地面积的5%，最多不超过7%。本着照顾少数民族特殊用地的精神，在高坡地区每户适当多留一点作种植蓝靛之用。

高级农业生产合作社。高级农业生产合作社（简称高级社）是以土地无偿入社，耕畜、大农具、山林、折价入社，由社在公积金中分期付款，逐步转为集体所有，由社统一经营，劳动产品实行“各尽所能，按劳分配，多劳多得”的社会主义分配原则。1956年，把基础较好的初级社转为高级社，当年建立4个，入社农户1162户，占总户数的7.7%。1957年由初级社转入高级社131个，入社农户12443户，占总户数的79.9%。

3. 人民公社

1958年10月，根据中共中央《关于在农村建立人民公社问题的决议》，台江县建立5个人民公社，实行“政社合一”“工、农、兵、学，商五位一体”，入社农户为99.4%。人民公社成立后，强调“一大二公”，开展大协作，刮起“一平二调”共产风。资金、劳务、耕畜统一调配，大办食堂及养猪场各500余个，生产大队、小队自办各种厂矿1566个，10月13日大搞深耕，于和平公社搞午田坝，集中112个劳动力深翻一天，将一丘4.5亩大田深翻达1.6米以上，秋种试验田深翻50厘米以上。全县出现高指标、瞎指挥、浮夸风。平均主义取代了“多劳多得”和“等价交换”的原则，侵犯了农民的经济利益，挫伤了农民的生产积极性，束缚了生产力的正常发展，1959年至1961年自然灾害，农村经济陷入困境。1962年5月，贯彻中共中央“调整、巩固、充实、提高”的方针和《农村人民公社工作条例（草案）》（即农村工作60条），实行“三级所有，队为基础”的管理体制，重申“按劳取酬，多劳多得”的社会主义分配原则。1970年推行“大寨标兵工分”制，一日一评，以政治表现为主，农村经济再次陷入困境。1973年，全县农户19253户，超支户为7392户，占41.2%。1978年，农村出现包产到户、包产到组、包干到户、包干到组等形式的生产责任制，

1983 年普遍实行家庭联产承包责任制，生产有了重大发展，相沿至 1990 年。

在农业合作化进程中，中共镇远地委要求在少数民族地区办互助组，要积极宣传。重点试办，逐步推广，宁缓勿急。在建初级社时，地委明确规定：①少数民族原有的棉花地、蓝靛田、姑娘田、麻园等土地暂不入社；②社员的自留地可占耕地（按常年产量计算）的 1%—7%，少数民族地区放宽到 5%—7%；③公田、“风水田”、祠堂田属于公共财产，按习惯由农业社统一经营，并按原有的习惯搞好收益分配；④少数民族民间习俗“闹姑娘”“吃新米”等应予以照顾，可由农业社统一划出适当稻田由社员种植早稻，提前分配给社员“吃新”，也可以留少量稻田由社员自耕自收；⑤少数民族农民自用的弹花机、织布机、染缸、木船仍保留自用；⑥初级社的产品按土地与劳力（通过劳动工分）“四六”或“对五”的比例进行分配，少数民族地区土地分红所占比例可略高于汉族地区。

在转入高级社时，进一步规定：①少数民族的游方坡、姊妹坡、芦笙场、斗牛场、跑马场、古楼地、歌堂地、祠堂、跳花坡一律不入社，已开垦种植的要恢复；②少数民族的虎牛、龙牛、祭祀牛、斗牛、跑马、鼓藏牛、姑娘牛、保家牛、养老牛等，一般不入社；③族林、坟林、风水林、风景林、古树一般不入社，如果本族群众愿意入社的也可以归社公有，但社必须保护，不准乱砍伐；④少数民族农业合作社，在制订生产计划时，应该照顾到民族的特殊需要，如糯米、棉花、土烟等。由于在农业合作化中注重民族政策，坚持自愿、互利、民主的原则，少数民族地区的农业合作化进程得到了顺利发展。至 1956 年 4 月，镇远地区建少数民族初级社 1599 个，民族联社 916 个；少数民族高级社 19 个，民族联社 58 个。

1954 年 3 月 5 日，台江县委召开全县生产代表会议，重点对在全县广泛开展互助合作运动进行动员。同年 3 月 29 日，县委转发了桃尧寨农业生产合作社的办社经验。通过反复宣传动员，让群众充分认识小农经济的分散落后、自私、不稳定等缺陷，认识到互助组、合作社生产资料集中，便于统筹安排，统一规划管理，形成规模的优越性，使成立合作社成为群众的自觉要求。

1954 年 7 月 16 日至 22 日，台江县委召开农村工作会议，会议传达了中共中央第二次农村工作会议精神，介绍了桃尧、清江两个重点农业生产合作社的建社经验、学习中共中央有关农业生产合作社的决议；明确发展农业生产的重要性，农业发展必须与工业发展相适应；对依靠贫农、巩固和团结中农的阶级路线有进一步认识，改变糊涂观念。

从 7 月下旬开始到 8 月底，县委利用夏季生产互助合作运动，新建立梅影、柏子坪、张家寨、报效、革一、台盘、番召等 10 个农业生产合作社。1954 年 9 月 1 日，全县开始发行经济建设公债。9 月 28 日，县委召开扩大会议，会议主要研究合作社的土地报酬和劳动报酬的分配比例问题。会议指出，全县 12 个生产合作社多数以常产计算入社，有 5 个社以四（土）六（劳）比例分红，由于常产的不稳定，造成劳动股与土地股报酬比例结构不合理。会议决定，要在不断发展生产的基础上，适当扩大劳动报酬的比例，缩小土地报酬的比例，使劳动报酬高于土地报酬，以利于调动生产积极性。

1954 年 10 月 23 日至 28 日，县委召开党员代表会议，会议听取县委书记高雪峰传达《关于继续开展以互助合作为中心的生产运动的报告》和《关于粮食统购统销的报告》两个中央文件，县委委员邵清法对一年来的互助合作运动作了总结报告。会议通过重点汇报，结合领会精神，检查认识生产互助合作运动和生产管理中的混乱现象。同年 12 月 3 日，县委发出通知，要求各区、乡搞好合理使用余粮款的宣传工作，号召广大群众妥善安排余粮款的使用，反对铺张浪费，除购买必需的生产资料、生活用品外，余款应存入银行，归还贷款。

12 月 26 日，县委总结了冬季农业生产互助合作情况，全县已建立生产合作社 16 个，互助组 1788 个 11073 户，其中常年组 589 个 3453 户，临时组 1199 个 7620 户，据台雄、革东、平兆三个乡调查显示，台江县互助组可分为三类：第一类，有骨干，有领导，组员觉悟较高，组内互利政策执行较好，冬季生产有计划，此类占 50%；第二类，组内骨干少，组长能力弱，组员觉悟一般，余粮能够卖给国家，冬季生产订了计划，但互助活动不经常，这类约占 10%；第三类，组内缺乏骨干，组长能力弱，组员觉悟不够高，互利政策未执行，冬季生产无计划，互助活动少，这类组占 40%。

1955 年 1 月 12 日，县委讨论制订了第一个五年计划和建立农业生产合作社计划。同年 8 月 5 日，台江县第一批农业生产合作社组建完成，共 31 个 775 户，由 89 个互助组组成，其中常年组 81 个。

1956 年 1 月 18 日，为办好农业生产合作社，县委发出《中共台江县委对耕牛、农具、山林折价入社的几点意见》，“意见”指出，耕牛、农具折价入社便于统一调配使用，统一经营，适应合作社生产的需要，有利于解决私有公用的矛盾，对需要投入大量劳动的果园、茶山、桑山、桐山、杉山、竹林应交合作社统一管理经营，由合作社付给合理的报酬，耕牛、农具、山林折价要合理，既不挫伤群众积极性，又不使合作社利益受损，1月24日为配合农业生产合作化运动，县委宣传部组织机关干部、中小学教师、学生、农村党团员、宣传员、社干、转业军人、民间艺人、知识分子、少数民族歌手等4970人的宣传大军分赴各个乡村进行大规模的宣传活动。采取黑板报、大字报、标语、口号、广播、图片展览等形式，宣传党的合作化政策和台江县合作化运动中的新人新事，使农业生产合作化很快家喻户晓，深入人心。2月，全县实现初级农业合作化，兴办高级农业合作化，桃尧初级社率先转为高级社。

1956年4月7日，台江县委批转了桃赖乡金星高级农业合作社实行常年包工包产的经验总结。金星农业高级社实行常年田土包工包产制度，社内制度比较健全，奖惩分明，人人有分工有职责，是一种较好的经验，因此在全县进行推广。

1956年10月3日，中共黔东南地委根据检查中存在的问题，作出了《关于少数民族地区转高级社具体处理意见》（草案），对少数民族地区自留地、特殊用地等问题以及节日集会、传统娱乐等问题作出了具体规定。“处理意见”规定：对自留地一律不入社；少数民族游方坡、姊妹坡、斗牛场、跑马场等土地一律不入社；龙船田、祭祀田可以不入社，但合作社可以租种，少数民族棉花地、土烟田、蓝靛田等，根据实际需要按户留一部分给社员私有；姑娘田、祭祀田、妇女私房田一律不入社，但合作社可租种；少数民族虎牛、龙牛、祭祀牛、斗牛、姑娘牛、保家牛等一般不作价入社。“处理意见”中的附件还对民族节日问题作了规定。1957年4月，全自治州第一届人民代表大会第二次会议审议通过了《黔东南苗族侗族自治州人民委员会关于高级农业生产合作社具体问题处理的补充规定》，会议通过了在国家和少数民族的主要节日，合作社应予以放假的决定。

12月23日县委发出《一年来领导农业合作化和生产运动的总结和今后工作的几点意见》，在工作总结中指出，台江县已基本实现农业生产高级合作化，共组建高级社101个11293户，占全县总农户的7.3%，全县农副生产比上年增长19%，其中粮食作物增产16.2%，经济作物增产67.9%，各种副业增长44%。存在的问题也十分突出，主要表现在：在合作化运动中，贯彻民族政策不够，在处理生产资料入社问题上，忽视民族特点，如把不应入社的蓝靛地、棉花地、保家牛、清明田入了社；在执行互利政策上，过分强调集体利益，忽视社员个人利益；重视农业，轻视副业；在推广农业先进经验方面有很大的盲目性，注重形式，不注重效果；指导思想强求划一，要求过高，脱离实际。今后农村工作的主要任务是：开展以粮食为重点的农、林、牧、副相结合的运动，在保证粮食增产的同时，注重发展其他经济作物，全面发展林业、畜牧业和各种副业生产，特别是家庭副业，通过多种经营增加收入。要严格开支，厉行节约，避免人力物力和财力的浪费。

12 月 27 日，县委召开全县党员干部大会，学习党的“八大”决议，总结一年来的合作化和生产情况。会议指出，1956 年全县已有 82.8% 的农户进入高级农业社，91% 的农户增加收入，农副业生产比 1955 年增长 19%。

1958 年 2 月 5 日，全县开始进行整顿农业社运动。随着运动的不断深入，脱离实际、盲目追求超高产的作风，导致高压风、浮夸风在全县高涨蔓延。

12 月 6 日，县委召开全县党团员和积极分子会议，贯彻中共中央郑州会议决议和省委农村工作会议精神，开始检查纠正“大跃进”运动中的错误，重点讨论了收益分配、生活福利和生产，县委转发前进人民公社党委《采取生产与整社相结合边整边改的经验》，要求全县干部群众认真贯彻学习中共八届六中全会《关于人民公社若干问题的决议》。

1961 年 1 月，州委工作团分赴台拱、施洞、革东领导整风整社，听取社员意见，纠正“五风一化”错误。

1962 月 1 月 2 日，台江县委召开扩大会议，着重讨论纠正包产到户问题。5 月，全县实施中共中央“调整、巩固、充实、提高”的八字方针。调整工农业生产指标及农村人民公社管理体制，允许社员经营自留地和家庭副业。

1966 年，“文化大革命”开始，期间各项建设事业的发展受到严重影响。

“文化大革命”后期，一部分领导干部和广大党员一起，积极开展“工业学大庆”的群众运动，努力完成工业生产任务。

（三）实施计划管理体制

台江解放后，将基层的经济活动纳入各级计划。自1956年起，实行直接计划与间接计划相结合，开始编制“五年”计划和长期计划。实行“统一计划、分级管理、条块结合”的管理体制，在省、州计划控制指标的指导下，负责国营企业、私营企业、部分商品和部分农业品种的发展计划编制。从台江的实际出发，把经济建设和社会主义改造相结合，以农业为重点，发展地方工业。

“二五”时期，实行“以巩固农业合作制度，健全人民公社集体经济，发展农业为主”的方针，同时注重发展地方工业、商业、文教卫生等事业，突出“以粮为纲”。但由于受“左”倾思想的影响，出现计划安排上的虚假现象，1962年予以纠正。

三年调整时期，全县在“调整、巩固、充实、提高”的方针指导下，实行以“条条为主，条块结合”的计划体制，坚持以农业为基础，工业为主导。计划注重综合平衡和留有余地，主要从农业上解决吃、穿、用的问题，注重产品数量和质量，谋求经济的发展速度与效益两相统一。“文化大革命”时期，计划仍以农业为主，进行农轻重调节。对工业实行指令性计划管理，由计划部门制订各项产品指标，指令生产单位执行。

“五五”时期，1979年开始缩小流通领域的指令性计划，扩大指导性计划和市场调节；对农业实行间接计划为主，加强宏观控制，对粮油和工业实行指导性计划管理，扩大企业和生产单位自主权。

二、民族经济政策实践成就

（一）经济建设在探索中前进、发展

1955年12月，计划部门首次编制《一九五六年台江苗族自治县国民经济计划（草案）》。对国营和公私合营实行直接计划管理，把计划下达到企业；对农业和手工业实行间接计划，由有关主管部门通过粮食统购、统销、产品税收、生产加工合同等经济手段实现计划。

1956年，全县工农业总产值计划为800万元，实际为859万元，超计划7.4%。其中工业总产值计划50万元，实际68万元；农业总产值750万元，实际791万元。

第二个五年计划开始的 1958 年初，编制《1958 年至 1967 年台江县农业发展纲要》，全县工农业生产搞“大跃进”。计划工作一度违反了实事求是的原则，计划指标脱离实际。

1963 年，按照《1962 年至 1970 年台江县国民经济主要指标设想》，拟编了《1963 年至 1965 年农业生产计划主要指标（草案）》。其中，1965 年全县工农业总产值计划 700 万元，实际 889 万元，为计划的 127%，比 1962 年（下同）增长 98%。其中，农业总产值计划 600 万元，实际 772 元，增长 29%；工业总产值计划 100 万元，实际 117 万元，增长 17%。

工业：发电量计划 200 万度，实际 144 万度，为计划的 72%；青砖计划 100 万块，实际 84 万块，为计划的 84%；青瓦计划 200 万张，实际 176 万张，为计划的 88%；水泥计划 1000 吨，实际 482 吨，为计划的 48%；饮料酒计划 100 吨，实际 58 吨，为计划的 58%；加工大米计划 1000 吨，实际 975 吨，为计划的 97.5%；日用陶器计划 50 万件，实际 35 万件，为计划的 70%。

1977 年起，改革了计划管理体制，逐步缩小生产、流通领域中指令性计划，扩大指导性计划和市场调节，农业上调整产业结构，逐步完善农村联产承包责任制，以间接计划管理为主，加强宏观控制；对粮食、油菜、烤烟等产量实行指导性计划。工业上实行指导性计划管理，实行企业承包，租赁责任制、扩大企业自主权。

（二）工农业逐步发展

1952 年全县工农业总产值 540.33 万元，其中工业总产值 24.30 万元，农业总产值 516.03 万元。全县粮食产量 1879.19 万公斤，油菜籽产量 4.4 万公斤，花生产量 4.34 万公斤。社会商品零售额 143.5 万元，大牲畜 1.33 万头。

第一个五年计划时期的 1953 年，统计无偿发放农具、救济款、农业贷款、开展互助合作运动的数据。到 1956 年统计高级农业生产合作社，对私营资本主义工商业、农业和手工业的社会主义改造的成果。1957 年统计工农业总产值为 962.27 万元，其中工业总产值为 78.30 万元；农业总产值为 883.97 万元；粮食总产量达到 2728.53 万公斤，人均粮食为 385 公斤。

第二个五年计划时期的 1958 年，在“大跃进”“人民公社化”运动中，出现统计失实。1961 年贯彻“调整，巩固、充实、提高”的方针，统计工作恢复实事求是精神，统计数字恢复真实。1962 年统计工农业总产值为 450.02 万元，粮食总产量为 1620.32 万公斤，人均粮食为 251 公斤。

1963 年进入三年调整时期，国民经济开始恢复。1965 年统计工农业总产值为 888.86 万元，花生产量达到 11.35 万公斤，油菜产量达 38.06 万公斤。

1966 年起，完成人口、粮食、花生、油菜及工业生产的统计，其中粮食、花生、油菜产量下降。1970 年后，除油菜有下降外，工农业产值均有提高。1975 年末，统计工农业总产值 1734.11 万元，其中工业总产值 308.28 万元，农业总产值 1425.83 万元，超过了 1957 年的发展水平。

1976 年 10 月，"文化大革命" 结束。1978 年 12 月以后，开始 "对外开放，对内搞活"。1980 年在全县大部分地区实行联产承包责任制，统计工农业总产值为 2630 万元，社会总产值为 2669.24 万元，人均国民收入 157 元，社会商品零售额为 94880 万元，油菜产量为 21.25 万公斤。

（三）水利工程蓬勃发展

台江民间历来有兴修水沟、引水灌田的传统。中华人民共和国成立后，50 年代本着 "费省效宏" 的原则，坚持 "民办公助" 方针，制定兴修水利具体措施，推动民间引水工程发展。至 1982 年 "三查三定"（一查受益、二查质量、三查管理；一定灌溉、二定计划用水、三定落实管理人员），落实引水工程 1000 亩以上 1 处，300—1000 亩有 14 处；5—300 亩 1661 处（其中解放前沟渠 1572 处），灌田 1.26 万亩。

打岩沟，位于台浓乡境，1953 年动工，1954 年竣工，水源来自红阳乡红阳沟，沟长 0.5 公里，灌溉面积 451 亩，受益户投工，国家补助 530 元。

红阳沟，位于红阳乡境，引翁腮溪水源，1954 年兴建，1955 年竣工，沟长 4.5 公里，设计灌溉 500 亩，实际灌溉 350 亩，受益户投劳，国家补助 4700 元。

排羊大塘沟，位于排羊乡境，水源引自红阳翁腮溪。1954 年兴修，1955 年竣工，沟长 7 公里，灌田 500 亩，国家补助 7400 元。

沙邦沟，位于大塘乡境，水源引自大塘泉。1956 年兴建，1957 年竣工，沟长 4.5 公里，灌田 300 亩，国家补助 4200 元。

白岩脚沟，位于交密乡境，水源引自翁密河，1958 年兴修，1959 年建成。沟长 5.5 公里，灌田 500 亩，国家补助 5800 元。

翁益沟，位于排羊乡境，水源引自翁益冲。1958年兴建，1964年建成，沟长4公里，设计灌溉500亩，实际灌溉200亩，国家补助4200元。

方白沟，位于翁脚乡境，水源引自方白溪。1958年兴建，当年完工。沟长3公里，灌田320亩，国家补助3200元。

拥党沟，位于交下乡境，水源引自翁芒溪。1958年兴建，当年完工。沟长5公里，灌田400亩，国家补助5200元。

望虎屯沟，位于老屯乡境，水源引自小江河。1958年兴修，1959年建成。沟长1.5公里，灌田350亩，国家补助1600元。

空寨沟，位于台盘乡境，水源引自龙塘溪。1964年兴建，1965年建成，沟长5公里，灌田334亩，国家补助8800元。

李子沟，位于台浓乡境，属古渠改造。1975年兴修，1976年建成。沟长5公里，灌田346亩，国家补助1.36万元。

丈浓引水工程，1963年由农业水利局规划设计，水渠流经阳汪、丈邦、丈浓、南浓、郎等、下桃尧、下桃赖等村寨进入南省乡南冬坝，全长14公里，设计灌溉2500亩。11月，组织沿渠受益11个大队社员施工，工程分期进行。第一期工程自丈浓寨溯翁你河而上350米处，修筑拦河坝，于坝身北侧引水入渠，廷伸至下桃赖。渠长6.5公里，灌田1200亩，1964年5月1日竣工，当年受益。第二期工程于11月1日动工，开挖下桃赖至南省乡南冬坝渠道，于12月底建成放水，全长6公里，灌田1300亩，其中改善灌溉面积300亩。共完成土方1.1万立方米，石方0.75万立方米，投入工日24.49万个，国家投资3.34万元。1975年拦河坝向上游迁移，坝址选于打岩沟口，属混凝土流线滚水坝。投资5.63万元。

1981年加固大坝及两端护坡，渠道防渗3.5公里，并于南省乡地段建堤灌站4处，投资42万元。1990年对南省地段乘道进行防渗治理并建钢筋混凝土渡槽一座，1992年2月竣工，投资17万元，专项工程累计共投资84.01万元，灌田2500亩，达到设计要求。

（四）交通状况大为改善

中华人民共和国成立后，党和政府为了开发少数民族地区，大量投资修筑公路。建国初毛主席就提出：为了帮助各兄弟民族，不怕困难，努力筑路。为了响应毛主席的号召，1956年贵州省交通厅公路局以“民工建勤，民办公助”（即民工自带简单工具、基本口粮及炊事用具，国家补助材料及伙食费）的办法修筑自镇远经台江至剑河公路。该路全长116公里，经县境的施洞、台拱、革东3个区及施洞、老屯、坝场、台拱、麻栗、革东等6个乡19个村，共64公里。镇（远）—台（江）—剑（河）公路通车后，初步改变了台江县交通闭塞的落后面貌。

1958年，黔东南苗族侗族自治州人民政府迁至凯里，为使台江、剑河两县公路与凯里连接，州人民政府拨款13万元给台江县，由台江县负责修通县城至砂子坡下面24.5公里的路段。台江县也出资1.3万元，于当年10月竣工通车。1960年州人民政府又拨款，重新扩建凯—台公路为四级公路。1976年至1978年省交通厅再次拨款187万元，将凯—台公路改建为柏油路后，遂成为省、州的主要公路干线之一。

1964年，黔东南州政府为了开发台江县森林资源和改变山区群众的落后面貌，指示州林业局以“民工建勤，民办公助”形式，先后投资124万元，用于修建以台江县城东即谷（洞）—三（穗）干线131.5公里处为起点，到达南宫河口止的筑路经费，全长53公里，穿台浓、方召、翁脚、交密、南宫等5个乡12个自然村，是伸向台江南部森林资源丰富地区的交通要道。该公路所经之处多为岩山、峭壁，工程艰巨，耗资大，投劳多，故分三期工程进行：第一期工程由县城至翁脚共16.4公里，从1964年12月15日动工至1965年1月21日完成；第二期工程由翁脚至四登坳，长19公里，从1965年12月动工至1966年3月竣工；第三期工程由四登坳至南宫河口，长17.6公里，于1966年10月27日全线竣工通车。该路修通后，改变了台江县南部地区交通梗阻的局面，使当地丰富的森林资源得到充分的开发和利用。

此外，县内还先后修筑了许多公路。1964年省林业厅投资2万元修筑了掌里至排羊场坝长1.3公里的公路。

1967年，省林业厅投资58.3万元，修筑南宫河口至翁芒全长20公里的公路，至1969年通车。

1967年，省林业厅又投资14万元，组织民工修筑汪江至交密长6公里的公路，于1968年通车。

1969年，台盘公社组织群众修建由台盘经龙塘、龙井接通格冲（凯里市属地）的公路，1972年竣工。

1971年，省组织民工修建长3.34公里的九里至南冬公路。

1972年，由德立农场出资7万元，由台盘、革一两公社以“民工建勤，民办公助”形式修建从德立农场经革一屯上、田坝、梨树坳、翁昌、平水、台盘、龙塘、龙井与凯（里）—革（东）—施（洞）线衔接，全长23.2公里的公路，该线贯穿2个公社，8个自然村，是台江县西部地区的交通要道。

1973年1月，由交下公社发动群众修筑了由交下沟至交下，长6.57公里的公路，1974年竣工通车。3月，县林业局投资4000元修建由胜利桥至南牛的林区公路，长1.32公里，当年通车。1973年冬，州水利局拨款14万元，州农业局拨款2.5万元，由交东公社组织群众修建了由南架经交东至东陇，全长8公里的公路，于1974年建成通车。

1974年，老屯和报效两公社组织民工修筑了由上稿仰经长滩至报效全长4.88公里的公路。

1975年，以“民工建勤”方式修筑了麻栗坳经松南至宝贡全长6.04公里的公路，当年年底竣工通车。同年还动工修建了由覃膏堡至方召，长3.22公里的公路。

1975年至1977年，省林业厅投资10.6万元修筑南宫至展吉，长6公里的公路。

1978年，以民办公助形式修筑了南市至台雄4公里的简易公路。

第三节　民族文化政策与实践

一、民族文化政策实践措施

中华人民共和国成立后，国家实行民族平等政策，各民族文化得到充分的尊重。这个时期民族文化工作主要是打基础，包括文化机构、文化场馆、文艺团体、新闻出版部门等的建设，少数民族历史文化的调查研究，尊重少数民族风俗习惯与宗教信仰、增加文化投入等方面。

（一）建立民族文化机构、文化场馆和文艺团体

民国二十六年（1937），台江县立民众教育馆建立。内设生计、艺术二股室，职工3人，馆长陈夔石。图书400余册，分教育、文化艺术、科技、报刊等类目，供民众借阅。民国三十年（1941），办墙报9期，宣传抗日救国、揭发贪官、介绍新文化、科技知识等。“黔东事变”爆发后，馆内设施被毁。民国三十二年（1943），县内各界人士捐赠图书百余册，民国三十七年（1948）10月，省裁减业务经费。民国三十八（1949），移交给萃文中心小学校兼管，民教馆名存实亡。

1951年，台江县文化站建立，隶县教育科，有职员2人。1955年1月升为丁等文化馆，内设文化、宣传、美术组，辅导群众文化工作。1958年兼管县歌舞队。1962年馆址设在文昌宫内。

1952年12月，县文化站大众阅览室建立，有藏书千余册。由一人兼管图书借阅。1966—1977年间曾关闭，1977年恢复工作。1985年图书馆从文化馆分离出来，称台江县民族图书馆。

1953年1月1日，台江人民书店成立，租和平街董正刚住宅办公。1956年3月，将门市部和书店合并为新华书店台江支店，隶文化科。1962年5月，有职工4人。1970年，由董宅迁往新华书店综合大楼。1978年，将原与供销系统联合建立的发行网点，全部撤销。书店的行政、业务归省新华书店垂直领导。至1990年有职工27人。

1956年，县内建立农村文化俱乐部12个，配有图书和文娱器具。其中城关、施洞俱乐部建立业余剧团。1958年，农村文化俱乐部发展到17个。1964年发展到88个，其中建有图书室37个，建立业余科技小组55个，建立业余文艺创作小组55个，建立幻灯放映组1个，当年文艺演出16场，农村图书借阅8902册次，开展科普知识展览和宣传好人好事活动152次。1966年6月，俱乐部消失，农村业余文艺宣传队兴起。1972年，全县农村业余文艺宣传队有148个。

1958年初，台江县歌舞队建立，队员17人。1962年改称县农村文化工作队，队员16人。1966年开始，易名为毛泽东思想宣传队。1972年后，队员全部参加湘黔铁路建设。

民国三十一年（1942），民众教育馆始用收音机收听中央广播电台节目。翌年，收音机损坏。解放后，1951年4月，县工委办公室建立收音室，分配一人

负责收音工作。1952 年，施洞区收音站建立。1953 年，工委收音室升为县委收音站，编制 2 人。当年，桃赖乡桃尧村张明达合作社收音站建立，至年末，全县有收音站 3 个。1956 年 6 月，建立县广播站。利用电话线载播 17 公里，有喇叭 221 只。1967 年广播站实行军管，次年撤销，易名为县革委会广播站。

（二）开展群众文化辅导

1955 年，县文化馆开展群众文化辅导工作。

1956 年，开办两期农村文化俱乐部干部培训班，结业 87 人。1965 年，举办农村文化干部理论培训班，结业 150 人，印发学习资料 34 期，8124 份。1978 年，在方白大队举办木鼓舞培训班。

（三）组织民间文艺演出

1950 年初，县工委动员干部战士在县城内开展扭秧歌活动、不少进步青年参加。

1951 年 7 月，召开“抗美援朝、保家卫国”大会，“姊妹团”为大会表演话剧《送郎参军》，对观众启发很大，5 日内送子送郎参军达 234 人。

1953 年后，县机关干部逢年过节均自发组织举办一些文娱晚会，先后表演京剧《空城计》《苗家婚礼舞》等节目。

1956 年，群众举行文艺演出 60 场次。

1957 年，农村普遍开展群众文娱活动。是年正月十五日元宵，施洞区举办文艺演出、上千名业余演员参加活动。

1958 年，掀起大唱社会主义建设的歌唱运动，县境内机关、厂矿、学校、农村有歌唱活动。

1965 年，农村俱乐部举办业余文艺演出 16 场次。1966 年后，群众开展的业余活动频繁活跃。

1972 年，县、区、社组织农村业余文艺宣传队汇报演出 861 场次，参加活动 2678 人次。

1978 年后，群众文化活动的形式除一些创作节目外，恢复了民族民间传统的文娱活动项目。逢年过节，群众自发组织踩鼓、踩芦笙、舞龙灯、赛花灯等活动，农村业余文艺宣传队互邀巡回演出，凡逢姊妹节、龙船节、元宵节等，县民委、县文化局等有关部门均组织举办民族民间文艺汇演、调演，逢

“三八”“五四”“八一”“国庆”等节日，县团委、妇联等有关部门组织举办“迪斯科”“劈雳舞”“健美操”“交谊舞”“歌味”等大奖赛和文艺晚会。

（四）开展民族历史文化调查

中华人民共和国成立初期，国家组织政府工作人员、专家学者、文化艺术工作者开展民族识别和少数民族社会历史调查，抢救民族历史和社会文化资料。

（五）保护和发展少数民族语言文字和创建少数民族新闻出版事业

我国是多民族国家，绝大多数民族有自己的语言，部分民族有自己的文字。语言文字既是交流的工具，也是发展和传播文化的重要载体。因此，维护少数民族的民族语言文字权利并推动其发展，意义非常重大。

1950年后，国家开始大规模调查少数民族语言文字，这是做好少数民族语言文字工作的基础。《宪法》对少数民族使用和发展本民族语言文字的自由做出明确规定，并提供法律保障。中华人民共和国成立初期，中央民族事务委员会成立时，就规定用少数民族文字翻译、印制相关文件，各民族地区也设立了相关工作机构，专司民族语言文字工作。

（六）繁荣发展少数民族文学艺术

中华人民共和国成立后，国家重视挖掘、整理和发展少数民族传统民间文学和艺术。主要体现在对一些文学作品、民间故事、口头传说、民间说唱、民族史诗、歌舞艺术等进行挖掘、整理和保护。20世纪50年代，唐春芳、今旦、苗丁、部昌厚等人着手搜集苗族古歌、民歌、故事、传说、谜语等多种体裁的民间文学素材。这一时期成立了相关的工作机构和团体，培养了一大批少数民族文学艺术人才，挖掘、整理了一大批文学艺术作品，创作了一大批以少数民族元素为素材的文学艺术作品。中华人民共和国成立初期拍摄了许多少数民族题材的纪录片，记录了少数民族歌舞、史诗等文化艺术。

二、民族文化政策实践成就

（一）群众文艺活动蓬勃开展

1950年9月，施洞方寨村苗族姑娘刘阿泡、刘阿略等5人赴京参加国庆一周年庆典。阿泡、阿略在中南海怀仁堂用苗语演唱《想念毛主席》，受到毛泽东、周恩来，朱德等国家领导人的接见。随后，到上海、南京、重庆等地巡回演出。

1954年初，交下乡翁忙村木鼓舞队赴镇远参加镇远专区第一届少数民族民间文艺调演。同年8月，翁脚乡方白村张考鲁、唐开学等三人赴京参加全国第一届少数民族民间音乐舞蹈调演，表演苗族传统舞蹈《木鼓舞》，深受观众的欢迎。

1976年7月23日，县业余文艺宣传队赴凯里参加州庆20周年文艺调演，用苗语移植革命现代京剧《深山问苦》获得好评，表演的苗族木鼓舞《庆丰收》被省电视台录制成新闻片播放。

（二）启动文学创作与民间文学搜集整理

20世纪50年代，县内的吴通发及在省工作的阿略开始于省级刊物发表诗作。1973年县文化馆创办《清水江》月刊，虽只出了几期，但却推动了县内文学创作的发展。阿略、山风、姜先奎、吴通发等于省办刊物上发表了诗作和散文。

中华人民共和国成立前县内民间文学皆为口头传唱。至50年代，唐春芳、今旦、苗丁、部昌厚等人着手搜集苗族古歌、民歌、故事、传说、谜语等多种体裁的民间文学素材。唐春芳、吴通发曾于《民间文学》《贵州文艺》《贵州文学》《贵州日报》等报刊发表过一些民间故事。60年代中期由于历史的原因搁笔。中共十一届三中全会后，给文艺界提供了宽松的环境，民间文学的搜集整理重新活跃起来。

（三）民间文艺创作小有成就

20世纪五六十年代，台江籍在省的文艺工作者唐春芳、阿旺曾发表一些歌曲。其中唐春芳创作的《歌唱民族区域自治》获全国群众优秀歌曲二等奖；阿旺创作的《歌唱家乡好地方》《毛主席是红太阳》等10来首歌曲曾分别为北京、上海中国唱片社出版发行。

台江苗族民歌蕴藏丰富，寓意深刻，素有“歌舞圣地”之誉而闻名于全国，50年代初，贵州民族文工团来台庆祝台江苗族自治区成立时，唐春芳作词编曲，阿泡演唱的《花开满树枝》及《歌唱民族区域自治》等新民歌，灌成唱片，发行于国内外。之后，县内有一批业余歌手，掀起编唱新民歌活动。党的十一届三中全会以后，重新提倡“双百”方针，新民歌《计划生育好》《落实责任制是好政策》《造林去》等为县内人民广为传唱。

1957年12月，台江县歌舞队建立。1958年，自编自演的《八女放排》《抓壮丁》等节目，受群众欢迎。

1966年至1976年间，推崇革命现代京剧，文化工作队用苗语移植的革命现代剧《深山问苦》《敢叫山河换新装》活跃于舞台。

台江县内的苗族民间传统舞蹈丰富多彩。1952年，台江刘祝英整理的《芦笙舞》为贵州省歌舞团演出节目。次年整理《铜鼓舞》获得全省文艺调演优秀表演奖，1956年，阿略整理的《踩鼓》，为贵州省歌舞团演出的保留节目。

20世纪60年代至70年代中期，推崇革命现代京剧，民族民间传统舞蹈冷落一时。1978年后，民族民间舞蹈重新活跃。

第四节　民族教育政策与实践

一、民族教育政策实践措施

（一）确定民族教育的基本方针

1961年召开的第一次全国民族教育会议明确提出了少数民族教育的总方针，即少数民族教育必须是新民主主义的内容，也即民族的、科学的、大众的教育。还明确提出了当时民族教育的任务，即以培养少数民族干部为首要任务，同时加强小学教育和成人业余教育，并努力解决少数民族各级学校的师资问题。

1950年由中央人民政府颁发的《培养少数民族干部试行方案》体现了当时民族教育方针任务的特点，该方案要求从中央至有关省县，根据新民主主义的教育方针，普遍而大量地培养少数民族干部。以开办政治学校与政治训练班，培养普通政治干部为主。并培养适当数量志愿做少数民族工作的汉族干部，以便帮助各少数民族的解放事业与建设工作。建立起对民族教育的领导和管理机构。

1952年4月，政务院发出《关于建立民族教育行政机构的决定》。根据这一决定，教育部增设民族教育司，各大行政区教育部文教部增设民族教育处、科，或在有关处科内设专职人员。各有关省、市、专署、县人民政府教育厅、局、处、科根据该地区少数民族人口的多寡，分别增设适当的行政机构和专职人员以加强民族教育管理工作。

民国时期，台江县立初级中学设校长1人，综理校务。教导处设主任1人，秉承校长指示掌理全校教务、训育等事宜，另设会计、文书、总务、卫生组组长各1人，协助校长、教导主任办理有关事项，教导主任之下设体育组长、训育员、教务员各1人，各级设级任导师1人，协助校长、教导主任办理教学、训导事务。学校设校务会议、教导会议及总务会议，议决应兴应革事项。教员由校长推选呈请县政府核准后选聘，职员由校长聘任或雇用，并呈报县政府备案。

中华人民共和国成立后，县人民政府对中学实行统一领导，分级管理。1953年起，实行党委领导下的校长负责制，初级中学设校长1人（必要时设副校长，协助校长处理日常校务），在县委及县委宣传部的领导下，负责领导全校的工作，团结全校教职工，完成教育教学计划。校长之下设校务委员会和教导处。教导处设主任1人，配会计、出纳各1人，教导处之下设文史组（语文、政治、历史、地理），理化组（数学、物理、化学），综合组（音乐、体育、卫生、生物），组长1人，协助校长领导教学、思想政治教育、生产劳动等各项工作。

1959年后，各级中学实行在党支部领导下的校长负责制，学校一切重大问题概由党支部讨论决定。1966年6月，“文化大革命”开始。1967年成立革命委员会，设主任、副主任和委员若干人，领导学校工作。“文化大革命”结束后，逐渐恢复党支部领导下的校长负责制。1978年撤销各中学的“革命委员会”，恢复党支部领导下的校长负责制，各级中学在校长之下设有教导、总务两处，并视其情形设立若干教研组。在完全中学，增设政教组，图书室、医务室、保管室等。1985年以后，党政分设，实行校长负责制，党支部和行政各尽其职，各负其责。

（二）明确共产主义思想道德教育内容

1957年后，各校以毛泽东主席提出的应该“使受教育者在德育、智育、体育几方面都得到发展，成为有社会主义觉悟的有文化的劳动者”为教育方针。

1. 品德教育

自1950年起，全县小学废除“训育”制度，对学生进行新民主主义的思想品德教育。开展反帝反封建的教学活动，以杨根思、罗盛教、杨连第、邱少云、黄继光为学习楷模。1954年起，提出社会主义思想和共产主义思想品德教育，以爱祖国、爱人民、爱劳动、爱科学、爱护公共财物为小学生的道德规范。通过实施小学生守则及开展团队活动，陶冶学生的社会主义美德，随时准备做祖国的接班人，使学生从小树立以建设祖国为己任的爱国主义和国际主义思想。

1958年起，开展“超英赶美”，学习刘文学，做毛主席的好孩子的活动。1963年起开展学习雷锋好榜样的活动，培养献身于社会主义和共产主义的高尚品质。1979年，国家把社会主义和共产主义的教育思想融汇于《小学生守则》，要求学生学雷锋树新风，讲文明、讲礼貌、讲卫生、讲道德、讲秩序；做到语言美、心灵美、行为美、环境美，热爱祖国、热爱社会主义、热爱中国共产党。1982年后，全县小学加强爱国主义、集体主义和共产主义教育，加强革命传统和劳动教育，增强民主和法制观念，培养学生具有良好的品格、意志和行为习惯。至1990年，全县开展国情教育，革东等小学制订《小学生日常行为规范评分标准》，使学生自觉地遵守共产主义道德规范。

2. 思想政治教育

中华人民共和国成立后，取消“党义”“公民”“童子军”科，开设马列主义政治课。1950年8月，教育部颁发的《中学暂行教学计划草案》规定，中学各年级政治课，列入各学科之首。1956年，初中一、二年级讲授“青少年修养”，三年级讲授“政治常识”，高中一、二年级讲授“社会科学常识”，三年级讲授“社会主义建设”。1958年，初中一年级上学期开设“革命领袖和革命先烈事迹”，下学期开设“社会主义建设总路线”，二年级上学期开设“国内、国际现状”，下学期开设“哲学常识”，高中一年级开设“社会主义和共产主义”，二年级开设“政治经济常识”。1966年起，政治课增加为每周5节，内容主要是毛泽东著作和马列著作。1972年以后，教材内容增加“社会发展史”“哲学”“政治经济学”等科。1977年9月，初中一年级开设“社会发展简史”，初中二、三年级开设“科学社会主义常识”，高中一年级开设“政治经济学常识”，高中二年级开设“辩证唯物主义常识”。

3. 时事教育

1950年6月，美国发动侵朝战争。台江县中学教育学生认清中朝两国人民唇齿相依的关系，明确爱国主义和国际主义相统一的马克思主义的道理，采取多种形式，广泛宣传黄继光、邱少云、罗盛教等英雄事迹，对学生进行爱国主义和国际主义教育。1958年向学生宣传总路线、大跃进、人民公社“三面红旗”。

1960—1962 年，组织学生听忆苦思甜报告，参观阶级斗争图片展览，吃忆苦饭，进行阶级教育，同时，开展“学习刘文学，做毛主席的好孩子”的活动。1963 年起，开展校史、村史、家史教育活动，各中学开展访贫问苦，请老贫农、老工人、老干部作忆苦思甜报告，搞社会调查，写村史、社史、家史等活动，向学生进行阶级教育。同时开展学习雷锋、刘文学、王杰、邢燕子的活动。通过学习，使学生尊敬师长、刻苦学习、遵守纪律，爱护集体，助人为乐。

1966 年 6 月至 1976 年，思想教育经历了较长时间的混乱。1977 年，各级中学的思想政治工作逐步走上正轨。1978 年至 1980 年在中学生中加强革命理想和共产主义品德教育，重新开展向雷锋同志学习的活动。

（三）发展各级各类学校

1950 年 6 月 8 日，周恩来总理在全国高等教育会议上的讲话中指出：“我们的教育是民族的，要有民族的形式……我国是个多民族的国家，要注意各兄弟民族的特点和形式，兄弟民族之间也要互相学习彼此的长处，这样才能将科学的内容输送到各族人民中去，把教育办好。”

第一次全国民族教育会议的报告指出，少数民族教育“必须采取民族形式，照顾民族特点，才能很好地和各民族实际情况结合起来”。同时又指出“少数民族教育的内容和形式问题、课程教材问题，既要照顾民族特点，又不能忽视整个国家教育的统一性”。

全国小学自一年级新生起普遍推行五年一贯制。同时教育部规定“在一部分少数民族地区，游牧区及个别经济文化特别落后的地区，在现实还不能解决教材供应和师资问题时，报教育部批准，可延缓改制年限”。

1951 年春起，台江县实施中央“巩固、发展、整顿、改造”的办学方针，以发展民族教育为宗旨。

1. 初级小学及完全小学

1950 年初，乡镇中心国民学校改称完全小学，保国民学校改称初级小学。把 8 所私立小学并入公办小学，翁芒、翁书、翁脚、方白、黄茅、孝弟、交东、景洞塘、红阳、东杠等校民众献工献料修建学校，民族学生多数入学。全县有城关、施洞、革东 3 所完全小学。

民办初级小学有秀柳、德卷 2 所，全县教职工 75 人。1955 年人民政府发放贫农、烈士、军人子女入学补助费，提高入学率，贫农子女多数得到补助。1958年，在“大跃进”中发展小学教育，县委要求普及与提高并重，实行全日制与半工半读两种制度。10月，教育纳入人民公社统一管理，学生投入兴修农田水利、大炼钢铁、深耕土地及“三秋”生产，打乱了正常教学秩序。1959年出现严重的自然灾害，并持续3年，为解决生活问题部分学生退学，教师队伍动荡，大部分初级小学停办。

1964年5月起，全县调整小学教育，实行“全日制”与“半日制”并举，乡村各生产队开办耕读小学，自置教学设备。有午班、早班、晚班和隔日班等形式，上课依季节而定，农闲多上，农忙少上或不上。民办教师实行记工分，参加生产队统一分配。对住户稀、人口少，不足以办班的村寨采取教师上门的办法。1966年开始停办耕读小学，学生人数开始下降，至1969年9月，取消升留级制度。

1971年1月，各级教育机构补台，恢复“多种形式办学”及民办学校。在“读小学不出大队”的思想指导下，恢复民办小学60所。1978年开始整顿小学，提高质量，全县决定办好城关、革东、施洞、排羊、南宫及台盘等重点小学，恢复考试和升留级制度，实行校长负责制，执行部颁的《全日制小学暂行工作条例》，实施《小学生守则》，制订规章，加强学校管理。

2. 中学教育

1949年12月，县人民政府接办县立初级中学，1950年3月，台江县立初级中学并入凯里炉山民族中学，随往学生40余人。1952年9月，经省教育厅批准，恢复台江县立初级中学，改为“贵州省台江县民族初级中学”。教师7人，其中专任教师4人，校址城隍庙。1955年增开高中班，是台江首创完全中学之始。1956年，根据教育部提出的“加速发展，提高质量，全面规划，加强领导”的中学教育发展方针及“初中争取提前一年完成第一个五年计划”的要求，采取小学附设初中的办法。9月，增设施洞初中班，附设于施洞小学内，选拔部分小学教师到附设初中班任教。1958年春，增办革东初级中学，施洞附设初中班独立为施洞初级中学，改台江完全中学为台江县第一中学，施洞初级中学为台江县第二中学，革东初级中学为台江县第三中学。同年，台江一中招收高中生一个班，中学教师多数从小教的优秀教师提任，校舍不敷使用，办学出现了较大困难。同时搞“勤工俭学”和全面强调“知识分子劳动化”，学校停课，师生参加“大炼钢铁”“深翻土地”等劳动，打乱了学校的正常秩序。1959 年进入经济困难时期，教学难于进行。1961 年，调整中学布局，革东初级中学停办。台江一中高中部毕业 37 人，余下的两个高中班于 9 月并入剑河中学，初中部年纪稍大的学生动员回农村支援农业第一线。同年，台江县有初级中学 2 所，在校生降到 355 人。1963 年，贯彻中央《全日制中学暂行工作条例（草案）》，制定和完善各种规章制度。截至 1966 年初，全县共培养初中生 1204 人，高中毕业生 69 人。

1966 年 7 月，中学“停课闹革命”。1967 年“复课闹革命”，同年开办革东、南宫初级中学。1969 年撤南宫初级中学，工宣队、贫管会进驻各中学管理学校。提倡开门办学，采取推荐和选拔相结合招收新生，小学毕业生由所在学校椎荐，再经所住大队革委会签署意见，由招生领导小组送学校录取。具有初中毕业或相当于初中毕业的学生经学校和大队、公社推荐选入高中。1967 年恢复南宫初中，开办革一初中。1970 年高中新生除收应届初中毕业生外，还招收劳动一年以上的知识青年。多聘用小学高年级教师为初中教师，知识结构失调，造成教学质量下降。1972 年 9 月，革东，南宫增开高中班，办成完中，全县有完中 4 所。1974 年，县革委会在全县教育工作会议中提出“普及中等教育”，初中不离社，开办丈浓、南省、方省、南瓦、台盘、排羊、登交、平兆、老屯、坝场、报效、良田、大塘、革一、方召、四新、翁脚、交东、宝贡、交密附设初中班。1976 年 9 月，各中学工宣队、贫管会、校革委同时撤销，恢复校长制。

3. 台江师范学校

民国时期台江县立初级中学附设师范班，系一年制短期结业。应用国家统编简师教材，中学教师兼课。

1965 年秋，由地区规划，兴办台江县耕读师范学校一所，校址设于西街，系初级师范性质。从台江、雷山两县招收学生 50 名。冬季招收速成班 1 班，学生 50 名。1966 年师范调整，停止招生。1968 年首届学生毕业后停办。1975 年 9 月，由省里规划成立台江县中等师范学校，招生和毕业分配由州统筹。

1965 年，招收初师，学制三年，1975—1980 年招收中师，招高中毕业生和学员，学制二年，1981—1983 年招收民办教师，学制二年，招普通初中毕业生，学制三年。

1978年执行《中等专业学校学籍管理的暂行规定》，对学生建立入学和注册、成绩考核、升留级及毕业、纪律考勤、休学、复学和退学、转学和转专业等制度，对勤学上进的学生给予奖励，对违纪和经教育不改的学生给予处分，直至令其退学或开除学藉。1981—1982年建立校长、主任、教职工岗位责任制，进行出勤登记，思想政治教育，开展五讲四美，文明礼貌活动。教学方面实行学年补考制度，不及格科目经学年补考后仍有两科或两科以上不及格者，一律留级。1983—1985年加强晚自习工作，学生干部轮流值日，平时开展语文基础知识竞赛和普通话讲演比赛，实施学校毕业实习计划。加强学生的学籍档案管理，建立教师业务档案，包括教师的教学计划、作业批改情况、试题、试卷、任课班级的学生成绩、经验介绍等，并以此作为教师考核晋级评定职称的主要依据。

1978—1979年，统一划分录取分数线，台江师范录取部分黄平、天柱籍学生入学就读。

4. 职业学校

1958年，第一农林牧学校设于交密掌新寨，第二农林牧学校设于方召四登寨，第一矿业学校设于台盘龙井寨，第二矿业学校设于宝贡嘎丢村，蚕桑学校设于革一大黑寨，农艺学校设于老屯农场，林业学校设于台雄林场，卫生学校设于城外东山寺，机械学校设于城内湖南馆。其培养目标和任务是使学生具有“大干快上”和“多快好省地建设社会主义”的思想，能够掌握工农业生产的劳动实用技术。学校学生来源主要是在学校就读的初中生，各地小学高年级学生，干部和社会青年，学校全部属于“亦工亦农”型学校，主要采取教育与生产劳动相结合的方法开展教育教学活动，以劳动为主，设备简陋，教学计划，教学活动随意性较大。1959年秋，蚕桑学校并入农艺学校，第二矿业学校并入第一矿业学校，第二农林牧学校并入第一农林牧学校。1960年秋，全县仅存老屯农艺学校和台雄林业学校，其余停办。1961年夏，将老屯农艺学校并入施洞中学，台雄林业学校并入台江一中。

5. 农民教育

1951年初，县文教科在萃文镇、友助镇、德风乡开办冬学农民夜校，教师由知识青年义务担任，识字教材由任课教师自编。1952年，城镇附近农民冬学夜校转为常年农民夜校。年底，全县44个乡均办冬学夜校或农民常年夜校，教材采用农民识字课本。施洞镇坚持生产、学习和开会同时抓，坚持每天晚上集中学习，学《农民识字课本》或本地田土、山名、地名、树名、农具等名词。11月28日，县政府召开扫盲积极分子大会，表彰扫盲先进教师和优秀学员43人。各区、乡加深专职扫盲教师，坚持少忙少学、不忙多学、农忙放假。老屯乡长滩村常年农民学校、施洞远大农业生产合作社民校和方省乡扫盲工作组，被评选出县扫盲积极分子代表大会。

1957年，全县常年农民学校学习农民识字课学第一册有2304人，学第二册有589人，学第三册有161人。施洞长滩刘昌裕老师坚持教学，每晚1小时，读识字课本第一册有4122人，第二册有885人，第三册有302人。教师全部由耕读学校教师兼任。5月，文教局等单位到方省公社进行脱盲验收，从登记册中任意抽取14名学员验收考试，结果达脱盲标准10人，一般能认600—1000字左右。识1500字左右的农民2人，能用常用字写收据、发票、假条，8月，农民教育停办。

1972年，开办政治夜校15个班，进行政治教育。1975年，文教局配备扫盲专职干部2人，扫盲专任教师22人，兼任教师47个，办有政治夜校34所，学员897人。1978年，县里接受州下达扫盲5000人任务，到年底只完成10%，至1980年2月，扫盲工作处于停顿状态。12月有9个公社复办扫盲班，学员245人。1981年1月，用函授培训区社扫盲专干，4月，全县办教学点26个，29个班，学员806名。10月，试行《台江县工农教育专职干部工作职责和工作制度》。12月，增配农教专干2人，教学点发展到32个，班级增加到39个，学员增至1147人。1982年6月，学员发展到2050人，7月至8月，各区社先后举行脱盲验收考试。年底，全县学员增到2531人，超计划完成州下达任务。1983年9月，全县开展农教工作检查，扫盲夜校建立健全规章制度的有43所，学员巩固率83.8%；写好教案再上课的教师有47人；经常布置作业、认真批改作业的有97个班；每周上课达7个晚上的有12所（班）。年底，扫盲夜校发展到133所191个班，在校学员6502人。另办业余小学8个班，学员208人，文化技术学校2个班，学员46人，验收脱盲1913人，完成州下达任务的162.9%。

1984年2月，开展农教规划执行检查活动，12月，全县有学员8247人，完成州下达任务的117.5%。当年先后进行脱盲验收42批，参加考试学员2146

人，脱盲1889人。办业余小学班10个，学员251人，科技班1个，学员45人。1985年，乡村小学教师都承担扫盲教育教学任务。13名区、乡农教专干和53个公民办教师实行扫盲承包。当年脱盲的有：南宫乡90人，交下乡52人，交密乡29人，台盘乡54人，排羊乡22人，南瓦乡20人，方省乡13人，翁脚乡22人，革东镇27人，革一乡105人，台拱镇、台浓乡基本实现无盲乡镇。

6. 职工教育

1951年，台江开办业余文化补习小学，采用职工业余教育课本。每周上课6—8小时，定期举行测验考试。文化补习班学习职工《识字》课本第一册和简单加减法；高小班学员18名，学习职工《语文》第一册和《算术》第二册，初中班学员43名，学习职工《语文》第二册和《算术》第二册，学习后会写短文，能看懂通俗的报纸杂志。10月学校重新制订计划，以文化补习为主，政治学习为辅，保证教学质量。到年底，初中班学完《语文》第三册和20篇报刊文章及常用的标点符号，能作800字左右的文章，能阅读《中国青年报》和《新黔日报》。高小班学完《语文》第一册和第二册的前10课和10篇报刊文章，能写500字左右的文章。初级班学完第三册识字课本，多数学员能看懂《贵州农民报》，达到初小程度。

1954年，成立机关在职干部业余文化补习学校教育委员会，学校4月20日上课，9月5日结束。采用机关职工业余语文课本和农民教育课本，到期末分别授完农民教育课本第四册10课，职工课本第二册15课，第四册26课，另外授完补充教材32篇，每星期六上政治理论课。1956年，集中30名区乡基层干部到台江中学学习，为期一年。主要开设语文、算术（含珠算）、政治和唱歌等课程。结业考试结果，多数学员能阅读、理解文件内容精神，能作笔记，会写简短的文章或报告。“大跃进”时期中断。

二、民族教育政策实践成就

1951年初，县文教科在萃文镇、友助镇、德风乡开办冬学农民夜校，27个班，有青年男女学员2100名。

1951年，台江开办业余文化补习小学，入学50人。

1952年，城镇附近农民夜校冬学转为常年农民夜校，计56所174个班，

4035名学员。10月9日—13日，县城开办冬学，民校教师训练班，学员55人。

1952年，建立方召民族小学。同年9月，经省教育厅批准，恢复台江县立初级中学，改为贵州省台江县民族初级中学。10月20日学校复课，共招收两班，学生87人，其中苗族57人，全部实行免费入学。

1952年上半年，把在校学员分为识字班和高小班，学员27人。10月，增设中学班，学员34人。

1953年春，三所完全小学共有28个班级，在校生1223人，其中女生292人，女生中苗侗民族学生100人。方召民族小学有教学班7个，学生273人，其中女生37人，苗族255人，汉族18人，全部实行免费入学。

1953年3月，县政府机关有文化补习班3个，学员72名，其中低班学员11名，高小班学员18名。

1954年，成立机关在职干部业余文化补习学校教育委员会，学员72人。

1955年3月，全县计有冬学56个班，教师107名，在校学员1544人，东杠夜校有文化课和政治课，52人进入夜校学习，分学习小组，订立学习公约，农民周武西经过夜校学习后，能担任社里会计。全寨能认1500字的有6人，其他学员能识500字左右。4—10月，全县开常年农民学校33所，教师62人，在校学员1022人。

1956年5月，25个乡成立扫盲协会，设正副会长，开办扫育夜校229所，教师275人，入校学员9620人。

1956年9月，全县初中招生48人，在校生448人。

1957年共有完小、初小77所，在校生发展到7574人，教职工222人。

1957年，全县有常年农民学校74所，在校学员3044人。7月中旬到10月底，有农民学校58所，在校学员5319人。

1957年4月，在职干部业余文化补习学校初中班有学员35名，高小班60名、初小班52名，下半年增加高小班20人、初小班20人。

1958年，全县完小初小发展至136所，学生9529人。

1958年春，全县初、高中招生914人，在校生1212人。

1958年2月后，全县30个乡（镇）共开办农民扫盲班251个，建立学习小组596个，组织学员13235人，其中妇女8787人。1959年出现入学高峰，今台江辖区学校调整为110所，学生24766人。

1963年，全县有农民冬学夜校118所，在校学员4759人。其中扫盲班188个，学员3217人；初小班57个，学员673人；高小班45个，学员520人；初中班11个，学员73人；读报组17个，学员276人。有常年农民学校16所，33个班，学员568人。

1964年，交东村10余户全家到剑河县境开荒种地，教师石胜金携带课本到工地给孩子们上课。台盘李文明、革东张先德、革一杨胜荣等教师办耕读学校成绩突出。至1965年秋，全县各级各类小学共413所，其中民办耕读学校279所，高小毕业生425人。招收新生2000人，在校生17316人，其中耕读生8947人，入学率为98%。公办教师389人，民办教师190人。《光明日报》《贵州日报》登载台江县大办耕读学校的成绩，国家教育部和民族事务委员会深入台江视察，因此受到贵州省教育局的表彰。

1966年1月，方省乡有夜校23所，编为29个教学班，学员385人。其中扫盲班17个，学员260人；高小班9个，学员82人；初中班3个，学员43人。

1970年，全县高中招收50人，初中招收600人。其中台江完全中学招收高中生50人，初中生250人；施洞初级中学招收200人；革一、南宫、东风初级中学各招收50人。

1972年春，全县158个生产大队中有114个大队办小学。至9月开学有172所，在校学生9832人。其中完小64所，初小108所，入学率为96%。其后连续发展，到1976年9月，全县小学发展到395所，其中民办270所，学龄儿童16500人，入学率达90.5%。在校生16066人，其中民办小学在校生5098人。

1975年，文教局配备扫盲专职干部2人，扫盲专任教师22人，兼任教师47个。办有政治夜校34所，学员897人。

第三章　改革开放时期民族政策与实践

第一节　民族政策与民族事务

一、民族事务机构

台江县民族事务委员会于1980年10月设立。1991年，仍称县民族事务委员会，内设办公室、苗文办，行政编制4人，事业编制5人。1997年，县民委改名为县民族局；2002年，民族局更名为民族宗教事务局，内设机构有办公室、苗文办，行政编制4人，事业编制8人。2005年，内设机构调整为办公室、宗教股、民族文化中心，行政编制3人，事业编制9人。

二、民族政策的贯彻实施

1979年8月，全省第一次民族工作会议召开。这一阶段自治州、县民族工作主要是结合省委要求，通过全自治州民族团结再教育，着重从七个方面落实党的民族政策；坚持各民族一律平等的原则，搞好汉族和少数民族的关系，加强民族团结；认真执行民族区域自治政策，培养选拔配备好少数民族干部，在党的领导下，充分发挥各少数民族的积极性，在管理自治地方和本民族内部事务上当家作主；培养大批少数民族干部，有计划地加强培养，选拔少数民族干部的工作，党校要作出培养民族干部的计划，文教部门要研究培养少数民族技术干部的计划，要选拔民族地区基层干部进行培训，放手让少数民族干部大胆工作；从1978年开始，台江县内除选部分少数民族知识青年到省、州和中央各类学校深造外。还鼓励在职干部参加各种刊授、函授以及电大等学校学习。2002年，还选派了10名科级干部到河北涿鹿县挂职锻炼。重视使用和发展少数民族语言文字，切实尊重少数民族干部使用自己语言文字的自由和权利，在少数民族较集中而又不通汉语的边远地区，用民族语言进行广播，在小学教育中用民族语言辅助教学，鼓励在民族地区工作的汉族干部学习少数民族语言。

1991年2月，在施洞镇偏寨举办了一期苗文师资培训班，通过培训，有力推动了台江苗族文化进课堂活动的深入开展。尊重少数民族的风俗习惯，纠正禁止少数民族吹芦笙，强迫少数民族妇女剪发改装等错误做法；做好团结、教育、改造少数民族上层爱国人士的工作，解决好政治待遇和生活照顾等问题；认真贯彻执行党的宗教政策，尊重少数民族的宗教信仰自由，加强对宗教界爱国人士的爱国主义和守法教育。

1982年，全自治州对民族政策的执行情况进行了一次大检查，并对照政策逐条进行整顿解决。根据全省民族贸易和民族用品生产工作会议精神，自治州、县各有关部门认真落实党的民族政策和经济政策，大力扶持和发展民族地区的多种经营，加强农副土特产品和药材的收购、推销；对民族用品的生产和供应采取特殊的政策和措施，原材料专项安排、优先供应，价格上实行保护，贷款上实行低息政策，商品分配上适当照顾；积极培养、使用和选拔少数民族职工、干部，充实民族贸易干部职工队伍；坚持执行民贸企业在自有资金、利润分成、价格补贴上的“三项照顾”政策，扩大商品流通，稳定市场价格。

1981年10月全自治州民族语言工作会议后，自治州决定恢复苗文、侗文试点推行。苗语文和汉语文、侗语文和汉语文双语教学实验也重新恢复。1982年初，自治州民委组织力量编译印刷出版苗文、侗文《农民识字课本》。1983年，创办了《民族工作》刊物。1984年10月，创办了《苗文侗文报》。以后，陆续编辑出版了《苗族诗词选》《苗文小学语文课本》《侗文小学课本》《侗语北部方言辅助教材》《苗语方言对照词典》《苗语课本辅助教材》《苗族语文辅助教材》等各种民族语文读物达40余种，对苗文、侗文推行试点工作起到了积极作用。

1982年8月，在台江师范举办第一期苗文师资培训班，参加学习69人，有67人获结业证书，回各乡村担任苗文教师。同年，全县共开办27个苗文试点班，其中学校5个，机关1个，农村21个，学员1027人，到期验收19个点，参加考试有312人，及格284人，及格率达91%。1983年8月，在台拱小学举办第二期苗文师资培训班，学员 99 人，结业后在农村 42 个点开办 51 个班，学员 1347 人，参加考试有 1050 人，及格 792 人，占参考人数 75.43%；学校 5 个，7 个班，参加学习 329 人。1984 年 8 月，在台江二中举办第三期苗文师资培训班，培训 84 人，同年开办教学点 104 个，其中学校 4 个，参加学习 2420 人。1985 年 8 月，在师范学校举办第四期苗文师资塔训班，参加学员 61 人，同年开办教学点 71 个，其中学校 5 个，学生 255 人；农村 66 个，参加学习 1339 人。

1986 年，开办农村教学点 13 个，学生 298 名。同年，在全县各机关用汉苗两种文字书写街牌。县民委和苗文办宣传苗文推行工作和扩大苗文的阅读范围。联合创办《台江县苗文报》，不定期刊登苗文作品和苗文推行动态。1987 年，继续在全县农村和学校开展苗文推行工作。据年底考试验收和统计，从 1981 年至 1987 年底止，全县农村共设 255 个苗文扫盲点（班），参加学习人数 6366 人，参加验收考试 4450 人，巩固率为 70%，脱苗文盲 3313 人，脱盲率为 75%。1988 年，于交东乡大皆道、宝贡乡掌苕、辣子寨和台盘乡大寨村 4 个苗文扫盲点开展苗文教学，学员 213 人，经考核验收，有 104 人取得脱盲证书。同年，苗文办为提高学习苗文的兴趣和满足苗文读者的需要，征集大量苗族童谣、故事和学生作文、日记等，编印小学生读物《新圃》，当年共印两期，每期 200 份。1989 年，开办农村苗文扫盲班 3 个，参加学习 84 人，同年 4 月，验收 1 个班，参加考试 34 人，合格 25 人。1990 年，先后在四新乡和平兆乡开办 5 所苗文夜校，7 个班，213 人，其中男 61 人，女 152 人。同年 8 月验收，参加考试 153 人，巩固率为 72%。脱苗文盲 114 人，及格率为 74.5%。

三、民族干部的培养

县委、县政府和各级组织不仅大力培养少数民族干部，而且还大胆使用少数民族干部，使少数民族干部真正有职权，充分体现了中国共产党在民族地区让少数民族当家做主的宗旨。

1978 年后，县内除选送部分少数民族知识青年到省、州和中央各类学校深造外，还鼓励在职干部参加各种刊授、函授以及电大等学校学习。截至 1990 年底止，全县少数民族干部已发展到 2221 人，占干部总数的 86%，比 1953 年增加了 10.3 倍，其中苗族干部 2068 人，占少数民族干部的 93.2%，占全县干部的

80.1%；侗族干部139人，其他少数民族干部14人；县级少数民族干部26人，其中苗族24人，侗族2人，占同级干部数的90%。全县少数民族干部中，具有大专以上文化程度的378人，占少数民族干部总数的17%；中专和高中文化程度的891人，占40%。全县少数民族科技干部1731人，占全县科技干部总数的98%，其中有9人获得高级技术职称，占同级职务职称人数的70%；获得中级技术职称的250人，占全县中级技术职称的66%；获得初级职称的772人，占全县初级技术职称的55%。1990年，民委积极协助县委和县政府，将全县21名干部送到贵州民族学院培训一年，大大提高了他们的理论水平和文化知识水平。随着市场经济体制的不断深化，全县少数民族干部不断发展。

1990年，中共台江县委8个常委中有7个是少数民族，县人民政府5个正副县长中有4个是苗族，县人大常委会4个正副主任中有3个是苗族，县政协7个正副主席中有6个是少数民族。县属各科局（部、办、委）的212个正副科局长（部长、主任）中，少数民族就有157人，占74%，其中苗族137人，侗族17人，其他民族3人。四区一镇的14个正副区（镇）长中有11个是苗族，占正副区（镇）级总数的79%。28个乡镇的正副乡镇长中，少数民族116人，占正副乡（镇）长总数的98%。其中苗族115人，侗族1人。

据统计，1991年，全县少数民族干部有2115人，其中具有大专以上文化程度的仅有287人，而且大部分在机关单位工作。为了提高全县民族干部的文化水平和业务水平，民委配合县委组织部，输送了21名少数民族干部到贵州民族学院干训部学习，1991年4月学业结束，以后大部分都担任了各乡（镇）的正副书记、镇长等职务。

1993年，在州民委招办、县委的指导下，民委全体职工积极认真地投入黔东南民族行政干部管理学校招生工作。3月20—22日进行预选考试，参加考试的考生计119人，除3人系汉族外，其余都是苗族。预选结果200分以上的有33人，预考后有10名考生参加统考，录取3人。

培养和使用少数民族干部是民委工作的一个重要工作任务之一。自黔东南民族行政干部管理学校建立以来，民委积极配合县委组织部、县教委抓好民管校定向招生和分配工作。至1993年，从民管校毕业并工作的干部达35人，不少人在县一级机关和乡镇担任了一定的职务，为全县的两个文明建设做了大量的工作。据不完全统计，到1993年年底，全县干部总数2816人，其中少数民族干部2447人，占干部总数的86.9%。县级干部35名，占同级干部的54.3%；科级干部361名，占同级干部的90.85%。

1995年，为了掌握全县少数民族干部和少数民族专业人才，便于组织人事部门选送人才，民委建立了副科级事业单位少数民族干部和获中级以上职称的少数民族专业人才库，并把副县级以上和获高级职称以上的少数民族干部和专业人才报州民委存档。民委还与县教委一起，抓好黔东南民管校在全县的单独招生工作。在全州民委系统的争取下，黔东南民管校招收一批苗文教师，原州民委仅给本县4个名额，为了多几个名额，民委积极争取，最后有6名教师进入民管校学习。

2002年，县委选派10名少数民族科级干部到河北省涿鹿县挂职锻炼，使他们开阔视野，积累经验，提高能力。2003年二级班子换届后，对比较成熟的20多名优秀少数民族干部通过下派、上挂、任科技副职等，让他们经受锻炼，促其尽快成长。县委还对67名少数民族科级干部进行了党政轮岗交流，乡镇与县直机关上下交流。通过交流，培养锻炼了一批既懂经济又懂党务，既有基层领导工作经验又有机关宏观管理经验的少数民族干部，开阔了少数民族干部的视野，优化了领导班子的整体结构，使少数民族干部经受了不同层面、多岗位的锻炼。

至2005年年底，全县有少数民族干部3142人，占全县干部总数的97.56%。在县、乡（镇）党政领导班子成员中，少数民族干部分别占83.33%和96.62%。县四大班子主要领导及县人民法院院长、县人民检察院检察长都是少数民族。少数民族干部队伍的发展壮大，为加强全县各民族的大团结，促进各民族的共同繁荣，保持社会稳定，促进社会经济发展起到了十分重要的作用。

四、变更民族成分

台江县民委根据民族政策和本人申请，从1985年至1988年先后给原错报汉族的342人恢复了民族成分。其中苗族283人，侗族26人，回族15人，仡佬族3人，土家族2人，瑶族8人，彝族5人。1989年初，根据省、州指示，恢复民族成分工作暂时停止。

1990年5月，国家民委、国务院第四次人口普查领导小组、公安部颁布《关于中国公民确定民族成分的规定》：“民族成分在满十八周岁以前由父母或养父母商定，满十八周岁者由本人决定，年满二十周岁者不再更改民族成分。”按照规定，变更民族成分，需由本人或父母向县民委提出申请，并附相关证明材料，经初审后报州民委审核签署变更意见，到户口所在地派出所办理变更手续。

2009年4月，国家民委、教育部和公安部三部门办公厅联合下发《关于严格执行变更民族成分有关规定的通知》，首次对具体实施民族成分变更的受理和程序进行了明确规范，即“申请变更民族成分，应先向县级民族事务主管部门申请，并提交相应的证明文件，县民族事务部门应在对相关材料的真实性进行严格审查后，做出初审意见，初审同意后，上报地市级民族事务主管部门核实并签署审核意见，符合变更条件的，转由户口所在地公安派出所办理，经逐级呈报地市级公安机关户政部门审核后办理变更手续”。

办理民族成分变更的主要人群：农村学生占90%，干部职工子女占10%。变更人群主要来自人口多，且汉族、苗族混居的乡镇，如台拱镇、施洞镇、革一乡。1991—2010年，县民委共办理由汉族变更为少数民族86户226人。

第二节　民族经济政策与实践

一、民族经济政策实践措施

十一届三全会后，国家关注少数民族经济社会的发展问题，尤其是少数民族的贫困问题。为解决少数民族贫困问题，党的民族经济政策包括三方面：经济体制改革、经济优惠政策、民族经费支持政策。

（一）经济体制改革

1. 农村经济体制改革

1979年1月起，县委按照中共十一届三中全会精神，不搞政治运动。把党的工作重点转移到以经济建设为中心上来。1980年7月，县委先后召开常委扩大会议，贯彻中共中央（1980）75号和中共贵州省委（1980）38号文件精神，清除“左”的思想影响。调整农村人民公社生产大队规模，实行农业生产责任制，全县生产大队由168个调整为187个，生产队由876个调整为1035个，在坚持土地等生产资料公有制不变的前提下，实行以“包干到户”为主要形式的家庭联产承包责任制。

1983年1月起，贯彻执行中共中央4个1号文件精神，继续稳定和完善家庭联产承包责任制，明确宣布土地承包期15—20年不变，划归农民的自留山、承包集体的责任山的期限50年不变，子女享受经营继承权。1984年政社分设后，农村经济组织根据生产发展需要，打破地域界限，发展横向联合经营、实行股份经营等，工业、种植业、养殖业、建筑业、服务业等得到发展。

2. 城市经济体制改革

1985年，以提高经济效益和增强企业活力为中心，简政放权，扩大企业自主权，理顺经济关系。将县管的饮食服务业、建筑业、建材业、集体手工业，下放给台拱镇管理经营，人员、计划、物资、财务配套下放；把纳入财政的企业，除林业外，实行全民所有，集体经营，照章纳税，自负盈亏；把人、财、物、计划、劳力、工资等管理权都下放给企业，实行厂长（经理）负责制，逐步扭亏为盈。当年，工业总产值比1980年的510.47万元增长1.04倍。

（二）经济优惠政策

1. 扶贫周转金发放与清收

1984—1992年，县民委共接收省、州民委投放的民族有偿扶贫周转金46.5万元，先后投放到交东、巫脚、南宫、登交、红阳、台盘、革一、台拱、宝贡、番省、施洞等地，扶助村民发展养殖、加工、烧砖、烧瓦和种植业。投资大小项目20个，有种植业、养殖业、加工业、民族贸易等。1990年，县民委根据上级民委通知精神，对1984年以来所投放的各项周转金进行清理，至1992年年底，收回8.78万元，占应收回周转金的22%；1993年收回6.13万元；1994年收回3.2万元；1995年收回3.9万元。

1996年，县政府《关于清收民族周转金的意见》要求：（1）凡有欠款的单位、农户，必须在1996年12月底以前还清，此期限还清的不加收利息和资金占用费。（2）在规定期限内未还清的，所欠款部分从应到期还款之年算起，按银行最近调整的贷款利息计收。（3）除收取利息外，每年还加收5%的资金占用费，至1997年年底，已收回27.5万元，尚欠16.5万元；1998年收回0.6万元；1999年收回1.65万元；2000年以后上级没有要求，回收工作停止。

2. 农村建房经费使用

从1986年开始，上级民委每年对农村少数民族住房困难户实施补助政策，补助困难户维修新建房屋，1991年，上级拨给台江农村住房困难建房经费3万元，补助给7个乡（镇）20个村的24户，最高补助1500元，最低补助500元，户均1108元，共计26600元，剩余3400元作为1990年度建房扫尾工程补助。1992年，州民委下拨农村建房经费5万元，安排给7个乡（镇）23个村的26户122人，最高补助1700元，最低补助400元，户均1058元。

1993年，州民委、州财政局拨给台江农村少数民族建房经费2.75万元，补助到9个乡（镇）32个村的36户139人，其中建房补助27户，补助最高户为1200元，最低户700元，户均919元；补助危房维修户9户，最高补助600元，最低补助200元。1994年补助35户，有32户竣工，其中28户住进了新居，32户建筑面积1440平方米，户均45平方米，总造价11.52万元。其中，民委补助2.48万元、受益户自筹6.5万元、亲友资助2.54万元。

1995年，州民委下达建房补助经费3万元，补助给9个乡镇32个村的35户133人，最高补助1500元，最低补助400元，次年验收有80%的受益户建房峻工，其余的32户已搬进新居。

1996年，州下拨给台江建房经费25万元，补助27个村的28户113人，最高补助1200元，最低补助400元。

1997年，上级下拨给台江的农村住房困难房经费3.2万元，安排补助34户163人，总建筑面积为3002.4平方米。

1998年，上级下拨给台江的农村建房经费3.2万元，补助20个村的21户97人，最高补助1500元，最低补助700元。

1999年，上级下拨给台江的农村建房经费3.3万元，补助27个村的27户127人，最高补助1500元，最低补助500元。为更好地开展建房工作，民族局还给排羊、老屯、方召、台拱4个乡（镇）配置了农村建房工作专用相机各1部。

2000年3月底，1998年度的建房工程已全部竣工并通过验收，总投资30.25万元，总建筑面积为1556平方米。1999年安排的26户，于2001年3月底已全部竣工并通过验收上报，总建筑面积为2001平方米。2001年补助18户93人，最高补助1500元，最低补助800元。2002年共安排18户93人，至年底除1户外出打工未修建外，其余17户已全部竣工通过验收，总建筑面积为1315平方米。2003年补助18个村的18户81人，全部竣工并通过验收，总建筑面积为1762平方米。2004年安排移民搬迁到第一乡30户，每户补助2000元。2007年上级拨给台江农村住房困难建房经费2万元，补助5户24人，每户4000元，共计20000元。

（三）民族经费支持

1983—1990年，省、州民委和县财政局共获民族经费210.69万元，由县民委和县财政局共同管理，专款专用。其中用于农业方面的24.56万元，占总数11.66%，帮助贫困乡、村、户购买稻种3715公斤，化肥7800公斤，打米机16台，北京鸭500只，生猪325头，耕牛14头，山羊3000头等，还补助困难户粮种和鱼苗。用于交通方面的24.46万元，占11.61%，新修和维修渡船36只，桥梁46座，公路2公里，便道若干条。用于水利电力方面的32.79万元，占15.56%，购买引水管5000米，修建饮用水井40余口，防火池15处，水塘13处，引水沟9处，灌田3020亩，维修和新修小型电站11个，购买变压器14台，安装电视差转台2个，接通了110千伏的国家电网，修建民用沼气池。用于民族贸易方面5.1万元，占2.4%。修建400平方米的民贸商店1个，补助开办一个贸易项目。用于民族教育、科技、文化、体育、卫生等方面74万元，占35.12%，新修、维修校舍7所，购买课桌椅、木床770件（套）、教具150件，购置县文工队乐器4套，服装8套；免费放电影24场；维修县图书馆；购置部分病床；补助县体委开展86次体育活动，并购置部分体育器械；补助有关部门订阅报刊杂志多期；发放少数民族学生奖学金；补助县苗文办推行苗文和双语教学。用于乡镇企业方面的13.24万元，占6.28%，扶助乡办砖瓦厂74个，酒厂1个，木材加工厂1个，综合加工厂1个，苦丁茶厂1个，修建民族招待所一栋。用于农村建房11.5万元，占5.45%，解决了189户709人的住房困难。用于接待2.7万元，占1.28%，用于民族工作业务及其他方面22.34万元，占总拨款数的10.6%。

1991年，州民委、州财政局联合下拨给台江民族机动金6万元，之后又追加1.2万元，省州民委补助苗文教育经费0.97万元，州拨扶贫项目经费0.5万元，共计8.67万元。根据州民委黔族字［1991］17号文件精神，结合台江实际情况，经研究并报县政府审批安排项目11个：苗文教育经费2.97万元，主要用于师资培训，苗文扫盲双语教学、教师工资等经费；苗族女生寄读0.5万元，作为寄读班女生的生活补助；科技扶贫项目0.65万元，主要用于资助扶贫联系点、举办科技培训班及购买种子和肥料等；订报刊及为《贵州民族报》写稿刊载鼓励费0.53万元；苗文广播0.06万元；民族文工队1万元；《台江报》苗文版编印及稿费0.1万元；《台江民族志》编写0.12万元；《民间舞蹈集成》编写0.07万元；民族干部培训0.6万元；民委业务、公务费2.07万元。

1995年，州民委、州财政局联合下拨给台江民族机动金6万元，安排为：农村补助2.8万元，其中方召乡歹忙村输电设备0.5万元、排羊乡小江村四组修建小水电站0.1万元、革一乡台水村接电网0.5万元、排羊乡上南刀村输电设备0.4万元、台拱镇台拱村人畜饮水0.3万元、老屯乡报效电区地面卫星接收站0.5万元、老屯乡皆洼村输电线路0.5万元；民委业务及其他费用3.2万元，其中民委职工宿舍楼基建费2万元、苗文验收经费0.5万元、苗文业务经费0.3万元、民委业务经费0.4万元。当年，州民委、州财政局拨民族经费7万元，其中民族教育经费4万元，安排给台拱镇民族中学3万元、老屯中学1万元；水电路项目3万元，补助给台盘乡的交江村和南江村接电网。

1996年，省、州民委拨给台江民族经费共计9.8万元，其中省级民族经费补助方召乡巫脚南村接电网1.5万元，州级民族经费补助水、电、路、桥、文教、卫生等项目款4.3万元，州拨扶贫专项款1万元，项目培训费0.5万元，农村建房经费2.5万元。到12月底，以上经费只到位0.8万元，尚有9万元在县财政未划拨到位。拨出的0.8万元，民委已如数拨给方召乡李子村和台拱镇台雄村。

1998年，民宗局上报项目12个，水、电、路、教育、卫生等各种请示、报告30多个，争取各种民族经费38.5万元。1999年，台江共收到上级划拨各种民族经费26.3万元。

2000年，民宗局在全面深入调研的基础上，按照省、州民族局的要求，于3月18日完成了台江县民族科技培训中心、南宫乡交包输电线路、台盘乡德卷村民用桥、方召乡巫梭村公路和老屯乡岑帮村民用桥等8个民族扶贫资金项目材料以及20多个民族扶贫经费请示、报告的申报工作。在项目建设过程中，实行项目跟踪管理、责任到人，并采取按照项目工程进度实行分期付款等一系列措施，确保了经费的专款专用和项目的如期完成。台盘德卷吊桥、空寨民用桥、革一的排生人行桥、施洞的平敏大桥、老屯岑帮人行桥、排羊台乐人饮工程等项目竣工并投入使用，取得了良好的经济效益和社公效益。

2001年，完成方召乡李子村公路建设等6个新增时政扶贫资金项目材料以及10多个民族扶贫和教育经费请示报告的申报工作，省、州批给7个项口，台江共收到民族经费29万元。

2002年，完成老屯乡辣子村公路建设等10多个水、电、路、桥项目材料的申报工作。项目总投资94万元，其中自筹18万元，申请资金76万元。省、州民宗委共批7个项目，共收到民族经费40万元。

2003年6月底前，完成了财政扶贫资金1个、少数民族教育经费4个、少数民族发展资金10个项目材料的编制及申报工作。年底，革一中心小学教学楼、方召乡基甲人饮工程、老屯乡皆洼村人饮工程、革一乡茅坪村人饮工程和西南村人饮工程都已竣工验收并投入使用。

2004年，民族局向省民委申报项目16个，获批实施9个项目共计30万元。其中，民族发展资金项目6个共25万元，民族教育专项资金项目2个共计3万元，这些项目工程到8月底全部竣工验收合格并投入使用。

2005年，民族局向省民委申报13个项目，获准实施9个项目，共29万元。

2006年，到位资金涉及科技培训、水利、种植养殖、桥梁设计等方面共6个项目，其中投入科技培训资金5万元，从铜仁地区印江县购进适宜台江发展的莱茵鹅并购买畜禽饲养管理使用技术的有关书籍；投入民宗局示范养殖场项目资金4万元，在县城郊区台拱镇南浓村建立了局示范养殖场；投入南宫乡展包南阶石拱桥项目资金4.2万元，解决了相距12公里的交包村和展包寨191户926人的生产、生活交通困难问题；投入革一乡西南村农田灌溉建设项目资金4.1万元，项目覆盖278户1446人的生产、生活，解决了该村21公顷望天水田灌溉用水问题；投入革一乡屯上村人饮工程项目资金4.5万元，解决了该村175户760人、510头大牲备的人畜饮水困难问题。2006年，完成了南宫乡白帮村人饮、台盘乡水寨村人饮等13个少数民族发展资金项目的调查、论证及编制上报工作。省、州批复项目9个，共争取民族经费26万元，安排的少数民族发展资金项目建设6个。年底，除老屯乡长滩铁索桥因资金缺口大尚未完工外，其余5个项目都已竣工验收并投入使用。

2007—2009年，完成编制项目89个，申报资金1258万元，共争取得到民族项目35个，资金298万元。项目涵盖基础设施建设、农业产业结构调整、民族文化抢救保护、民生等领域。投入60万元，完成革一乡田坝村新农村基础设施建设，完成了平均宽度为3.8米的主道硬化1550米和平均宽度为1.5米的分道路面硬化1000米；建成一个面积为1570多平方米的斗牛场；建成中型垃圾池6个；修建了1座具有当地民族特色、面积为2400多平方米的芦笙场，风雨长廊20米，并铺设花街式步道300米；修通田坝至大寨两村连接公路300米；改厕、改厨、改圈各25个；举办了一期养殖培训，受训90多人，并为80户农户无偿提供二元能繁母猪各1头发展养殖业；扶持村民种桑养蚕1.53公顷，组织实施稻田养鱼工程2.67多公顷，种植枇杷、杨梅等5.33多公顷。

2010年，完成18个共计279.84万元的项目编制及上报工作，其中，少数民族发展资金项目10个计108万元，民族文化教育专项补助资金项目6个计51.84万元，少数民族特需品定点生产企业项目2个计120万元。获得民族项目经费共计105.5万元，其中，中央财政扶贫发展资金项目6个计23万元，省级民族发展资金5个计64万元，中央维稳工作经费3万元，省级民族文化教育专项补助经费项目5个计10.5万元，省级工作经费5万元。这些项目建设已竣工验收并投入使用。

（四）所有制结构

1. 农业所有制结构

20世纪80年代以来，台江县内全面推行农业生产家庭承包责任制。土地为集体所有，个人承包经营。90年代后，农村剩余劳动力逐年向发达地区转移，农村外出打工者逐年增多，弃耕撂荒现象不断出现，农村土地的经营方式相应发生了变化，出现了土地以户经营转向劳动力多、有丰富农事经验的家庭经营的趋势。由于经营有方，全县农业生产平稳发展。2010年，全县农业总产值为39368万元，比承包前的1979年增长195倍。粮食总产量52492吨，增长75.1%。

2. 工业所有制结构

为适应经济发展，执行国家产业政策，针对部分县属国有工业生产经营体制陈旧、机器设备老化、资金负债过多、银行贷款居高不下、企业经营效益低下、政府负担过重的问题，采取相应措施，从20世纪90年代起，对县属国有企业、分期分批进行了破产、改制、重组。进入21世纪，县属国有企业已全部改革完毕，工业企业实行政企分开、自主经营、自担风险、自负盈亏，成为市场经济的主体，全县工业生产发展较快，2010年工业总产值为62006万元，比1990年增长37.04倍，新增产值61450万元，年均增长36.9%。

（五）发展非公经济与招商引资

1991年，贯彻中央提出的“调整、改革、提高、发展”的方针，县内计划管理执行“统一计划、分级管理、条块结合”的管理体制，坚持计划经济与市场调节相结合的原则，实行指令性计划与指导性计划相结合，对国营经济实行指令性计划，对其他经济实行指导性计划，对农贸市场小商品实行市场调节。对钢材、水泥、生铁、圆针、棉纱、棉布等29种主要工业产品实行计划分配，对基本建设投资额下达指令性计划，对工业生产、农业生产、商品流通等实行指导性计划。

1992年，继续缩小指令性计划范围，扩大指令性和市场调节范围，加强计划的宏观控制和综合平衡，平价的物资供应量逐渐减少或取消。计划钢材、生铁、焦炭等物资，石油、农用柴油等专项供应产品，一律放开价格，实行计划内外一个价。

1993—1994年，按照建设社会主义市场经济体制的目标，计划工作突出宏观性、战略性和政策性，主要农产品的指令性计划全都取消，物资分配、收购和调度的商品分别有不同程度的减少。1995年后，随着社会主义市场经济体制的初步建立，计划分配物资全部放开，取消了计划物资的供应，计划工作职责由微观经济管理转向宏观经济管理，计划管理职能主要是加强对经济运行情况进行调查研究、督促检查、监测分析和经济信息的发布，编制国民经济和社会发展计划及其中长期计划（规划），综合协调财政，信贷等经济杠杆作用，培育、发展和完善市场体系。

1990年以来，通过经济体制改革，调整产业布局，推进工业化进程，大力发展非公有制经济，二、三产业得到较快发展，县内生产总值结构发生了较大变化。2010年，全县国内生产总值97035万元，比1990年增长15.83倍。其中第一产业绝对值27808万元，年均增长6.5%，占总值28.7%；第二产业绝对值22999万元，占生产总值的23.7%；第三产业绝对值46228万元，占生产总值的

47.64%。

台江县招商引资局属事业建制的二级机构，2000年8月成立，隶县计划局，2004年8月划出。该局在计划部门代管期间，共收集大小项目40个，与外商达成协议签约29个，合同引资42126万元。项目建设涉及改善工业、科技、电力、畜牧、农贸等基础设施条件，新建兴顺铁合金厂、松香厂、香精香料厂、台盘选矿厂、牌旺选矿厂、岩寨电站、萃文园区商住楼、交通商住楼、县城农贸市场、苗都科技开发有限公司、众达置业有限公司、秀眉广场等建设工程项目。招商引资项目的实施，有力拉动了县域经济的发展，为台江经济注入了新的活力。

（六）易地扶贫搬迁

易地扶贫搬迁开发建设是新阶段扶贫工作的主要内容和实施西部大开发战略的重大举措，是一项德政工程、民心工程，是解决居住在地处生态恶劣环境，一方水土养不活一方人的地区贫困农民尽快脱贫致富的重要途径。

台江县于2002年开始实施该工程项目试点工程，计划总投资473万元，规模达142户601人。实行依托城镇“搬富挪穷”的置换形式，采取集中与分散安置相结合，以集中安置为主。到2005年，实际完成安置农户156户620人，其中集中安置83户321人、分散安置73户299人。资金投入473万元（国债资金300万元，省、县配套各12万元，农户自筹149万元）。退让耕地18.13公顷，调剂给未迁出人多地少的贫困户。建成住房24519平方米，组成长600米、宽12米的移民街。2004年8月经省、州验收合格，属优良工程。第二期工程于2004年4月实施，规模176户676人，投资731万元（国家专项资金300万元、省配套12万元、县配套42万元、农户自筹377万元）。第三期工程2005年5月实施，规模198户805人，投资376万元（国家专项资金350万元，省、县配套各11万元，部门配套4万元）。三期工程累计投资1580万元，共安置530户2101人。通过实施易地扶贫搬迁项目，移民退让耕地转包给当地人多地少的贫困户，减少了农村土地承载量，实现人与自然环境的和谐；吸迁户变置扩容城镇人口，为推动小城镇建设步伐，壮大第三产业，推动经济社会发展起到重要的作用。

（七）民族村寨旅游规划

2002年，县旅游局完成了《贵州省旅游业发展“十五”总体规划》中有关台江的内容、图片、光碟等材料的搜集、整理和撰写呈报工作。积极申报旅游发展项目，完成了反排、九摆、塘龙、八郎全省民族旅游扶贫示范村以及施洞镇、阳汪、拥党、新寨旅游基础设施项目的申报工作，落实了反排民族旅游村基础设施建设等项目资金共 16 万元。同时，建立的旅游发展项目库正在不断增加和完善之中。

2004 年，县旅游局完成了《台盘阳芳民族村寨旅游规划》，积极上报翔实的基础材料，完成《黔东南州旅游发展总体规划》的修编工作。1 月，旅游局配合县水电局与贵阳天海规划设计公司，完成革一烂塘水库民辉度假村详细规划的初审。

2005 年，县旅游局积极协助和配合县发改局完成了台江县“十一五”发展规划旅游部分《台江县“十一五”旅游发展总体规划》的修编工作。2005 年 7 月，按照县委、县人大、县政府的工作要求和安排，旅游局承担了反排、九摆两个民族重点村寨旅游发展规划的地形测绘和对施洞镇进行修建控制性详细规划的工作任务。根据县委、县政府的工作要求和部署，完成了反排、阳芳村和施洞镇关于“省级旅游扶贫示范村和省级旅游扶贫示范镇”的申报工作，继续完善世行贷款项目“施洞苗族文化和自然遗产地寻护基础设施项目”的基础材料，使该项目按程序落实。共完成项目建议书 15 个，并及时向上级有关部门申报，积极与县发改局协同建立旅游发展项目库。

2006 年，县旅游局完成了《施洞旅游区控制性详细规划》和《台江县“十一五”旅游业发展专项规划》的修编工作。通过深入各乡（镇）、村寨收集大量民族风情方面的资料，共撰写文字资料 10 余万字，拍摄图片 3000 余张，充实了台江县旅游宣传工作的内容。继续完善世行贷款项目“施洞苗族文化和自然遗产地保护基础设施项目”的基础材料，使该项目按程序落实。编制完成项目建议书 15 个，并及时向上级有关部门申报，积极与县发改局协同建立旅游发展项目库，配合县招商局编制旅游招商项目宣传活页并多次参加招商活动。

2007 年，县旅游局积极配合省、州旅游局及相关部门做好世行贷款项目“施洞苗族文化和自然遗产地保护基础设施项目”的可研报告编制工作，使该项目按程序落实。配合县发改局及上级相关业务部门做好旅游发展项目的编制、申报工作，2007 年共编制、上报项目建设书 36 个，进一步完善了项目库。

深入重点民族旅游村寨，加强对旅游从业人员的业务指导，尽可能在资金和物质上给予支持。积极向上级有关部门争取项目资金。2007年，共落实资金20余万元并已陆续投入重点村寨的旅游基础设施建设。配合相关部门完成了《台江县旅游业发展总体规划》的修编工作，该规划于12月10日通过了专家评审。

2008年，县旅游局配合省、州世行项目办继续做好世行贷款项目“施洞苗族文化和自然遗产地保护基础设施”可研报告编制基础材料工作，该项目按程序落实。配合县发改局及上级相关业务部门做好旅游发展项目的编制、申报工作。2008年，共编制、上报项目可研报告4个，项目建设书25个，项目清单140项，进一步完善了项目库。深入重点民族旅游村寨，加强对旅游从业人员的业务指导，尽可能在资金和物质上给予支持，投入资金20余万元用于重点村寨的旅游基础设施建设。

根据台江旅游发展的新格局，为高起点、高标准对旅游资源在保护的基础上进行科学规划，按照县委、县政府的指示，旅游局委托北京达沃斯景观规划设计院于2008年3月启动了“万亩草场景区总体规划及景点导向详细规划”和“施洞镇村寨旅游区总体规划及景点详细导向规划”项目。

2009年，旅游局配合省、州世行项目办继续做好世行贷款项目“苗族文化和自然遗产地保护基础设施”的落实工作，该项目进入实施前的准备阶段，委托北京达沃斯景观规划设计院继续进行“万亩草场景区总体规划及景点导向详细规划”和“施洞镇村寨旅游区总体规划及景点详细导向规划”项目。另外积级配合县发改局及上级相关业务部门做好旅游发展项目的编制、申报工作，2009年以来共编制、上报项目建议书29个，进一步完善了项目库。

（八）科技扶贫

1991—1993年，县科委组织有承担项目的单位领导和科技人员深入到老屯乡的老屯坝、榕山岩脚坝，台拱镇的大德、翁生、朗等、阳汪、交孟等村，革一乡德立农场等地新建优质高产示范柑橘园500亩。科技部门还开展了科学种植经果林咨询服务和技术培训，使受训果农基本上掌握了果树栽培技术要领，并且还采取定期和不定期开展巡回指导和技术咨询服务，解决果树生产中遇到的技术难题，使果林产量、产值不断得到提高。到1993年柑橘产量达139万公斤，产值70万元。

1994年，为推广良种良法，科技局会同县农牧局推广水稻旱育高产栽培技术，先后举办培训班9期，培训基层干部和农民550人次，印发资料3000份，技术推广覆盖9个乡镇37个村427户。育秧13860平方米，大田移栽1260亩，建示范点9个，面积40亩。

1995—1996年，开展梨子生产调查研究工作，帮助台拱镇翁生村进行低产梨园改造面积15亩600余株，并宣传推广科学种田技术，在翁生村还进行水稻旱育稀植技术试验示范推广。另外组织科技人员深入到老屯乡、施洞镇、革一乡、台盘乡、排羊乡等开展科技咨询、技术服务，无偿赠送科技图书，培训水稻旱育稀植技术和金秋梨栽培管理技术95人次。

1997年，在排羊乡街上村开展科技扶贫工作，并加强对台盘乡、施洞镇争创先进科技乡镇工作的指导，为使两乡镇了解更多的科技政策、科技动态、科技成果等科技信息，还给予两乡镇征订了《贵州科技报》等报纸共22份。

1998年，为开展好畜牧科技服务，科技局利用赶集、节日，采取挂宣传画、贴标语、散发资料、现场咨询等形式，对台拱、老屯、施洞、革一、台盘等乡镇进行农业、畜牧兽医技术宣传活动17场（次）。参与、组织农村实用技术培训班29期，培训农民1260人次，提供科技培训技术资料、书2488份（册），接待咨询群众1761人次。

1999年，科技局参与农业集团承包，承担从浙江宁波引进来的早熟梨——翠冠梨试验示范。通过培育、试验，完全可以替代黄花梨作为金秋梨的授粉树，从而解决黄花梨与金秋梨同时成熟、同时上市的问题，延长授粉树与金秋梨的上市时间。

2000年，为推动台江县农业生产发展，科技局与农牧、扶贫、果品办等部门一同积极开展各种科技服务培训工作，主要进行水稻、玉米、果树、脱毒马铃薯等栽培管理技术培训，组织开展水稻、玉米、新型饲料、脱毒马铃薯等新品种种植推广应用工作，促进了台江县农业科技的普及提高，加快了农业科技推广应用的力度。同时深入农村开发从湖南引进的特种珍禽——珍珠鸡，并培育鸡苗投放市场，促使科学技术在农村健康发展。

2001年，科技局进行科技服务工作，与有关单位联合举办一年一度的“3·18”科技活动日、科技一条街、科技咨询和科技人员座谈会等活动。为施洞镇巴拉河村送科技下村，积极搞好科技服务。深入各家各户进行调查研究，与群众共谋经济发展路子和措施，先后给该村送10000株西红柿、辣椒苗和4吨水泥、100亩水稻联防农药和畜禽防治药物等，价值近5000元。苗族医药研究所还组织全所医生下乡调研4次，收集民间单方、偏方和验方共计124条（剂）。

2002年，科技局深入到全县9个乡镇部分村寨开展科技服务，共组织15名中级技术职称以上科技人员深入农村举办6次农业技术培训，共培训农民技术骨干200余人，解答农民咨询600多人次，送各种科技资料800余份。解决了农村种养专业户的许多疑难问题，农村农民的科学意识和知识及技能都得到不同程度的提高。

2003年，科技局积极组织科技人员深入农村进行中药材资源普查和中药材基地建设调研工作。到台拱镇的红阳村、翁腮村，排羊乡的南刀村、九摆村调查野生天麻中药材资源分布情况和生长环境状况；到方召乡的方召村、展茗村及台拱镇交孟寨等地调查冰球子、白芨、天麻、南板蓝等中药材种植情况，给予技术上的帮助、指导；主动与省科技厅中药办、省农业厅科教处联系，邀请由省农业厅科技处组织省中药材种植专家组到台江进行调查调研指导。

2004年，在科技服务上，科技局主要抓中药材科学种植提供咨询服务和市场信息。科技局积极组织有关科技人员10多人次到方召、南宫、排羊、台拱等地与当地党委、政府和部分农民共同探讨，协商如何与企业联合发展中药材产业的办法和路子，为地方党委、政府和农民出谋献策，促进农民与企业联合发展中药材生产有了良好的开端。当年在方召乡巫梭村建成了200亩太子参生产基地。同时还将台江野生乌天麻、人工种植不同海拔的天麻送贵阳中医学院进行有效成分含量检测，检测结果其天麻素含量均超过国家药典规定的指标，为台江县天麻规模生产提供了技术基础数据，有力推动了台江县中药材产业的发展。先后完成《台江县中药现代化科技产业基地建设规划纲要》《台江县雷公藤产业发展规划及实施方案》的编写并上报。

2005年，科技局积极组织科技干部和职工继续深入到挂钩帮扶村和有关乡（镇、村、组）农户，开展社情民意调查，进行科技服务。同时给挂钩帮扶村订报送书传送科技知识和技术信息。

2006年，在省科技厅的支持下，科技局立项实施金秋梨精品果园计划。通过项目的实施，对全县金秋梨大户进行全面技术培训，制定规划技术标准，制作成资料和光碟向全县种植户发放，有力推动了金秋梨产业的发展。

2007年，在台江县开展了科技特派员创业试点，当年培养科技特派员20人，深入农村及企业生产第一线创业，为发展桑蚕、中药生产提供技术和人力支撑，先后编制完成桑蚕产业发展规划、桑蚕产业发展意见、基地建设方案、优惠政策措施等。通过努力，全县落实桑园面积1635亩，落实示范点38个，为桑蚕产业发展奠定基础。县政府设立中药办并由科技局负责主持工作，为拓宽农民致富渠道，加快中药产业发展步伐，科技局从黔东南信邦中药发展有限公司、施秉三元公司分别购买南板蓝、头花蓼等种苗在交孟、南市大坝建立示范基地20余亩。

2008年，县委、县政府将种桑养蚕项目作为农业产业结构调整来抓，从相关部门抽调人员成立了桑蚕办，办公室设在县科技局，时任科技局局长唐望远兼任主任，当年全县完成了1806亩基地建设，共养蚕7批2709张，产鲜茧110余吨。经县政府批准成立了台江县知识产权局。

2009年，在巩固原有桑蚕面积1806亩基础上，新增桑蚕面积1032亩，累计养蚕2124张，产鲜茧96吨，累计产值192万元，蚕农人均增收188元。为提高蚕农科学养蚕水平，在革一乡新建了500平方米小蚕共育中心和一间80平方米桑蚕职业培训学校，全年为农户育小蚕3000余张，培训学员400余人次。选派16名科技特派员领办、创办种养业示范基地16个，通过自身示范带动，与农户结成利益共同体，在增加自身收入的同时，有效地促进了农民增收。此外，科技局还协助有洋乡、台拱镇分别在展福、登交及展里村分别种植太子参150亩、50亩和10亩，经组织抽样验收，亩产鲜参350公斤，产值2800元，户均增收1105.3元。

2010年，以革一乡为突破口，采取大户改小户和加大技术跟踪服务力度等方式，全县桑园保存面积1623亩，多方协调资金，在革一乡修建茧站和烘烤房一栋，面积240平方米，维修蚕房23个，面积1840平方米，购置烘茧设备一套并投入使用。培养姜志军等22名致富能手，涌现12个像西南村支书那样的养蚕致富能人。此外，还对接专利代理机构帮助企业申报专利20件，其中外观设计19件、实用新型1件。

在科技扶贫工作中，科技人员从实际出发，结合各村地理、气候等影响农业生产的因素开展技术论证，因地制宜地开展新品种、新技术引进和试验、示范及推广工作，为农民解决种养难等实际问题。

2003—2010年，科技局先后联系帮扶方召乡汪一村、老屯乡阶洼村、岩脚村，台拱镇展坐村、四柳村。教育帮扶点有方召乡基甲小学、排羊乡龙翁小学等。在工作上，重点采取以下措施抓好科技扶贫：一是加强农业适用技术培训，不断提高农民的文化素质和致富技能；二是积极开展“四个一”工程，即配强一个领导班子，选好一个支部书记，找准一条致富路子，制定一套管理和服务制度；三是与村干部共谋村级建设，因地制宜谋发展。帮扶过程中，从自身条件出发，力所能及，先后繁育和购进太子参、丹参、天麻种苗无偿帮助部分农户发展中药材生产；以申报科技项目为载体，帮助企业开展基地建设和技术攻关；购买农药帮助农户开展病虫害联防联治；筹集资金帮助联系村、联系学校购买水泥、预制板进行路面硬化和修建消防池；添置桌、椅、黑板、玻璃、书籍，帮助村“两委”及学校改善办公设施和增加科普读物，累计投入各项科技扶贫资金35.3万元。

二、民族经济政策实践成就

（一）交通建设大飞跃

台江县交通分陆路和水路。陆路分干线公路、县公路、乡村公路和林区公路。

1985年台江县兴办大理石厂时，为开采新寨大理石，县人民政府投资8.5万元，大理石厂出资5.5万元，将南市至台雄旧路加宽，并新修建至新寨3公里的公路，全长达7公里。1980年省林业厅投资10.6万元，修筑了汪江至记刀5.8公里的公路。1981年国家拨给不发达地区交通建设专款164.5万元，县财政补助5万元，作为修筑由台江至台盘公路资金。该公路由台江桥头起经朗等、上桃尧、方省、展福、南瓦至台盘屯上止，全长25.95公里，于1985年10月全线通车。该线贯穿台浓、方省、南瓦、台盘4个乡11个自然村，是台江县西部地区的交通要道。1985年国家动用库存粮、棉、布补助以工代账形式总投资134.32万元，动工修建的由田坝经屯上、革一中学、烂塘水库、小农场、太平坳、北方、桃树榜、西南、松里播、良田、旧州、八梗、柏枝坪至施洞口的公路，长

32.31公里，1987年竣工通车。该线横贯革一、大塘、良田3个乡12个自然村，是台江县北部与凯里、黄平、施秉、镇远交界地区的交通要道。1987年县人民政府出资6.6万元修筑革东至五河长9公里的公路，1988年竣工。至1990年，台江县先后修筑各种等级公路22条，总长达315公里，使台江地区形成东西横贯，南北交往的公路网络，通公路的乡镇26个，占全县乡镇总数的82.8%。随着改革的深入和经济建设的发展，1991年，又动工修建凯里三板桥至台江革一公路，全长39.21公里，县境内长22.46公里，总投资157.8万元；修建台江南市塘至榕江平阳，全长95.56公里的公路，县境内长60.36公里，投资848万元。公路陆续修建，陆路运输逐步取代了水路运输。

2001年以前，台江县境内，国道有原320国道30公里，省道仅有台江经老屯至施洞38公里，县道有台江经方召、南宫至白道74公里。林区和乡村公路有144.4公里，全县通车里程共293.4公里。其中油路有320国道30公里，其余均为砂石路面，四级以上公路有86公里，其余207.4公里为等外级或简易公路。

“十五”期间，新建高速公路22公里，投资2.8亿元，320国道改造37公里，投资4471.4万元，台盘至施洞油路改造（含施洞大桥），投资3068.5万元，台江至方召镰边、排羊至雷山西江大沟、台盘至凯棠公路共30公里，投资736万元，乡村公路新建357.7公里，固定资产投资4292.4万元（含田土、投工投劳）。以上投资总计4.06亿元。

2005年，台江县境内开工建设高速公路22公里，320国道改造37公里，省道51公里，县道131公里，乡村公路502.1公里。全县通车里程为743.1公里。通车里程是“十五”前的2.53倍。其中油路有台盘经革一至施洞、320国道、高速公路台盘至凯里公路等共101公里，比“十五”前新增加81公里。当年，全县通村公路目标数18条163.6公里，任务数10条80公里；州交通局下达给台江的任务是10条54.6公里。已完成水井至长中、岩脚至黄泡、台盘至空寨、田坝至凯里梅香、南省至交碾、交碾至板凳、红阳至四柳、水井至南冬、革一生态园区（水泥路）、展下至李子、偏寨至猫鼻岭、冷西至茅坪、排羊至平寨、巫西至展吉14条通村公路100公里，并完成了州交通局和县政府确定的10条通村公路任务。

2007年，落实台江至南宫、台江至反排、排羊至西江、台江至施洞4个通乡油路项目141公里，总投资6202.9万元。启动建设台江至南宫，台江至反排2条通乡油路，总投资3730万元。其中国家补助资金4110万元，地方配套380万元。落实红阳场至九摆示范公路项目1个，总投资1206万元，其中国家补助资金980万元，地方配套226万元。完成台拱至南省公路改造5公里，完成投资116万元；建设红事至汪江公路19公里，总投资1080万元，完成路基工程14公里，完成投资560万元，2008年3月拉通路基。全年州交通局下达计划实施的通村公路206.1公里，上级投资1442.7万元，县配套103.05万元。按照县第十五届人民代表大会第一次会议及县政府2007年十件实事的要求，2007年计划完成10条，根据各方面的情况，2007年上级安排的通村公路是35条，全县实际实施的通村公路有24条，动工的有21条115.8公里，占24条的87.5%；未动工（复工）的有3条，占24条的12.5%。完成茅坪至平贾、阶磗至报效、排羊至大塘、平水至簺簸、簺簸至排生、革一至台水、坝场坳至工农、翁浓至芩帮、小河至南兄、交下至羊甲、羊甲至拥党、番省至桃香12条通村公路，占县政府下达完成10条通村公路任务的120%。启动建设平兆、芳寨、长滩三个渡改桥项目，共计投资187万元，其中上级补助资金137万元，县配套50万元，落实后哨、南哨两个渡口项目资金17万元，其中后哨渡口已于2006年建设完成，南哨渡口准备动工。落实偏寨至施洞过境段公路改造3公里、县城过境线公路改造2.1公里、张家寨至老油库公路改造1.1公里，资金共计218万元；县城过境线和张家寨至老油库公路改造工程建设基本完成。

2008年，全县公路里程582公里，156个行政村，通公路125个，占80%，全县列养县乡公路里程138公里。当年续建南市至南宫、排羊至西江台江段通乡油路74公里，完成固定资产投资2300万元。建设台江至反排通乡油路26公里，完成固定资产投资780万元。启动建设台江至施洞通乡油路39公里，完成固定资产投资400万元。续建巴拉河、南省大桥及平兆中桥，完成固定资产投资230万元。建设通村公路100公里以上，定成固定资产投资700万元。

2009年，全县交通建设固定资产投资完成1.45亿元。建成台江至施洞、台江至反排通乡油路67公里；续建台江至南宫通乡油路64公里，完成铺油45公里、路基基层19公里；完成排羊至西江通乡油路路基基层10公里；建成红阳至汪江公路19公里；基本建成红阳坳至九摆公路35公里；完成汪江至交密旅游公路 12 公里（含老路）；完成施洞过境线水泥路 1.8 公里；完成通村公路 188 公里，占州下达计划 187.3 公里的 100%；建成平兆中桥、南冬中桥、翁农中桥、交密中桥、小江桥、岑帮小桥、基甲小桥、拥党小桥、芳寨吊桥、平兆吊桥、长滩吊桥 11 座桥梁 853.5 延米；启动红阳坳至草场油路和东扛至方祥公路建设；续建巴拉河中桥，动工修建南宫 1 号桥、南宫 2 号桥、汪江桥、交密桥、旧州吊桥等。

“十一五”期间，全县交通固定资产投资完成 2.1 亿元，比“十五”增长 213.4%，建成台江至南宫、台江至施洞、台江至反排、展里至排羊 4 条通乡油路 136 公里；建成汪江至交密、红阳坳至草场两条旅游公路 22.4 公里；建成通村公路（含改建）854 公里；建成施洞、南宫、排羊乡镇客运站 3 座；建成巴拉河、南冬、平兆、望虎屯、打岩沟、翁浓、交密、汪江、排羊、南宫 1 号和 2 号、小江 1 号中桥 12 座 608 延米；建成平兆、芳寨、长滩吊桥 3 座 468 延米；建成偏寨、石家寨、巴拉河、格色、老屯、阶蕣、后哨 7 座渡口。

至 2010 年年底，全县通车里程达 1050 公里，比“十五”时期增加 629 公里，公路密度 94.8 公里 / 百平方公里。通乡油路从“十五”时期的 42 公里增加到 158 公里，增长 276.2%；通村公路从“十五”时期的 344 公里增加到 764 公里，增长 122.1%。全县 156 个行政村已通公路 155 个，占 99.4%，基本实现了“乡乡通油路，村村通公路”的目标。

凯玉高速公路全长 134.44 公里，总投资 58 亿元，双向 4 车道，南通凯里、贵阳，北达剑河、玉屏。过境 45 公里，投资 18 亿元。起于交孟寨，途经台拱、阳汪、南市、大德、石板桥、展里、岩寨、排羊、南明等村寨进入凯里境。有一个出口，通往台江县城和南宫、排羊、台盘、施洞、老屯，革一、方召等乡镇。路基宽度 25.5 米，设计时速 80 公里 / 小时，2005 年竣工通车。

G320（国道）上增线（上海至瑞丽），境内长 50 公里，双向两车道。省道台江经老屯至施洞 38 公里，该道原线路走向为自凯里脚高进入县境内，全长 78 公里，途经排羊、岩寨、展里、石板桥、大德、南市、阳汪、台拱、翁孟进入剑河县。2000 年国家再次投入资金 2640 万元，按照二级公路实施改造并改道，是年 3 月动工，2002 年 10 月竣工。改造后线路走向为自凯里杨家寨进入台江境内，途经德卷、台盘、大寨、南瓦、大德与原国道相接，全长 56 公里。

2001 年以前，台江县境内省道仅有台江经老屯至施洞 38 公里。2001—2005

年，省道改由台盘经施洞至镇远，增加51公里。双向两车道，通往镇远、施秉。

2010年年底，全县有县乡〔镇）级公路12条，总长245公里。乡村公路有43条502.1公里，全县通车里程为743.1公里。其中县道台盘至施洞43公里，镇远至台江境内长39公里，台盘至南瓦18公里，台江至白道70公里，石板桥至排羊14公里。

2010年，完成台江至南宫64公里通乡油路，并已布置有关交工验收工作。汪江至交密10.4公里和红阳坳至草场12公里铺油及安全防护工程已完成。完成投资1430万元。完成台江至反排26公里通乡油路。完成排羊至西江通乡油路台江段5公里。红阳坳至九摆公路35公里。

全县建成有施洞大桥、排羊中桥、九摆中桥、斗寨中桥、牛打坪小桥、老屯小桥、杨家沟小桥、五寨小桥、棉花小桥、凯棠小桥等。施洞大桥是台江县境内唯一横跨清水江的一座桥，施洞大桥通车给贵州最后一个车渡渡口画上圆满的句号。

（二）县城建设大变样

1978年3月，由县计委、基建局、公安局、商业局、城关居民委员会及台拱公社成立县城规划小组，规划县城街道建设，绘制《规划图》，写出《规划说明书》。规划从台江大桥至国营饭店与老街连接后向东至上水卡建成主要街道，从城后望城坡拦腰开辟一条自东向西的新街，在丁字路口南侧建商业大楼。1981年，县建委规划设计科结合过去几次规划方案起草新方案，但均未定案。1982年9月，成立台江县城镇建设规划领导小组，附文规定“任何单位和个人在城镇建房，统一申报县城镇建设规划领导小组批准”。1983年4月27日，成立台江县城镇规划工作组，由县建委统一安排县城规划工作。因无专业规划队伍，工作进展缓慢。9月7日成立台江县城镇建设规划指挥部，配备专职工作人员。1984年初，指挥部聘请黄平县城建局技术员杨胜金对县城进行全面规划，但未经具体测绘，规划方案缺乏科学说明，没有达到城镇规划建设要求而未施行。5月，指挥部又聘请贵州省建筑设计院测绘人员对县城地形进行测绘。1985年初撤销指挥部，规划工作移交县建设局。该局组织专职规划小组进行正常工作。1986年4月，完成《县城总体规划图》和《方案说明书》报州政府，1987年底经州政府审批，其规划分新街道建设和旧街道改造两个部分。新街道建设分建设路、炮台新路、红阳路、翁你东路、翁你西路、计生街及农贸街。

党的十一届三中全会以来，台江县农村、城镇都呈现欣欣向荣的景象。县城先后兴办了木梭厂、胶合板厂、玩具厂、大理石厂、铁木金厂、硅厂、曲轴厂等，有一技之长的人员都进城就业。1990 年城镇居民总户数达 4000 余户，人口 0.8 万人，建成区东至车队，西到气象站，南至水泥厂，北至大炮台（今新街），建筑占地面积为 1.02 平方公里。

1987 年，县建设局完成《县城总体规划图》的设计，分别新建和改造建设路、炮台新路、翁你东路、翁你西路、计生街及农贸街，总长 1995 米。1990 年按照《县城总体规划图》的要求，对县城的违章建筑全部拆除，拓宽街道，改观了市容市貌。

1991 年，完成从建设局至汽车站（今苗疆商贸城），县政府（今台拱镇政府）至民贸公司，民政局至种子公司，县政府至文昌宫的规划，道路总长 700 米，占地面积 32400 平方米。完成工业民用建设设计 21 个，建筑面积 7792.8 万平方米，总投资额 14027 万元。

1998 年，为改善县城的基础设施，通过多种集资方式，共投资 301.53 万元，改扩建了总长为 1336.46 米的水泥硬化道路，从汽车站至丁字路口长 253 米、宽 21 米；文昌宫至丁字路口长 240 米、宽 17 米；邮电局至国有林开发公司长 300 米、宽 24 米；民政局至种子公司长 155 米、宽 1 米。同时完成种植街道绿化树，使城镇绿化覆盖率达 34%。

“十五”期间，县里围绕“天下苗族第一县”和“苗族文化生态旅游城”的开发建设，加大了招商引资力度。2001 年投资 70 万元修建城南东路，总长 1100 米，面积 99000 平方米；投资 960 万元进行水改；投资 797 万元修防洪堤；引进外资 600 万元完成苗疆大道拆迁。2002 年，共投资 750 万元兴修苗疆东大道、苗疆西大道、秀眉大道和解放路，总长 4406 米，占地总面积 107312 平方米。是年，台江县台拱镇被列为全省重点扶持建设小城镇。

县委、县政府加大对苗疆城的建设力度。2002—2005 年，旧路改造和新修街道 11 条，总长 3605 米，总面积为 31618 平方米，共投入资金 4902 万元。投资 8269 万元，建成秀眉文化广场、河滨公园、南门大风雨桥、苗疆商贸城，县城一、二期防洪堤、一期移民新区、二期移民新区、垃圾填埋场、液化气罐站、垃圾中转站、新汽车站、县委办公楼、县政府办公楼、县人大办公楼、县疾控中心大楼、县医院门诊大楼、台江民中新教学楼及教师公寓、台拱民中教学楼、学生公寓、实验楼等一批县城市政设施，总占地面积148830平方米。2005年，县建成区东邻交孟寨、西接梅影村，北连翁孟沟村、南至阳汪村。朗等、张家、台拱3个行政村都列入规划区内，县城人口由“九五”期末的1.6万人上升至“十五”期末的2万人，县城面积由“九五”期末的1.5平方公里上升到“十五”期末的2.4平方公里。苗疆城变化日新月异，街道两旁高楼林立，绿树成荫，人行车往，井然有序。2004年被省、州评为省、州级卫生县城。

2006年，投资500余万元的朗等三号桥，投资400万元的城区油路“白改黑”工程先后完工；投资90万元的第一期青石板道路改造工程，于2009年7月底按计划如期完工。投资140万元用于第二、三期青石板道路改造工程，2007年至2008年年底，实施完成了临街26个单位27栋办公楼及宿舍楼的房屋立面改造工程，改造面积6715.57平方米，投入改造资金200余万元。2008年投资500多万元的城市西区路网建设，完成工程量的70%；完成投资100多万元的滨河路路基土石方工程及新体育场建设工程，投资7000余万元的廉租住房建设工程、苗疆御景园等重大工程也在实施中。2007—2009年年底，争取到了污水管网工程项目、垃圾填埋场工程项目、行政中心广场项目、廉租住房建设项目、城市西区路网工程建设项目以及“五桥一路一堤”等重大工程建设项目，工程累计到位资金5000万元。

2008年9月2日，县城西区“浙华·苗疆御锦苑”商住小区启动开工，投资500万元的城市西区路网建设完成工程量的50%。张家大坝滨河路路基土石方工程以及三星级宾馆于10月底启动开工建设，加快了工程建设的实施进度。全面启动建设规模为跑道400米、看台100米、排水沟1300米，投资200万元的县城新体育场建设工程。完成投资460万元的郎等大桥工程建设。完成原大操场片区土地出让程序和签订土地出让合同前期手续，12月下旬开始启动。炮台路二期改造道路工程完成工程概算工作，县城贯城河治理从翁孟河上游开始施工。投资约700万元的县行政中心广场建设通过竣工验收。总投资约2073万元的县城污水处理工程进入工程招投标阶段。投资100万元的苗疆大道青石板铺设完成；县城西区路网施工建设；翁你西路道路工程通过竣工验收。完成苗东大道共计8个单位9栋房屋“穿衣戴帽”工程，改造立面面积6715.79平方米，总投入资金96.32万元。

2009年10月底，实施完成了投资700多万元的行政中心广场建设，投资300余万元的两河治理工程以及投资2700万元的城市污水管网工程项目建设也于12月12日基本完工。投资450万元完成滨河路长850米的道路硬化、青石板和路灯安装工程。

2010年，全县投入2400多万元完成了近6公里城市主干道路面、路灯等基础建设，镇区形成了“三纵三横”的道路网络。投入2000余万元的污水处理厂建设项目已投入运营，梅影至污水处理厂道路硬化工程、县老大桥至民中背后坡路段硬化工程和投资260万元的县城“穿衣戴帽”风貌整治活动也相继完工。投资60万元的县扶贫局至民中700米长的路面，行政中心环等“白改黑”工程和投资600万元的西区道路110米长的硬化及青石板和路灯安装工程也同时完工。

（三）乡镇建设大改观

台江是一个农业县，全县8个乡镇，4个居委会，156个行政村，耕地面积6213.3公顷。为进一步了解农村的基本情况，县委主要领导亲自带队于2005年4月25日至5月10日先后到排羊展里、台拱梅影、台盘阳芳等村进行社会主义新农村建设工作调研，在充分调研的基础上，明确在“十一五”期间实施新农村建设示范村4个，其中2006年实施1个村，即省级示范村1个，2007年启动实施示范村3个，即县级示范村3个。根据黔农〔2006〕01号文件精神，结合台江县实际，排羊乡展里村被列为省级示范村，老屯乡望虎电村和台拱镇红阳村、梅影村被列为县级示范村。

展里村，省级试点村，2006年10月开始实施省级新农村建设示范村。展里村工作重点是发展生产，改良中低产田20公顷，提高单位面积的粮食产量，发展稻鱼工程6.7公顷，建标准鱼池22口，增加农民收入；加强基础设施建设，改变村容寨貌。已完成17万元的工程建设投资，占投资总额20万元的85%。通过2006年一年的实施，完成中低产田改造6.53公顷，修建机耕道902米，排灌沟渠886米；发展稻田养鱼6.7公顷，建成鱼池33口，其中集中连片3.2公顷，鱼池23口；建成沼气池28口；砌筑堡坎680立方米，硬化地坪880平方米。平整宅地39户，新建房屋7栋，搬迁3栋。2007年，投入2.4万元扩建稻田养鱼

0.7公顷，鱼池20口；投入3万元延伸主寨道200米；投入4万元搬迁、新建房屋10栋，地坪500平方米；投入25万元修砌保坎800立方米，投入3万元改圈、改厕30户；投入1万元修建沼气池10户；投入3万元改造金秋梨果园3.3公顷；投入30万元实施人饮工程；安排30吨水泥作为农户庭院地坪硬化、串户路等基础设施建设，完成房屋拆建3户；落实中药材种植示范户3户，试种太子参、何首乌0.7公顷；稻田养鱼方面完成了15500尾鱼苗的投放；种植业方面完成枇杷、杨梅栽种2公顷；成立了木粒子协会，指导帮助该村完成3.3公顷金秋梨的套袋、病虫害防治工作。项目资金使用情况为规划设计与培训3万元、水泥5.78万元、沙石3.2万元、宅基地6万元、挖鱼池2万元，总投入资金19.99万元。

梅影村，距县城仅0.5公里，全村4个村民小组，149户668人，耕地面积24.4公顷。2006年安装程控电话90多部，闭路电视149台，拥有大小机动车辆20多辆。村民主要从事种养业，10%的农民从事经商、运输、外出务工及家庭加工等。2006年，农民家庭收入5000—6000元，高的达2万元。2007年，完成建设2公顷的优质葡萄种植基地；完成1180平方米的房屋搬迁及5户农户的房屋新建；完成猪牛圈改造150平方米，沼气池建设10口；改厨改厕各120平方米，改灶10口；庭院绿化300平方米；农田排灌沟渠2500米；村寨道硬化650平方米；人饮改造649人；修复灌溉面积20公顷的提灌站。以上各项建设总投资28.16万元，其中省级资金26.56万元，自筹1.6万元。完成大棚蔬菜种植7.3公顷，启动7.3公顷优质水稻制工程；成立了蔬果协会，由协会集中育苗并向菜农供苗。2006年被省人民政府评为“贵州省模范村民委员会”，被州委、州政府评为“社会主义新农村建设示范村”。

红寨村，地处台江县城的南面，距县城18公里，距320国道线14公里，开发的南宫省级森林公园为该村发展带来机遇。将该村列为试点村，通过政府适当投入，以旅游产业带动改变山区农民贫穷落后的面貌，2007年，投入3.5万元建设南板蓝基地4公顷，魔芋2公顷，中药材1.33公顷；投入9万元修建长290米、宽2.5米的进村石板主道以及长400米、宽1.8—2米的石板寨道；投入3万元进行10户农家乐房屋改造；投入1.5万元修建沼气池20口，投入30万元修建350平方米村活动室；种植南板蓝4公顷、何首乌0.33公顷、天麻等中药材

0.33公顷；投入5.2万元实施农户拆迁2户；投入12万元修筑踩鼓场1个；投入10万元修筑踩鼓场休闲长廊1个；红阳草场开发公路建设全面铺开。

望虎屯村，距县城30公里，距乡政府驻地1公里，是苗、汉族人口集居地，汉族人口65%以上，全村辖2个自然寨，共135户594人，总耕地面积25.4公顷。该村曾被省人民政府表彰为“全省少数民族计划生育工作先进集体”，连续多年被县委评为“先进基层党组织”，是全州十个“红旗村”之一。该村的主导产业是金秋梨、大板栗、杨梅养植和养猪、养鸭、运输等。2007年，投资10.2万元实施道路硬化2735平方米，受益户128户；投入3.4万元修建沼气池17口；完成村绿化1494平方米；投入3.1万元完成205人的人饮工程；投入17.37万元完成1737平方米的畜禽圈舍建设；投入2.5万元完成5个蔬菜大棚的建设；投入2.7万元完成10公顷的果园建设；结合种桑养蚕的项目实施，2007年底完成桑育苗2.6公顷，定植43公顷；同时搬迁牛圈80栏；建成通村大桥。

红阳村，完成改厨20户，改厕25个，改圈21间；完成村内步道石板铺砌605米共908平方米，架设木桥4座；完成进村石板道路362米，进寨石板道路550米，进户石板道路662米；完成庭院硬化1500平方米，砌筑各类挡土堡坎1112立方米；建成休闲亭2座；建成寨门1座和配套观赏水车1个，村两委活动室1个；按照旅游村规划，完成搬迁新建房屋2栋，改造房屋20栋，拆迁改造猪舍14间，建成6个蹲位小公厕1栋；完成踩鼓场1个1302平方米，风雨长廊1栋长41.8米；完成西山步道简易寨门1个，简易休闲座凳19张；完成祭祀树坛场坪1个246平方米；培育农家乐接待户15户，并赠送冰柜、清毒柜4套。

九摆村，完成进寨农耕文化展示路，长480米、宽3米；完成寨内步道修砌硬化，长2600米、宽1.5米；完成1100平方米踩鼓场建设1个和460平方米鼓楼场修复1个；建成进寨通车道路56米；完成砌筑各类堡坎645立方米；完成新建房屋8栋，改造房屋28栋；完成风雨长廊2个，寨门1个；农户房前屋后改造200户，整治地坪4200平方米。

田坝村，完成斗牛场1个，面积1600平方米；完成寨道硬化1430米；建成垃圾池5个，每个10立方米；完成改灶、改电线、改厨共326户。

（四）通信事业大飞跃

1991年，邮电业务量完成48.8万元，通信总量完成37.9万元，人均劳动生产率 0.5 万元，完成利润 22.3 万元。12 月，台江邮电局与当地政府签订协议，建设台江县自动电话工程，该项工程政府出资 40 万元，不足部分由邮电局贷款筹资。10 月，开通方召乡邮电代办点，安装交换机 50 门，开通用户 6 户。

1992 年 12 月，顺利开通 1024 门纵横制自动电话。

1993 年，邮电业务总量完成 68.6 万元，邮电通信总量完成 53.9 万元，4 月开通长途半自动电话业务，8 月将纵横制自动电话设备扩容到 2048 门。11 月开通了全国直拨电话，台江电话直拨区号为 08689。台江至凯里的长途线路为六路载波（三来三去）。

1994 年，投资 18 万元建设革东和施洞的程控电话，6 月开通革东 200 门程控电话，12 月开通施洞 128 门程控电话。1994 年 10 月台江邮电局与当地政府签订协议，由政府投资 215 万元建设台江县 2048 门程控电话和无线寻呼业务。

1995 年 6 月，顺利开通了无线寻呼业务，发展 BP 机用户 42 户。10 月开通了 2048 门程控电话。贷款 100 万元建设市话线路。

1996 年 5 月，从黄平邮电局调来 12 路载波并安装开通，长途线路增加到九进九出。6 月建成台江至方召 9.8 公里农话通信杆路，开通了载波电路。建成了台江至施洞 24.9 公里的农话通信杆路。协调县人民政府投资 40 万元建设台江至凯里的通信光缆、实现交换程控化和传输数字化。将台盘、老屯、排羊、方召、南宫的磁石电话更换为直拨电话集线器。

1997 年，将台江至革东、施洞、排羊的铁线更换为光缆，安装了光环设备，在方召黄毛建立了无线基站设备，使无线电话网覆盖全县，重点解决了方召乡、南宫乡、台盘乡、革一乡的通信保障。9 月建设了台江至老屯至施洞的光缆工程，架设 6 芯光缆 27.6 杆公里。架设台江至方召 4 芯光缆 5 杆公里，建设县城至大炮台 4 芯光缆 1 杆公里，改通县城至黄毛电力线路 5 杆公里，修建大炮台“大哥大”机房 30 平方米，修建黄毛无线基站机房 40 平方米，购置 2 套光环设备安装于革东和排羊，投资 80 万元安装无线接入网设备一套。投资 14 万元，对出局电缆扩容 800 对；投资 100 万元，安装“大哥大”设备一套。1997 年，市话装机容量 2048 门，实装容量 1180 门，农话容量 402 门，实装容量 133 门。

1998 年上半年，无线寻呼业务从邮电系统剥离。同年完成邮电分营，成立台江县邮政局和台江县电信局。

1999 年建立移动通信、固定通信两大电信专业的独立运营体系，台江县移动通信公司从县电信局剥离。

2000 年 8 月，固定通信企业实施公司化运作，成立贵州省电信公司台江县电信分公司。

2001 年，全年完成固定资产投资 827 万元。新扩市话 3920 门，交换机总容量达到 12000 门，新建接入网 1280 门。接入网总容量达到 2944 门，新建光缆 5 公里，电缆 145 公里；完成了县城市话电缆及管道的扩建工程和市话用户的下户线整治工作，胜利开通了无线市话机站。3 月开通黄毛无线接入机站，10 月开通了革一无线接入机站，11 个村实现了村村通电话。分别在 6 月、8 月完成了施洞、革东支局房的建设，9 月完成了县局标准化营业厅和职工会议室的装修工作，市话净增 1370 户。

2002 年，全年电话放号完成 1685 户。其中，无线市话 206 户、农话净增 957 户、市话净增 522 户，完成年计划的 88.59%，用户累计达 7872 户。台盘、革一、老屯、排羊机房房屋峻工并投入使用。完成施洞至顺秉、老县、小河、方召大寨、南宫陡寨等村通电缆延伸及县局零星市话电缆扩容。完成方召光纤的更换工作。程控交换机容量 12480 门，实占容量 7872 门，实装率 63.1%。

2003 年，完成施洞 256 门程控扩容，方召乡 500 安时电池改造、县局 2000 安时电池改造以及油机房油机分离工作，县局“小灵通”直放站成功建成。

2004 年，新建 608 门交换点一个；完成了县城小灵通网络优化，迁改 1 个基站，新增 2 个基站；完成新城、施洞、革东 3 个点的宽带扩容工程；完成了 15.5 杆公里的电缆新建工程；完成革东机房的搬迁并顺利地移交给剑河县分公司。

2005 年，完成反排 384 门程控电话的新建工程，完成反排的电缆工程。完成全县各点传输 SDH 的传输改造工程。开通了施洞、老屯、革一、台盘、排羊，南宫方召的宽带设备，实现了台江县乡乡通宽带业务，顺利开通了农村程控无线电话工程，实现了台江村村通电话，提前完成了台江县政府 2005 年十件实事之一的“村村通电话”工程。开通了南宫小灵通业务，完成了县城重要单位、部门的光缆接入工程。县分公司程控交换机容量 14600 门，实占容量 11472 门、净增固定电话 1900 户，无线市话 320 户，用户累计达 14166 户，宽带用户净增 250 户，累计达 535 户。

2010年，建成30个村通网工程，为当地百姓提供了使用互联网的条件，完善手机覆盖能力。建成了教育“校校通”工程，对公安“警信通”进行了提速。建成数字“城管喊话”系统工程，对各高铁项目部提供了光纤上网工程。建成6个天翼信息村，新建3个手机基站，对7个乡镇的宽带设备进行了扩容和提速。将完工的施洞平兆、革一望平手机基站建设完工，继续完善30个“村村通”的电缆建设工作，对县城各小区宽带由AD改为光纤工程。移动用户净增3060户，累计达8621户。宽带用户净增860户，累计达到3557户。固定电话交换容量14600门，天翼移动网络（CDMA）实现了156个村寨全覆盖，3G网络覆盖了所有乡镇所在地和重要旅游景点，宽带网络达到8000个端口，出口带宽达到10G。县城50%的家庭达到4兆带宽接入能力，乡镇家庭达到4兆接入能力，行政部门实现100%光纤入户，全县56个行政村实现有线宽带接入，宽带用户规模达到468.7万户，移动用户规模达到1.86万户。完成固定资产投资2500万元，其中天网工程投资完成1900万元，基站设备投资完成240万元，宽带设备投资完成360万元。以政府主导、电信投资建设的方式建设完成了施洞小河村、良田村、台盘棉花平村、南宫交密村、台拱南省村等“天翼信息村”的建设工作。此项工作的开展，不仅给当地老百姓提供了信息致富快车道，也给村委解决了部分办公经费。对台江经济开发区建设进行了支撑，建设安装了开发区办公区的光纤通信，派技术人员在开发区蹲点，随时对通信设施进行抢修。其间，共接续光缆18次，抢修26次。完成了台江至老屯公路建设通信杆路的迁改工程，工程迁改费用28万元。完成台盘至革一公路扩宽建设通信杆路迁改工程，工程迁改费用16万元。完成梅影桃赖大道建设通信杆路迁改工程，工程迁改费用12万元。完成了台江“天网工程”建设工程，全县共安装摄像头314个，其中县城226个，乡镇88个。

（五）水利工程大发展

1978年以来的30年间，全县新建引水工程186处，使引水工程的总处数达到1450处，引水能力1314万立方米。新修渠道86公里，防渗硬化渠道9公里。

县内大部分水利工程都是1991年以前建成，有小Ⅰ型水库3座，小Ⅱ型水库2座，山塘76口，引水工程1450处，渠道总长541公里，已防渗处理348公里，水轮泵工程7处装机7台，电灌工程35处装机37台1127千瓦。2008年9

月开工建设台雄水库，总蓄、引、提供水能力达到2109万立方米，占农业灌溉总需水量的63.5%，有效灌溉面积3326.7公顷，占水田总面积的43.1%，其中旱涝保收面积431万亩，占37.3%。

小Ⅰ型水库有革一乡的烂塘水库、方召乡的汪一水库和南宫乡的交下水库。

烂塘水库工程于1976年11月动工，1982年5月全面竣工交付使用。烂塘水库坝高24米，设计渠道长26公里，有随洞3座，渡槽1座。由于三号隧洞内塌方后，渠道只能通水到9公里处。在渠道下游6公里处修建电站1座，水头136米，装机250千瓦，以保证水库内4座提灌站的电源提水。后由于渠道渗透严重及多种原因，电站无水发电，于1993年报废。当时修建烂塘水库投资165万元，水库建成后分别于1990年和2004年进行过维修加固，1990年进行的维修加固投资20万元，2004年进行维修加固投资315万元。修建烂塘水库共淹没田土面积7公顷，水库集雨面积12.5平方公里，水面面积22公顷，总库容418万立方米，可灌溉革一乡屯上、后哨、江边3个行政村共207公顷农田，经2004年除险加固整理后，已经成为全县花园式小Ⅰ型样板水库。

汪一水库工程于1976年12月动工兴建，1979年12月竣工交付使用。汪一水库坝高28.7米，设计渠道长12公里，在渠道下游修建电站1座，装机110千瓦，后由于渠道渗透等多种原因，电站已报废。修理汪一水库总投资45万元，水库建成后曾于1982年和1995年对其进行除险加固。修建汪一水库淹没田面积2.7公顷，水库集雨面积1.8平方公里，水面面积5.8公顷，总库容120万立方米，可灌溉交喜、方家、大稿午、小稿午、源江、革东6个行政村共110.7公顷农田。

交下水库工程于1975年12月动工兴建，1978年7月竣工交付使用。交下水库坝高22米，设计渠道长6公里，当时修建总投资60余万元。水库建成后曾于1983年、1996年和2003年共计投入72万余元对该工程的大坝、溢洪道、渠道等设施进行除险加固及防渗处理。修建交下水库淹没田面积2.7公顷，土地面积13.3公顷，库区搬迁房屋28户，进场公路占田0.8公顷。水库集雨面积2.1平方公里，总库容104万立方米，可灌溉交下、岩板、巫忙、拥党4个行政村共144.7公顷农田。

杨家沟水库工程于1965年动工修建，1966年建成，总投资23万余元。后于1978年扩建，加高坝高至17.6米，水库总库容62.4万立方米，设计灌溉面积73.3公顷，实际灌溉面积56.7公顷。水库建成后曾于1982年投资16万余元对大坝溢洪道进行加固处理。

麦少冲水库工程于1955年修建成功，当时坝高6米，设计灌溉面积20公顷。由于1965年6月的洪水冲垮坝体造成灾害，于当年10月重新设计扩建，将坝加高至10米，蓄水10.5万立方米，设计灌溉面积127公顷。麦少冲水库蓄水后发生坝体渗漏，又于1978年在修建烂塘水库时投资5万元对该水库进行扩建。扩建后坝高达20米，总库容19.2万立方米，设计灌溉面积98公顷，其中田85公顷、土13公顷。由于大坝涵洞漏水，坝体出现裂缝和防洪标准设计过低造成溢洪道不能满足溢洪要求等原因，国家又于1986年投资10万元对该病险水库就上述部位进行了加固处理，以保工程安全和下游田土灌溉。

台雄水库防洪灌溉工程位于县城东南侧，距县城9公里。1998年黔东南州水利电力勘察设计院设计，2002年年初完成《台雄水库项目建议书》编制工作，2002年3月获省计委立项，同年8月完成可行性研究报告。2006年7月，水利部长江水利委员会批复，投资7513万元，工程于2008年9月开工。台雄水库是一项以城镇防洪、农田灌溉及供水，环境用水为主，兼顾发电的综合性中型水库工程，工程兴建后使台江县城防洪标准从20年一遇提高到50年一遇。设计灌溉面积19245亩，解决台江县城及下游灌溉区的生产、生活用水。设计库容1983万立方米，最高库容2481万立方米，坝高64.2米，电站装机3台，总容量2500千瓦，为中型水库。2010年6月，省发改委、省水利厅批复台雄水库调整概算为14898万元。

（六）饮水工程大变化

进入20世纪90年代后，随着县城建设的快速发展，城镇居民和外来人口与日俱增，原有供水能力已无法适应县城发展的需要。自来水公司分别于1988年、2003年和2006年三次对水厂的供水能力和供水管网进行了增容改造，日供水能力提高到了2.5万吨。至2010年，不仅保证了县城3万多人的生产生活用水，供水范围不断向周边厂矿、农村扩展。

20世纪80年代以来，农村新建、改造饮用水工程取得较大发展，至2007年全县近70%的乡镇村组均能用上清洁的自来水。1997年国家开始实施“渴望工程”，此项工程深受人民群众的欢迎。进入20世纪90年代后，农村饮水矛盾日益突出，台江县是少数民族山区县，大部分村寨均在山坡上，自然环境的恶化和水资源的枯竭，解决吃水难的问题，已摆在了突出重要的位置，并且已经制约了当地的社会经济发展。实施“渴望工程”10年来，农村饮水困难问题已得到了很大程度的解决，2006年实施的“农村安全饮用水”项目，使人民群众用上安全、清洁并符合国家标准的生产生活用水。

随着社会经济的快速发展，人民生活水平的不断提高，人们用水方式的改变，对水质、水量、用水方便程度提出了更高的要求，原来的“渴望工程”已经不能满足人民的供水需求，在此基础上，对原建的供水工程进行新建、改建、扩建已势在必行，从2006年下半年开始，按照水利“十一五”农村饮水安全规划，逐步实施了一批饮水安全工程。

2006年，农村饮水安全工程涉及村寨有施洞镇南哨、四新、旧州、巴拉河、街上、芳寨、白子坪、塘坝村、居委会9个村。解决了9个行政村（居）6837人饮水不安全问题。

2007年，农村饮水安全工程涉及村寨有革一移民区（为岩寨电站影响排生村搬迁户）、屯上村、老屯乡长滩村（一期）、报效村、南宫乡南宫村、排羊乡掌里村6个村寨，解决了6344人饮水安全问题。

2008年，农村饮水安全工程涉及村寨有老屯乡岑帮村、长滩村（二期）、稿仰村、南你村、排略村，台拱镇展福村、大德村（一期），革一乡大寨村，南宫乡大田村，台盘乡空寨村，排羊乡排扎村、岩寨村、排羊村，解决了13个行政村10144人饮水安全问题。

2009年，农村饮水安全工程涉及台拱镇上桃村、排朗村、桃尧村、南兄村、排下村、报恩村、下桃村、桃香村，施洞镇小河村、良田村、黄泡村，革一乡茅坪村、排生村、田坝村，方召乡反排村、基甲村、巫脚南村、展茗村、泡木村、交汪下寨村、歹忙村，南宫乡交密村、交宫村、展忙村、拥党村、巫细村，台盘乡交江村、南瓦村、老屯乡望虎屯村、辣子村、白土村，排羊乡九摆村共计32个村24533人饮水安全问题。

2010年，农村饮水安全工程涉及台拱镇南冬村、大德村（二期）、交碾村、台雄村、五寨村、排汪村、长中村、朗等村、梅影村、九里村、板凳村，台盘乡棉花坪村、大寨村、龙井村、平水村、南庄村，施洞镇八梗村、岑孝村、猫必岭村，革一乡新寨村、台水村、江边村，老屯乡阶蒿村，排羊乡平寨村、台乐村，南宫乡白帮村、交包村，方召乡方召村二组、交汪上寨村、方召乡政府驻地、汪一村，解决了31个行政村（集镇）20646人饮水安全问题。同年还解决了全县8个乡镇57所农村中小学11600名师生饮水安全问题。

至2010年年底，全县累计解决农村饮水不安全人数80144人（包括57所农村中小学校11600名师生）的饮水安全问题。

（七）扶贫成果进一步凸显

2010年，台江县累计完成农业投资8600万元，落实支农惠农资金达5700万元。粮食平均产量稳定在5.25万吨左右，蔬菜种植面积扩大到7.2万亩，林业、茶叶等产业化基地建设扎实推进，畜牧业增加值占农业增加值的比重有所提高，成功获批国家农业综合开发项目县。

台江县非公有制经济发展工业园区位于台江县西部台盘乡境内，西与州府所在地凯里市接壤，东靠台江县城，距凯里市26公里，距省会贵阳180公里，是由贵阳、凯里进入台江县的第一站。境内现有320国道和镇台旅游公路，交通十分便利。区内通信设施齐备，电力供给有保障，有110千伏变电站和35千伏变电站各一座，已建好日供水能力为1万吨的供水管网。园区规划总面积2平方公里，西北片定位为生物医药、农产品加工等劳动密集型产业，小区规划用地15.34公顷；北片定位为冶金、建材等重工业小区，规划用地16.38公顷。坚持把培育壮大主导产业作为调整工业结构的主要任务，能源、冶金、化工和木材加工等重点产业从无到有，2010年规模以上企业生产总值完成5.2亿元，年均增长23.8%，工业增加值完成1.7亿元，年均增长22.6%，工业增加值占生产总值比重有所提高。

另外，把文化旅游产业作为重要支柱产业来培育。以红阳草场、长水坪、百鸡山瀑布、翁密河漂流以及施洞古镇为代表的景区景点建设取得突破，2010年接待游客25万人次，旅游总收入达到1.7亿元，年均分别增长46.8%和48.5%。大力鼓励和支持非公有制经济加快发展，非公有制经济实现增加值的比重从37.9%提高到42%。三次产业结构得到优化，比重从33.4∶24.2∶42.4调整为28.7∶23.7∶47.6。完成土地整治9000亩，实现土地出让和土地开发指标转让收益达9500万。

2010年，台江县生产总值达到9.7亿元，年均增长13.5%，超过“十一五”12%的规划目标，比“十五”期间年均增长11.5%高2个百分点。财政总收入完成1.004亿元，首次突破亿元大关，是“十五”期末的3.3倍。全社会固定资产投资完成7.2亿元，比规划目标值3.1亿元增加4.1亿元。

第三节　民族文化政策与实践

一、民族文化政策实践措施

台江县文化事业行政管理机构为文化广播电视局。中华人民共和国成立初期为文教科，后分出来单设文化科，20世纪80年代初改为文化局，1986年成立文化广播电视局。该局直接管理着文化馆、图书馆、文物管理所、广播站、电影发行放映公司、民族刺绣博物馆等6个文化事业单位以及9个乡镇文化站。此外，1985年曾经成立一个民族文化工作队，1990年解散。

（一）非物质文化遗产保护

2001年，中共台江县委、县政府成立台江县苗族文化保护委员会暨台江县世界遗产申报委员会，县委书记杨静为主任委员，县人大、县政府、县政协主要领导为副主任委员，县委副书记何平勇、徐鹏先后任常务副主任委员，县文化、民族、财政等有关部门负责人为成员，委员会下设办公室，徐德俊为办公室主任，张志发任常务副主任，张少华、熊克武、唐英、张胜地为副主任，办公室人员从有关单位、乡镇抽调。2002年，办公室人员达30人。

2003年7月，由于人事变动，办公室主任由文化局局长李美仁担任，熊克武任常务副主任，张志发、张少华、唐英、张胜地为副主任。

2007年2月，为了对应上级相关机构，县委、县政府研究决定，将原成立的“台江县苗族文化保护委员会”和“台江县世界遗产申报委员会”更名为“台江县非物质文化遗产保护委员会”，县委副书记、县长杨昌彪为主任委员，县委常委、宣传部部长张林，县人民政府副县长李碧云为副主任委员，委员会下设办公室在县文体广电局，杨华为办公室主任。

从1998年开始，县政府连续12年成功举办贵州苗族姊妹节，同时每年从财政投入几十万元资金对民间自行举办的节日活动给予大力支持，并指导民间举办传统的苗族歌舞竞赛活动。通过政府近年来的扶持、引导，极大地活跃了台江县的节日活动，弘扬了优秀的传统文化，促进了节日、歌舞、刺绣、服饰等苗族文化的传承和发展。开展苗族歌曲的搜集和抢救工作，苗族古歌已经有专家学者搜集整理出了几个版本，台江县王安江穷尽几十年心血搜集到的《苗族古歌》资料具有很高的文献价值和艺术价值，《王安江版苗族古歌》已于2008年6月由贵州大学出版社出版。此外，在全县苗族歌师普查中，建立了100多名歌师档案。2004年姊妹节期间，贵州省民间文艺家协会、台江县苗族文化保护委员会、台江县文体广播电视局共同举办了苗族古歌、飞歌、情歌大赛，评出了18名古歌师和4个飞歌、情歌金奖。

加强宣传，提高台江知名度。县委、县政府邀请中央电视台、贵州电视台等新闻媒体记者到台江拍摄苗族风俗专题片，在电视台播放。撰写大量宣传资料向各级领导、有关专家和新闻媒体推介。《中国民族》海外版将台江县的《苗族古歌》作为中国“世界文化遗产”后备名单向海外宣传推介。中国民协曾编写了一套民间文化遗产丛书，向联合国教科文组织推介，《苗人的灵魂——台江苗族文化空间》一书是其中之一，该书稿由本县组织编写，约8万字，100幅图片，该书已由黑龙江人民出版社出版。

建立苗族文化生态保护区。通过积极向上级有关部门申报，先后建立了“反排苗寨文化生态保护区”“反排木鼓舞艺术之乡”“施洞刺绣艺术之乡”“九摆银饰艺术之乡”等苗族文化生态保护区，按照《贵州省民族民间文化保护条例》进行依法保护，使本县重要民族民间文化资源进入法制化保护轨道。同时，台江县反排苗寨、桃树榜苗寨、阳芳苗寨、九摆苗寨、板凳苗寨、红阳苗寨被州人民政府命名为“州级民族文化村寨”，县人民政府从2001年起先后投入200余万元对这些民族文化村寨进行基础设施建设。

2000年以来，台江县非物质文化保护机构加强非物质文化遗产保护工作，协调有关部门开展工作。2002年，县委、县政府把民族文化纳入全县中小学教育课程，推行苗歌苗舞及民间工艺等知识的教育；成立了18个俱乐部，用两三个机关单位带一个乡镇村作为一个民族文化俱乐部，定期或不定期在台江秀眉广场开展民族文化活动，在历年的苗族姊妹节活动中，这些俱乐部都作为活动的主体进行参与。同时，还以俱乐部为单位每年举行一次苗歌苗舞比赛。支持、鼓励农村开展民族节日文化活动，采取“政府引导、鼓励、支持，民间主办”的形式，积极推动非遗传承保护工作的开展。通过文化产业鼓励，扶持政策，积极帮助农村发展民族文化产业。

（二）文物管理

改革开放前，县内文物遭到严重破坏，没有专门的管理机构。1984年8月8日，台江县文物管理所建立，有职工5人，馆址设在文昌宫内。至1990年12月，共收藏文物200余件，将7处古建筑物、古遗址、革命战斗遗址、风景名胜区列为县级文物保护单位。至2010年，台江共有3处省级文物保护单位，10处州级文物保护单位，18处县级文物保护单位。

省级文物保护单位有3处，分别是台江文昌宫、施洞两湖会馆、苏元春公馆。

县级文物保护单位有20处，分别是台拱城垣、方召汛土城垣、交下营盘、得胜桥、东门战斗遗址、龙井铅锌矿遗址、张秀眉誓师遗址、偏寨藏鼓洞、烈士陵园、倒栽杉、禁止放运木材碑、楚军义山碑、施洞一品夫人谢氏墓、芳寨村万人坑（黄飘楚军阵亡将士墓）、施洞码头、张伯修公馆、肖家窨子屋、杨家大院、刘家祠堂等。

1991年，省文物局下拨2万元维修了台江文昌宫山门、莲花书院小山门踏跺、堡坎两处。1994年，省文物局又下拨2万元，修砌靠贯城河一侧的档土保护墙，及时抢救了文昌宫莲花书院的塌方灾情。1995年，县文物管理所筹集资金1万元，抢救修砌了九摆苗族鼓楼右侧塌方堡坎，次年筹集资金3100元，并动员群众无偿投工投劳完成九摆鼓楼基脚的堡坎修砌和踩鼓场建设。2002年，省文物局下拨22万元维修了莲花书院正殿，同年又修筑了文昌宫公路边的挡土堡坎，并修复文昌宫内小路。2007年，完成省文物局下拨60万元对莲花书院两厢房进行全面维修工作。2008年以来，投入150万元对文昌宫进行全面维修，使台江县标志性建筑得到较好的保护。

1993年，县文物管理所在做好“台江文昌宫”“施洞苏公馆”“九摆苗族鼓楼”的确权定界“四有”工作外，还积极认真撰写申报材料，向县政府申报“台江得胜桥”“施洞两湖会馆”“九摆苗族鼓楼”“交下义军营盘”“施洞明苗族藏鼓洞遗址”“王牛羊墓”“塘龙楚军义山碑刻”“张秀眉故居”“苏元春夫人谢氏墓”“黄飘大战楚军阵亡将士墓”等11处文物为县级文物保护单位；2001年撰写申报材料，向省文化厅申报“历史文化名镇——施洞”“九摆民族文化村寨”为省级保护单位；2005年撰写申报材料，向州文化厅申报“反排民族文化村”“阳芳民族文化村”“桃树板民族文化村”“板凳民族文化村”“红阳民族文化村”“九摆民族文化村”为州级民族文化村保护单位。

为了让广大群众了解文物法律法规，爱护、保护文物，县文物管理所多次进行《中华人民共和国文物法》的宣传。1993年，在全县乡村张贴标语200幅，发放图片300张；1994年，在全县乡村张贴宣传挂图350幅、标语50条。

台江刺绣博物馆始建于20世纪80年代末。1989年，被列为贵州省14个专题博物馆之一，并得到省文化厅下拨270件服饰藏品。1991年，文昌宫（1990年完工）维修后，刺绣博物馆设于文昌宫内，利用省文物局赠送一部分刺绣品和文物管理所收集的部分文物开设了3个展室，分别是剪纸展室，绣片、散品展室，刺绣成衣展室。到2004年，馆内文物藏品有400余件，对外展出200件。1991—2007年，文物展室设于文昌宫内。2008—2010年，因文昌宫为危房，停止展览。2009年，莲花书院维修完工后，将其展品重新制作装框移至莲花书院内展览。刺绣博物馆文物展览自开馆以来，一直对外免费开放，年接待参观人员均在数千人次。台江刺绣博物馆规模虽小，但也不失为台江县对外宣传的重要窗口。

（三）丰富群众文化生活

1981年，台江县举办民间文学搜集与加工整理培训班，结业8人。1983年，音乐舞蹈辅导组到报效、施洞、交包、方白等地巡回辅导农村业余文艺宣传队。1984年，美术绘画辅导组举办书法、美术培训班，有学员36人。同年8月，音乐舞蹈组在城关一小举办小学音乐培训班，有学员56人。1987年，辅导邮电局业余文艺宣传队参加州邮电系统调演，获二等奖。至1990年末，共举办各类文化艺术辅导30余次，参加学习人员1300人次。

1990年元宵节，县民委、文化局举办县第十三届民族民间文艺调演，参加演出的代表队 14 个，雷山县民族文化工作队应邀参加。县人民政府举办县第三届龙灯、花灯赛，规模盛况空前、内容丰富。1980 年至 1990 年，县内群众举办各种大型文娱活动 126 场次，参加活动数万人次。

1991 年，由县文化馆、县民族文工队下基层辅导、排练群众文化表演 36 次，节目 60 个，参训人员 200 人次。1994 年，县文化馆举办为期 42 天的一期少儿舞蹈培训班，参训 30 人。

1995 年 8 月 9 日，县文化局和县文联联合举办为期一个半月、有 20 人参加的音乐、舞蹈培训班；10 月，县文化馆举办为期一个月、有 6 人参加的器乐培训班；同年又为台江职中培训一期有 16 人参加的舞蹈班和组织革东、反排村有 20 人参加的民间舞蹈培训班。1996 年，县文化馆组织辅导、培训音乐、舞蹈 25 人次，书画摄影创作 85 人次，美术培训班一期，学员 33 人。

2002—2005 年，县非物质文化遗产办公室下乡辅导村寨群众文化活动 50 场次，人员 1200 余人。2006—2010 年，由县文化馆培训县公安局 2 期舞蹈培训班，共参训 60 人；县城关二小舞蹈培训 8 期，共参训 400 人；城关一小 2 期歌舞培训班，共参训 100 人；城关三小 8 期舞蹈培训班，共参训 400 人；南宫乡、方召乡、台拱镇歌舞、芦笙培训 6 期，共参训 200 人；台江民中歌舞、芦笙培训 6 期，共参训 300 人；方召中学舞蹈培训 4 期，共参训 200 人；台拱民中舞蹈培训 4 期，共参训 400 人。2002—2010 年，全县各类群众文化培训超万人。

（四）苗族文化的抢救和保护

2006—2010 年，台江县对全县的优秀苗族文化进行抢救和保护：

深入双语教学点台盘中学和番省小学督促指导工作，组织双语教师召开双语教学经验交流座谈会；

完成了台江民中、方召中学等 6 所民族文化走进校园试点项目学校的材料上报，县职中、城关二小、方召中学、施洞小学获批项目学校；

完成了姊妹节期间县委、县政府交办的民族民间文化旅游商品展和原生态民族文化遗产展等相关任务；

启动了《台江县苗族文化知识读本》的编撰工作，为深入开展苗族文化走进校园、走进社区、走进机关提供较为规范和系统的读物；

组织编排《反排木鼓操》，多渠道地扩大台江苗族歌舞的影响力；

收集上报台江县苗族古籍123条，积极实施“民族古籍抢救保护工程”；

统计上报民族民间歌师155名，完成方绍保等12人的民族古籍传承人的普查登记上报工作；

编辑出版民族文化旅游宣传书籍和画册《贵州魅力民族村寨——反排村》《台江县苗寨风情》《苗寨桃源——交宫》以及《2011年台江县民族文化宣传台历》，完成《施洞民族贸易产品开发的思考》撰写任务；

对九摆、阳芳、田坝、塘坝、反排、大红寨6个县级旅游示范村开展民族歌舞培训，组织县芦笙协会参加姊妹节的表演活动和大红寨苗族歌舞比赛活动。

（五）图书征订

1991年，台江县图书馆藏书量为12000册，当年购图书425册，征订各种报纸20种、杂志1230种。1992年，征订报纸杂志217种。1993年，征订杂志110种、报纸28种。1994年，征订杂志110种、报纸28种，当年向农村捐赠图书2000册，并在全县开展了“爱我家乡，捐书、读书”活动，全年办借阅证50个、阅览证25个，借阅图书975人次。1995年，借阅图书2920人次，新办证48个。1996年，订各种杂志86种980册、报纸23种，办理借阅证715个，全年借阅图书2800人次，送图书给革一、南宫文化站共612册。2003年，征订报纸20种、杂志75种，共960册；接待读者500人次，接收新华书店总店捐书2400册，同时捐给县福利院各种杂志、图书1300册。2005年，订购文学、科技等杂志101种共1200册，报刊8种；全年接待读者720人次；捐赠给方召乡交汪村、老屯乡、南市村图书共1076册；同时接收文化部、财政部、省文化厅捐书5852册。2006年，订购各种刊物100种，共1300册，赠送图书给方召乡、革一乡、排羊乡共1648册，全年接待读者750人次。2007年，订购刊物、报纸66种，共1000册；赠送台拱镇张家村、梅影村等10个村级文化室3500册。2008年，订购各种报刊56种，共1100册。2009年，建立信息资源共享工程县级支中心，实现了电子图书网上阅览，由此，图书借阅工作进入了电子信息新时代。

（六）建设农家书屋

2007年，台江农家书屋建设开始实施，至2012年，共建农家书屋156个，覆盖了全县所有行政村，其中2007年农家书屋有2个，2008年农家书屋有20个，2009年农家书屋有30个，2010年农家书屋有40个，2011年农家书屋有30

个，2012年农家书屋有34个。每个农家书屋建设标准为2万元，面积15平方米，配置一套书架、1800册图书、30种报刊、100种（张）音像电子出版物和可供10人同时阅读的桌子、板凳。这一工程的实施使农村书屋建设有了质的飞跃。

二、民族文化政策实践成就

（一）公共文化基础设施大改善

1992年，台江县城广播开通了50W调频广播，由于当时技术不成熟，到1995年停办。2010年，在台拱镇建起了50W的发射前端，安装130套可寻址收扩机或音柱、音箱，覆盖台拱镇城关的37个自然村寨。2002—2010年，实施广播电视“村村通”工程，每个行政村都发放和安装了地面卫星接收广播设备，卫星地面单收站和电视网络入户的设备均具有收听广播功能，老百姓一般不收听广播，只收看电视。

1991年9月19日，由永华厂承建的县城关隔频有线电视系统正式通过验收投入使用，有线电视入户2000户，年电视费收入2.9万元。1993年，县城关有线电视总入户2100户，收费由原来每户每月2.1元上升到每户每月3元，总收入7万元。新建老屯、排羊、方召、交密、台盘5座地面卫星电视收转站，至此电视覆盖全县9个乡镇9100户5.2万人，占总人口的37%。1994年，县城关有线电视入户总数为2300户，电视费收入7.28万元，全年投资3万元，在城关有线电视开通了点歌台。新建村级地面卫星电视收转站有台雄、老屯、交密、报效、平兆村5座。1995年，县城关有线电视入户总数为3100户，收入10万元。当年新建汪江70户有线电视站和交宫、交包2座地面收转站。1996年，筹措资金30万元对县城关有线电视进行了改造，并开通了16套电视节目。县城关有线电视入户总数为3500户，户月收视费提高到8元，总收入33万元。当年新建巫降、革一德立农场2座有线电视站。

2001年，全县扶贫贷款165万元，对县城关有线电视网络进行宽带网改造，开通42套电视节目，户月收视费提升到12元，入户总数达4000户，电视费收入达57万元。当年新建农村有线电视收转站17个。2002年，全县新建农村有线电视收转站150个，建“村村通”卫星地面接收站10个。2003年，新建卫星地面接收站269座，完成卫星地面电视收转站模改数工程30座。2004年，县城关有线电视入户总数5000户，收入70余万元。当年新建卫星地面电视收转站模改数30座，单收站141座。

2005年，全县新建卫星地面单收站200座。2007年，新建“村村通”工程12座，卫星地面单收站模改数5座。2008年，新建“村村通”卫星地面单收站258座，重建县城大炮台农村广播电视无线覆盖工程，开通了贵州卫视、中央电视台综合频道、中央电视台军事、农业频道4个频道；5月，县城有线电视划转贵州电视网络公司。截至2012年9月底，电视网络从县城网络延伸至全县各乡（镇）部分村寨，入户达到11000户，开通的电视频道中，免费的有74个，付费的有86个。全县共安装卫星地面单收转站“村村通”11927个（户）。

台江县城关有线隔频电视由永华厂施工验收投入使用后，文化广播电视局就利用有线电视开办了台江自办节目，利用录放机编辑新闻带和录像带播出自办节目内容。

1991年，全年播放录像带400盒次，其中新闻带80盒次；1993年，播放新闻带160盒次，录像带600次；1994年，播放录像带700盒次，新闻带200盒次；1995年，新闻、录像播放700盒次。

1996年7月1日，开通电视《台江新闻》栏目，全年播放1000盒录像带、150条台江县新闻和电视专题，从此台江电视新闻有了专职队伍。但由于人员不足，设备简陋，每周一、三、五播出新闻，二、四、六重播。

2001年，台江电视新闻播出300条，专题8个，送省州电视台播出20条。2002年，台江电视新闻播出450条，送省州电视台播出2条。2003年，台江电视新闻播出279条，专题12部，送省电视台播出3条，州电视台播出30条。2004年，台江电视新闻播出481条，省电视台播出2条，州电视台播出38条。2005年，台江电视新闻播出930条，专题4个，州电视台播出102条。2007年，台江电视新闻播出950条，专题4个，州电视台播出186条。2008年，台江电视新闻播出1180条，送州电视台播出119条和6部电视专题。台江电视台于2008年被省委、省政府评为全省“抗雪凝、保民生”集体一等功。2009年，台江电视新闻播出532条，制作7部电视专题，送州电视台播出70条。2010年，台江电视新闻播出1000条，送州电视台播出100条。

台江电视新闻，从无到有，从录像带自办节目到编辑播放电视新闻，从电视新闻到电视专题片的制作播放走过了一段艰难历程。2001—2010年间，主要专题和优秀新闻有：2001年，李美仁撰稿的《神秘的苗疆腹地——台江》《历史文化名镇——施洞》《榜样的力量》和2003年电视专题《发展中的台江》均在县台播出，其中《发展中的台江》作为台江县委向省委工作组汇报工作的专题。2007年，向宽兵、张奎撰稿的《相约姊妹节》获省新闻奖三等奖。2008年，张奎撰稿的《苗山鼓韵》获州电视台新闻一等奖、获省电视台二等奖，《反排木鼓舞在北京》也获得社会好评。2009年，张奎撰稿的《妈妈你在哪里》《爸爸你还回来吗》均在省电视台播出；同年，张奎、刘成光撰稿的《反排木鼓舞走进四川》获省新闻三等奖，张奎撰稿的《大旱之年清水江干枯见底》在中央电视台《新闻联播》中播出。2010年，张奎的《生命阳光》获州新闻奖二等奖、省电视台三等奖；同年，张奎的《银饰传人——吴水根》获州电视台新闻二等奖、省电视台二等奖。

（二）民族文化汇演大繁荣

1. 县内演出

1990年春节元宵、县民委、文化局举办县第十三届民族民间文艺调演，参加演出的代表队14个，雷山县民族文化工作队应邀参加。县人民政府举办县第三届龙灯、花灯赛，规模盛况空前、内容丰富。1980—1990年，县内群众举办各种大型文娱活动126场次，参加活动数万人次。

1991年春节期间，文化部门举办了台江县首届青年歌手大奖赛，有92名歌手参赛，演唱了198首歌曲；同时由县政府主办、文化部门承办了台江县第十三届民族民间文艺调演，来自各地村寨的演员150名，演出11场，表演节目49个，观众达2万人；同年县文工队下乡演出60场次，观众3万余人。

1994年，由县文化局与县委宣传部、台拱镇联合举办了有40多条龙灯参加的“台拱镇第五届龙灯比赛”。其间，文化部门又举办第二届卡拉OK比赛和文艺晚会，姊妹节期间又组织15人业余文艺骨干到施洞芳寨与村民举办联欢晚会。

1996年2月，文化部门在台江城关举办了第二届有42名歌手参加的全县“十佳”歌手大赛。全年组织业余文艺队20人到乡镇演出20场次。

1998—2003年，文化部门组织实施送文化、科技、卫生“三下乡”活动。

2001年，文化部门组织20人的业余文艺队到乡镇巡回演出11场，观众达6

万人；2002年11月，由县政府主办、文化部承办，组织100人的民间文艺队同歌星杭天琪到台江参加义演宣传活动；2003年，文化局成功举办了杨仪泮先生二胡独奏音乐专场晚会；同年6月，组织辅导老师到南宫乡交下村指导有13个民间队参加的“6·16”芦笙节演出活动，11月又到白帮村指导有8个民间队参加的苗年节演出活动。文化部门又组织举办省委党校中青班到台江调研文艺联欢晚会和东方歌舞团、中央民族歌舞团部分演员在台江秀眉广场的文艺联欢晚会。

2004年，县文化馆组织业余文艺队20人，下乡演出9场次，观众达2万人。

2005年，组织15人文艺队下乡演出，宣传共产党员先进性教育活动3场，同年又接待演出12场。

2006年，文化部门组织、辅导、编排节目参加在台江县举办的中国乡村旅游国际论坛，并组织40余人的民间歌舞队在台江县内巡回演出12场。完成全州16个县（市）县委书记、县长会集在台江召开农村“一户一技能”的文艺演出活动；组织台江县80多人的民间木鼓舞队和高排芦笙队在秀眉广场进行州庆50周年大庆演出活动的排练。同时，为丰富台江县广大市民的文化生活，举行了2场次规模较大的文艺演出活动。在2007—2010年间，县文化馆组织业余文艺队200余人次下乡演出60余场次，观众达8万人次。

2. 国内演出

1985年6月，全州芦笙调演在凯里举行，台江有3个代表队参加，其中方白队、南宫队获一等奖。同年，文化局组队参加“清水江之秋音乐晚会”文艺单项汇演，杨仪泮作曲作词、张爱萍演唱的《故乡的路，故乡的河》获得二等奖，苗族姑娘姜花获演唱三等奖。1986年全州“新春文艺晚会”在凯里举行，台江代表队表演的《踩鼓场上》获得二等奖，唐翁（女）演唱苗歌《浓黛洛加略》获得三等奖。1987年，全州第十一届文艺调演在凯里举行，台江县代表队表演的《清水江船歌》获二等奖。1987年7月，县文工队参加黔东南州第十届民族业余文艺调演，获集体二等奖。1988年4月至11月，方白木鼓舞队参加贵州省文化厅组织的“贵州酒、蜡染、民族节日”文化艺术团，到西安、北京、深圳、广州等地演出。台江民中王黔江参加贵州省首届大中专学校青年歌手大奖赛获演唱三等奖。

1991年以来，县文化部门经常组织民间艺人外出参加演出活动。1991年4

月，应上海市政府邀请，由县文化部门组织20人的木鼓队到上海参加建城700周年庆典演出；5月，组织县级机关6名文艺爱好者参加黔东南首届职工青年艺术比赛，并获歌舞奖项7个；6月，组织革东业余文艺队20人参加在凯里举办的全省首届村寨文艺调演；9月，组织10名民间歌舞队员参加在北京举办的中国第二届电视艺术节；同月，又组织反排木鼓队7人赴香港参加全国少数民族艺术节。

1992年，由县文化部门组织文工队和民间20人的表演队参加在昆明举办的“中国第三届艺术节”活动演出；1993年，县文化部门组织25人的民间文艺队先后到北京、河北野三坡和南京等地有偿演出；1994年4月，应山东济南中华民族艺术节组委会邀请，组织19人的民间文艺队参加为期1个月的演出；8月，又组织15人的民间文艺队参加从江、雷山、台江三县在雷山举行的文艺会演活动。1996年7月，组织20人的民间文艺队参加黔东南州庆演出活动，年内组织8个民间文艺队150人到外省市有偿演出。1998年，由县政府牵头，文化部门组织150人的文艺表演队和舞龙嘘花队参加贵州省政府在红枫湖举办的狂欢节表演活动。

2002年，县文化部门组织民间艺人参加文化部举办的全国南北原生态民歌大赛，获得歌王最高奖；5月，应松桃苗族自治县人民政府邀请，县文化局组织22人的民间文艺队参加松桃县“首届武陵山四月八”苗族文化旅游节演出活动。2004年，县文化局组织原生态青年民间歌手参加中央电视台举办的CCTV西部民歌大赛；组织20人的民间文艺队参加贵州省黔东南“苗乡侗寨”农村旅游首游式开幕式；10月，又组织40人的民间文艺队参加“中国凯里国际芦笙节”开幕式演出。2005年，组织民间歌舞队24人参加黔东南第十届少数民族文艺会演，同年还组织80余人参加州政府举办的大型民族歌舞国际旅行商的演出。

2005年，县文化部门组队参加“中国原生态民歌演唱会”，代表中国苗族优秀民歌选手在北京与第一、二、三届获金、银奖的优秀民歌选手同台演出，苗族游方歌《打碧绣秀浓》和《苗族酒歌联唱》作为优秀节目和押台戏，受到中央各部委领导、驻华大使、全国各省、市、自治区常委，宣传部长及首都部分重点高校师生的热烈欢迎，中央电视台音乐频道2006—2007年多次向海内外播放，填补了本县音乐节目未在中央电视台音乐频道播放的一大空白。县文化部门先后两次组织民间艺人赴京参加“人类口头和非物质文化遗产抢救保护国际学术研讨会”和“中国民间剪纸国际学术研讨会”表演，组织反排木鼓舞队员赴北京、四川参加由文化部、中央电视台举办的“世界非物质文化遗产日庆典”演出，引起了有关专家的关注。

2007年7月，台江县文体广电旅游局县文化馆组织民间歌舞演职人员100余人参加“2007年中国·贵州·凯里原生态民族文化艺术节”开幕式大型文艺歌舞表演。

2007年，应文化部邀请，县文化局组织60人的民间文艺队赴成都参加“2007年首届中国成都国际非物质文化遗产日”开幕式演出。2008年，又组织艺术团和反排木鼓队38人赴北京参加由文化部、中央电视台举办的“2008年第三个世界非物质文化遗产日”演出。2009年，组织40人的民间文艺队参加省文化厅在贵阳举办的“2009年第四届世界非物质文化遗产日”活动。2010年，组织民间文艺队40人赴上海参加“上海世博贵州西江论坛”开幕式民族文化展演活动。

3. 国外演出

1989年6—7月，方白木鼓舞队员万正文、唐旺报（女）参加由省文化厅组织的中国贵州民间文艺代表团赴美国参加斯波坎市为纪念华盛顿建州一百周年而举办的中国、苏联、日本、西德四国艺术节活动，木鼓舞队被美国人民称为“特别艺术团”。1992年，县文工队吴正祥、田文科两名队员参加州政府组织的民族民间文艺队赴荷兰、比利时参加多国民族民间艺术节。1998年，张本云、张兴雄、方少保、张闹王4人到新西兰、澳大利亚参加国际龙舟节活动演出。1999年，张本云、张兴雄、唐汪报、唐格帅4人又参加省委组织的中国共产党代表团到西班牙、法国参加国际共产党纪念活动演出。

4. 演出获奖

2000年12月，县文化部门组队参加贵州省文化厅组织的“全省原生态民歌大赛”，获原生态唱法一等奖；2002年，组织原生态民间青年歌手参加文化部在浙江仙居举办的“首届中国南北民歌擂台赛”，荣获此次大赛原生态唱法最高奖“歌王奖”；同年，又组织民间艺人参加文化部举办的全国南北原生态民歌大赛，获得歌王最高奖。2003年，组织原生态歌舞队参加黔东南州苗侗民歌大赛苗歌合唱、对唱、独唱，分别获一等奖2个、二等奖1个、三等奖1个。2004年，组织原生态青年民间歌手参加中央电视台举办的“CCTV西部民歌大赛”，获此次大赛金奖；同年8月，又组织原生态青年歌手参加文化部举办的“第二届中国南北民歌擂台赛”，荣获本次大赛原生态唱法最佳歌手奖（二等奖）。2005年，组队参加“黄果树杯”多彩贵州歌唱大赛，荣获原生态唱法二等奖1个、三等奖1个；组织民间歌舞队24人参加“黔东南第十届少数民族文艺会演”比赛，获创作、表演一等奖2个，原生态舞蹈二等奖2个、优秀奖1个。2006年，组队参加“隆力奇杯”第十三届CCTV全国青年歌手电视大赛原生态唱法，苗族多声部情歌《假如你是一朵花》荣获本届优秀奖；同年，又组织原生态青年歌手参加中央电视台青歌赛，获优秀奖。2007年，参加“黄果树杯”多彩贵州舞蹈大赛反排木鼓舞，荣获本次大赛舞蹈类三等奖。2007年10月，组织辅导节目编排等有关内容及培训民间歌舞队20余人参加2007年“黄果树杯”多彩贵州舞蹈大赛，荣获大赛金奖。2008年，组织原生态青年歌手参加中央电视台青歌赛，获三等奖。2009年9月，台江县文体广播电视局组织原生态歌手参加中国原生态民歌展，获银奖。

（三）民族文化整理研究大丰收

1991—2010年，是台江民间文学与搜集整理成果丰硕期。李美仁发表的《施洞——剪纸刺绣艺术之乡》一文刊载于《贵州艺术之乡》；县民宗局组织撰写的《台江苗族志》100余万字，完成文稿审订工作；王安江搜集整理的120余万字《苗族古歌》于2008年由贵州大学出版社出版；张志发主编的《苗族文化》一书，由中国古籍出版社出版发行，并获2008年贵州社科研究成果三等奖，同时成为贵州中医学院苗族文化教科书。此外，他还在各种刊物发表《地神讨雨》《迪雄阿金杀虎除害》《聂九金》《祭牛神》《祭山神》等民间文学。

2010年，熊克武编著的《台江苗族历史文化》一书出版发行，并作为县内干部读本，张少华著的《方妮苗俗》一书由中国文联出版社出版发行。

在1991—2010年的20余年间，台江非物质文化遗产办共组织搜集、整理各种民族节日、民风民俗、民族民间工艺等50余项和20个申报文本，总计100余万字。

1. 美术

1991年，台江县文化馆举办美术培训班1期，选送剪纸艺术报省参赛，获三等奖1个。1992年，县文化馆组织民间艺人作品参加中国民俗学会主办的“首届中国民间剪纸大赛”，作品《九翅飞龙》和《龙子龙孙》等荣获二等奖。同年，贾人智美术绘画11幅作品分别发表于各种刊物，其中国画《旭日东升》《红梅》《苗岭飞瀑》《迎朝阳》《蝶恋花》《锦绣前程》《花鸟》分别在《贵州政协报》和《老年书画研究》发表；民间画《放牛》《植树节》在《贵州民族报》发表。1993年，县文化馆选送112幅美术作品到省、州参展各1次。1994年，组织社会开展创作1次，选送50幅美术作品到省参展参赛，其中《山路》荣获三等奖。

1996—1998年，台江、剑河、丹寨三县联合举办三县美术、书法、摄影巡回展，台江选送了100幅作品参展。王安军1996年的油画作品《静物》及国画作品《家庭作坊》分获黔东南大赛三等奖。

2003年，县文化馆辅导少年美术参加全州美术现场画《走向未来》，荣获一等奖。2004年，民间艺人王安丽、潘套九的剪纸艺术系列作品参加由联合国教科文组织与中央美术学院在北京举办的中国民间剪纸艺术大型展；王安军的国画作品《山道弯弯》获黔东南大赛三等奖。

2006年，张套你获多彩贵州旅游商品能工巧匠选拔赛贵州名匠、民族风格奖。此外，吴通英、吴春秀、李春英等都先后获“两赛一会”多彩贵州民间工艺设计、制作“贵州名匠”称号。

2007—2010年，吴水根、欧光英、王希降、潘光丽、吴龙、张英农、张小花、刘跃雄、石家军、张文科等先后获得了多彩贵州旅游商品“两赛一会”黔东南赛区的各类奖项。

2. 摄影

1994—1995年，县文化馆举办两次摄影创作活动，并选送600余幅作品到贵阳参展参赛，其中《山路》《山娃》获1994年全省摄影大赛三等奖和优秀奖，《苗岭》入选黔东南、黔西南、黔南三州民族摄影作品展。1994年，欧阳宏宇的摄影作品《同年》《山妞》分别获得省委宣传部、文化厅主办的“建国45周年贵州书法、美术、摄影大赛”三等奖和优秀奖。1995年，《五彩路》获省文化厅主办的“全省群众文化艺术创作作品评选演展大奖赛”三等奖。2003年，《三月风》获省文化厅主办的“全省摄影大奖赛”三等奖。

2000—2010年，每年都有县摄影协会和文化部门在姊妹节期间和其他时间举办两次以上影展活动，每次都有上百人投稿参展。其间，有3次来自境外十多个国家和地区的作品参展。县内许多优秀作品都分别发表在国内外一些重要的报刊上，为宣传台江做出了贡献。

3. 音乐

2001年，杨仪泮创作的《秋风谣》在全州歌咏大赛中获集体演唱一等奖；田代元、唐忠平合作创作的《春风百花开》被州纪委反腐倡廉刊物登载发表。2003年，唐忠平创作的《令人神往的地方》成为学校的舞蹈音乐。2007年，《像山鹰一样搏击》成为台江民中校歌，常被学校师生演唱。2006年，台江苗疆艺术团组织创作的舞蹈音乐有《鼓・祭》《姊妹情深》《苗绣》等。

征歌创作在县政府举办的历届苗族姊妹节活动中，共向社会征歌并被姊妹节组委会使用和被社会公认传唱的歌曲主要有《木鼓敲起来》《姊妹花开》《苗山深处我的家》《欢迎您到台江来》《五彩米饭送情郎》5首。

2002年以来，民间音乐主要有由李美仁、刘俊整理的苗汉演唱版本《春天来了》《阿哥阿妹来相会》，由王德文、张兴雄、张本云整理的反排苗族多声部情歌《假如你是一朵花》，由田景峰、李美仁、刘俊、张本云搜集整理的曲艺《一年十二月》等。

4. 舞蹈

1998—2010年，先后为贵州苗族姊妹节开幕式大型歌舞表演创作的作品有李玉浩的《花蕊赞》、田代和的《姊妹欢歌》《姊妹花开》、李美仁的《姊妹情深》《苗疆风采》《苗疆神韵》以及大型服饰表演《苗疆衣韵》《五彩云霞》等，这些大型舞蹈的表演曾被省内外电视台现场直播或录播，在社会产生了很好的影响。先后创作的小型舞蹈作品有李美仁、田代元、钟玲、张本云、刘俊创编的《鼓・祭》《苗绣》《姊妹情深》《木鼓敲起来》等。这些新编的舞蹈都分别在姊妹节开幕式上和各种文艺晚会、对外接待活动中演出过，其中舞蹈《鼓・祭》在2006年被贵州电视台作为春节晚会录播节目。

1998年以来，县文化局加工整理了大型表演《反排木鼓舞》《踩新桥芦笙舞》《清水江船歌》《苗族板凳舞》等一大批民族民间节目，2002年组织《苗族板凳舞》参加香港艺术节表演，2007年组织《反排木鼓舞》到北京参加世界非物质文化遗产展演。

5. 民间文艺理论研究

1991 年以来，县内学者在民间文艺理论方面发表了不少文章。

张志发著的论文《台江县苗族服饰银饰工艺》发表于《贵州文史丛刊》，《苗族曲艺嘎百福探索》《苗族曲艺嘎百福发迹地及流传浅谈》发表于贵州人民出版社出版发行的《苗族曲艺嘎百福研究》专辑，并获贵州省苗学优秀作品三等奖和省民族研究成果三等奖；《试论〈阿娇与金丹〉对苗族古代婚制变革的影响》发表于黔东南州《苗侗文坛》。

张文生著的论文《龙原型再探》发表于 1991 年《苗侗文坛》第三期；《〈离骚〉"吾""余"及其主人公形象》发表于 1993 年《黔东南文化》第 4 期；《施洞苗族姊妹节探源》发表于《黔东南民族师专学报》第 4 期；《从台江施洞苗族姊妹节习俗看远古妇女史与两性社会关系史》被国际人类学暨泸沽湖摩梭母系文化研讨会评为优秀论文；《浅谈苗族吊脚楼的特色和功能》《革一苗族婚俗》《台江苗绣》于 2007 年先后发表在《苗侗文坛》上。

2003 年，李美仁发表的《台江民族文化建设与思考》一文被新华社刊登使用，《弘扬民族优秀文化丰富节日文化生活》一文被贵州《群文天地》刊登发表。2003 年，欧阳宏宇的《关于对台江苗族文化保护与发展的思考》一文在西苑出版社收入某论文集发表；《台江苗族民间剪纸与刺绣》一文入编山西人民出版社出版的《中国非物质文化遗产国际学术研讨会文集》；《贵州台江苗族民间美术》一文发表于 2005 年《人民日报》第四版；2008 年 3 月又在《人民日报》（海外版）发表《贵州台江苗族刺绣赏析》一文。

（四）非遗保护传承大推进

2002 年，台江县政府举办为期 15 天的苗族文化与世界遗产知识培训班，邀请省、州相关专家到台江授课，组织相关业务人员到各乡（镇）进行辅导和开展搜集整理工作。期间先后主要搜集整理了苗族古歌《四季取经》《运金运银》《耕地种植》《跋山涉水》《开天辟地》《仰阿莎》《苗族祭祖节》等 50 余部文稿资料和 407 张录像光盘；建立传承保护基地，先后建立了施洞苗绣刺绣传承保护基地，反排木鼓舞传承保护基地，交宫芦笙传承保护基地等。

为加强非物质文化遗产保护工作，2006 年，台江县政府明文公布了县级保护项目52项，县级传承人398人。2008—2010年，台江县政府积极推荐国家级非物质文化遗产传承人，组织人员做好各级非物质文化遗产名录传承人推荐工作。万正文、张定祥、刘永洪、王安江、吴通英、吴水根先后被授予国家级传承人；欧光英、姜故代、张德美、张洪珍、唐旺报、张套你、田无树被授予省级传承人；田文科、唐诗成、方少保、田景锋、唐翁瓮、唐龙、田忠明、赵明英、唐开胜、杨再美、张志英、杨鱼福、吴国祥、杨再良被授予州级传承人。为加强对传承人的工作指导和联系，非遗办每年召开一次座谈、交流、指导、布置任务工作会，确保传承人在实践中更好地发挥传承人的传承作用。

2002—2010年间，县政府共组织撰写申报专题24个，其中，熊克武撰写的申报文本《台江苗族古歌》、李美仁撰写的申报文本《台江木鼓舞》《台江苗族姊妹节》，被列为第一批国家级非物质文化遗产项目名录；欧阳宏宇撰写的申报文本《台江苗族服饰艺术》、熊克武撰写的申报文本《台江苗族多声部情歌》、张文生撰写的申报文本《台江苗族独木龙舟节》，被列为第二批国家非物质文化遗产项目名录；钟涛撰写的申报文本《台江苗族刺绣》《台江苗族织锦》《台江苗族银饰锻造工艺》被列为第三批国家级非物质文化遗产项目名录；吴通发撰写的申报文本《苗族曲艺嘎百福》，李美仁撰写的《台江苗族祭祖节》《台江苗族祭桥节》，钟涛撰写的《苗族剪纸》，被列为省级非物质文化遗产项目名录。“台江反排木鼓舞之乡”“施洞刺绣艺术之乡”被批准为国家级艺术之乡，“台江九摆银饰加工艺术之乡”被批准为省级艺术之乡，台江苗族姊妹节被国家列为全国36个民族节日保护示范地。台江反排苗寨、台江红阳苗寨、台江阳芳苗寨、台江桃树榜苗寨、台江板凳寨苗寨、台江九摆苗寨6个苗寨被州批准公布为州级苗族文化保护村寨。

（五）文化产业大发展

2008—2010年，政府出资修复保护了一批民族文化村寨的设施，如反排村、阳芳村、红寨村、交宫村等民族文化村寨。积极搞好对外宣传工作，组织各级、各类媒体到台江拍摄非物质文化遗产电视专题片和撰写文字进行大量的播出和宣传，同时将县刺绣博物馆长期免费开放。

2008年，台江县委、县政府为加强文化产业的发展，决定对全县从事刺绣、银饰工艺经营的公司和个人给予每户贷款5万元的贴息扶持。全年贷款57户，其中刺绣商户27户、银饰商户30户，发放贷款285万元，贴息29.153万元。

2009年，台拱镇城关信用社发放贷款51户，其中银饰商户6户、刺绣商户45户，发放贷款275.5万元，贴息28.63万元。2010年，全县商户发展到100余户，总贷款500余万元。民族民间工艺品的文化产业已成为台江社会经济发展不可或缺的一部分。

第四节　民族教育政策与实践

一、民族教育政策实践措施

中华人民共和国成立后，党和国家高度重视教育工作，大力支持民族地区发展教育事业，将帮助少数民族地区发展教育事业列入了《宪法》和有关教育法律、法规，作了明确的规定，并在实际工作中予以认真落实。据有关资料统计，1950年至1990年的41年中，国家投入黔东南州教育事业费达63798.55万元。尤其进入20世纪90年代以后，中央和省对本州教育支持的力度进一步加大。据统计，1998年以来，国家先后在全自治州实施了第一期“义教工程”、第二期“义教工程”、中小学“危房改造工程”、中小学“寄宿制学校建设工程”、省“普九”工程和“教育扶贫工程”“希望工程”“对口帮扶工程”等教育工程，加大对全自治州教育的支持力度。为了进一步加快全自治州教育发展步伐，党和国家除加大投入，改善办学条件外，针对自治州内少数民族人口多、居住分散、经济困难等实际，采取了一系列有效的措施，如积极创办民族学校，对家庭经济困难的学生给予一定的补助，在各类学校的招生上对少数民族学生给了适当的照顾等，促进了全自治州教育事业的发展。由于党和国家的高度重视和全自治州各族人民的共同努力，与1956年建州时相比，全州教育无论是在规模上，还是在质量上都有了很大的提高。

（一）创办各级各类学校

1.幼儿园

1990年，全县有县直机关幼儿园和实验幼儿园，办学条件差，设施设备简陋。1991 年以后，教育行政部门用世行贷款经费在县直机关幼儿园园址上新建一栋园舍。县直机关幼儿园于 1958 年始建于老县委大院，1984 年搬迁至现园址，实验幼儿园前身是 1981 年 8 月创办的学前班（原二小水房），1984 年迁至城关一小（育智学校的前身），1987 年 8 月迁至教育局改名为实验幼儿园，1995 年 9 月底改名县示范幼儿园。

1993 年 5 月，新建施洞镇幼儿园，9 月投入使用，占地面积 109.3 平方米，建筑面职 218.6 平方来，共两层，由施洞镇中心小学分管。2009 年，新园址占地面积 1372.3 平方米，建筑面积 830 平方米，共 3 层，共设集教室、睡房、盥洗室为一体的多功能教室 6 间，厨房 1 间，储存室 7 间，多功能舞蹈室 1 间，办公室 3 间，公议室 1 间，各种配备设施趋于完善。

2003 年，在州机关扶持下，方召乡反排村幼儿园建立，园址在反排小学校门旁的木房。2009 年，因木房成危房，幼儿园改成反排小学附设幼儿班。

1998 年，县城开始出现民办幼儿园。到 2006 年，农村进城务工人员及个体经营者逐步增多，县城民办幼儿园也由原来的 2 所增加到 5 所。

学前班主要由条件较好的幼儿园和全日制完全小学承办，招收 5—6 周岁儿童进行学前教育，一年以后进入小学一年级。1990 年，全县学前班有 20 个，教师 20 人，大部分教师为代课老师，在班儿童 498 人，均附设在全日制小学内。

1990 年以来，学前教育进一步受到社会和政府部门的重视，办学逐步规范化，学前班逐年增多，全县曾达到 28 个班，在班儿童 914 人。全县学前教育得到快速发展。

2. 小学

1991 年，小学教育继续贯彻《中华人民共和国义务教育法》，全县共有 225 所小学，其中中心完小 30 所，村级完小 30 所，初小 153 所，教学点 12 个。

城关一小始建于 1892 年，时称“莲花书院”。后改为“翠文小学”，中华人民共和国成立后正式命名为“台江城关第一小学”，至今已有 100 多年历史。

城关二小通过 1998 年实施的“义教工程”、2004 年的“两基”攻坚、2007 年“普实攻坚”以及后来“班班通”等项目的实施，使学校校园布局逐步规范，教学资源不断丰富，校容校貌整洁，办学规模、师资力量、管理水平、教学水平得到有效的提高。

城关三小创建于20世纪50年代，称“台拱小学”。1997年9月，宁波北仑贝发公司资助20万元，地方匹配资金12万元，修建了一栋三层的教学楼，将台拱小学从原址（现秀眉广场）搬迁到现址，同时更名为台江县北仑贝发小学。2003年，州农行系统职工捐资20万元，建成一栋坐北朝南的三楼一底的教学楼。2005年晋升为县级一类小学，改称台江县城关第三小学。

施洞中心小学始建于清光绪三十二年（1906），原名区立两等小学校，新中国成立后更名为施洞小学。

老屯中心小学始建于1956年，原名榕山小学，1996年以前，学校只有3栋陈旧的木质教学楼，仅8间教室。1996年由香港知行社捐助15万元，建起一栋教学楼，更名为知行希望小学。

3. 中学

1979年起，增设台江二中，全县中学纠正“左”的错误，重新建立健全各种规章制度，整顿学校秩序。1981年，根据全县教育调整会议精神，“压缩高中、调整初中、合并附中”。1982年，南宫、施洞、革东中学改设初级中学，全县有完中1所、初级中学4所。1984年增设方召小学附设初中区。1986年增设2所初级中学。至1990年12月，全县有完全中学一所（民族中学），初级中学8所（包括方召附中班），初高中共83个班（高中11个班，学生602人；初中72个班，学生4634人），教职工319人（其中专任教师224人），其中少数民族教师285人。

1984年秋，兴办台江农业中学一所，当年招收新生100名，任课教师部分由原台江师范教师担任。1985年招生50名，编为3个班级，后混合编为2个专业班，其中种植专业班39人，养殖专业班50人，招收一年级普通班34人，当年在校学生123人。

1986年9月，将原“台江师范”与“台江农中”合并，成立台江县中等民族职业学校。学校有正副校长各1人，政教处、教务处、总务处各设主任1人，基础课教师15人，专业课教师6人，其中畜牧兽医课2人，农学课2人，果树专业课1人，园艺专业课1人。后勤人员包括实验仪器保管员、校产保管员、图书管理员、打字员、保卫人员、勤工俭学管理员、事务长、炊事员、出纳会计等14人，课程设政治、语文、数学、物理、化学、体育、劳动、植物及植物生理、土壤肥料、农业气象、果树栽培、造林、果树病虫害防治、作物栽培、作物病虫害防治、蔬菜栽培、畜牧普医、家畜微生物、家畜饲料、经济管理等课程。1987年职业学校教职工发展到44人，教学工作人员19人。当年秋招收新生91名，注册78名，另与县劳动局联合，根据“先培训后就业”的原则，代培电工班学员46人，食用菌培训班学员10人。

1992年，全县有中学在校生4982人，由于很多中考落榜学生要求复读，各个中学办起补习班，还有部分退休老教师也联合办班。1990—2000年，台江的在校初中生达到历史以来的高峰。

2005—2009年是巩固提高“两基”的成果年。针对台江实际，县委、县政府把“两基”巩固提高工作列入重要议事日程。2005年以来，县委、县政府多次组织召开“两基”巩固提高工作会议，县委出台了文件，要求各级各类学校必须做到“每日一报”，时刻了解和掌握学生的动态。

台江一中，该校前身是台江县方召民族中学，成立于1978年9月，随着台江教育的发展，2007年3月整体搬迁到县城原台江民族中学校址，后更名为台江县第一中学。

台江二中创建于1979年，曾先后改名为“台江县友谊中学”、“台拱镇民族中学”，2002年10月2日恢复“台江县第二中学”。

施洞中学，该校创办于1956年，1972年9月始开设高中部，1984年高中部停办。

为了加快全县高中教学的步伐，县委、县人民政府决定台江民族中学从2001年秋季开始停止招初中生，使台江民族中学从完全中学向高级中学转化，全县的高中招生规模迅速得到扩大。2008年6月，台江县启动“学分制”管理改革工作，10月10日在台江民族中学举办了台江县“学分制”管理改革经验交流会议。

4. 特殊学校

1991年，在城关一小开办特殊教育班，有残疾适龄儿童12名，分别来自南宫乡、方召乡、排羊乡、革东镇和台拱镇。开班第二年，县教委派教师李文娟、邰秀玲到安顺聋哑学校学习。1993年，省教委基础教育处补助专款5万元，县教委又利用世行贷款基金筹建特殊教育学校。1994年8月，台江县育智学校建成命名，学校教师编制9人，设校长1人、教师5人、保育员1人、校医1人、炊事员1人，由县教委、县残联共同管理。1995年育智学校与州残联挂牌办校，接受州残联的培训指导和办学资助。挂牌办学初期设有两个班级，共有学生25人，其中10人为智障班，7周岁以下的15人为语训班。经过多方努力，台江特殊教育不断发展与壮大，校舍面积为200多平方米，设有多间教室和学生寝室、教师宿舍、学生食堂、教师办公室和卫生间等。除部分残疾儿童在育智学校就读外，各乡镇、各级各类学校义务接纳本地、本村的三类残疾儿童入学，随班就读。

特殊教育学校的经费来源主要以政府投入为主，县残联援引资助，倡导社会捐资。为了保障学校的经费，1991—1997年，学生的费用由县教委负责解决，1998—2001年则从各乡镇的教育费附加当中（每乡镇挤出1000—2000元）予以解决。

2004年，特殊教育得到省残联援引基金会支持，在普及九年义务教育的过程中坚持完成普及目标。

2010年，根据省州有关特殊教育学校办学调整的要求，鉴于台江县人口基数小，办学规模不大，因此台江育智学校停办，合并到凯里市育智学校。

5. 其他学校

1991年，根据省教委和省电大的安排，县教育行政部门决定开设电视高等专科师范教育专业，以加快边远山区和少数民族地区中小学骨干教师的培训步伐。是年9月，贵州省广播电视大学台江县电大工作站成立，面向全省招收当年参加成人高考上专科线的第一届三年制中文专业学生12名。1993年，招收“三沟通”（函授、自考、成人考试相沟通）三年制中文专业64人。1994年，招收“三沟通”三年制中文专业29人，数学专业7人。1995年，招收“三沟通”三年制中文专业62人，数学专业10人。

1993年9月，台江县退休老师张胜安在台江县城关胜利街81号举办东山中学，重点为初三补习班。1997年4月28日获得政府办学批准，为全日制初中，面向全县招生。1999年，全州对民办教育进行审核登记，东山中学有专职教师7人，兼职教师6人。租用场地10000平方米，运动场面积1000平方米，房屋使用面积440平方米，办公室2间，教室3间，实验室1间，学生宿舍3间，食堂2间，其他用房2间。2006年9月东山中学初三学生由县职中接收。从1993

的9月至2006年上半年，东山中学每年毕业生约近60名，办学成绩显著，尤以2003年30多名学生参加中考，录取到台江民中14名，省工业机械学校2名。

1998年8月5日，张文齐提出申办育雁中学，8月26日获得办学批准，校址在台江县农业培训中心。1999年，学校有校长及副校长2人，专职教师6人，兼职教师4人，职员1人。学校运动场面积1900平方米，有办公室1间，学生宿舍3间，食堂1间，其他用房3间，教师宿舍4间。

2004年，台江县基础教育进行“两基”验收，公办学校办学条件得到极大改善，办学规模基本可以满足全县需求，民办学校生源接近为零。2006年，民办学校全面停办。

（二）普及“六年制”和“九年制”教育

1993年，县委、县政府贯彻落实《中共贵州省委、贵州省人民政府关于实施〈中国教育改革和发展纲要〉的决定》。同年，县人民政府建立了普及六年义务教育“两基”工作领导小组。

为进一步巩固和提高“普六”成果，县教育部门实施“科教兴台”战略和“双线”教育目标管理责任制度，实行联络员定点制度，为9个乡镇指定联络员，负责指导和督促各乡镇的“普六”和扫盲工作，抓好“九五”期间的“五法、一纲、两条例”的宣传与落实，加强教育管理。实施世行贷款教育发展项目和争取“希望工程”项目以及实施一期义教工程。

1996—2000年，为提高“普六”和扫盲工作效率，教育行政部门加强对各级教育辅导站站长、普教专干、农教专干、联络员、校长、教导主任等相关人员的业务知识培训，先后进行12次农教专干、联络员培训，8次站长校长培训和2次实验员、图书管理员培训。为保证“普六”复查验收合格，教育行政部门根据全县学龄儿童人数分布状况，把儿童入学任务逐级分解到各乡镇，各乡镇又把任务分解到各级各类学校，各个学校再根据自己的招生任务具体落实到校长、教导主任和教师身上，并签订责任状。政府将“入学通知书”送到学生家长手中，确保每个学龄儿童入学。在巩固和提高“普六”成果的基础上，努力提高教育教学质量，教育行政部门出台了一系列管理制度，在全县推行校长负责制，加强学校内部管理。为了平衡城乡教育资源，教育行政部门于2000年举办了一期小学校长、教导主任培训班，有60名校长和教导主任接受了系统的理论培训，同时举办复式教学班3期，154人次接受培训。此外，还选送城区骨干教师到教育资源贫乏的山区学校支教，实施教师分流，以带动边远山区的教学，全面提高教学质量。

1993年，县委、县政府下发《关于台江县实施九年义务教育规划意见的通知》，要求到20世纪末，全县九年义务教育要达到的目标是：1997年全县基本普及初等义务教育，7—12周岁学龄儿童入学率达到96%，有效控制新文盲的产生，不断提高普及初等义务教育的水平；2000年台拱镇、施洞镇、革东镇（现属剑河县）基本普及九年义务教育。其间，县委、县政府拓宽筹资渠道，增加教育投入，加强校舍基础设施建设。除教育专项资金投入外，县政府还下发文件要依法征好、管好、用好教育费附加，实行乡征、县管、乡用的原则，鼓励多渠道、多形式的社会集资办学。认真落实分级办学、分级管理、分级负责的原则，把实现九年义务教育的目标和责任逐级落实，梯次推进，依法督导。通过对教育作布局调整与规划后，到1995年，全县共有小学215所，其中中心完小30所、完小31所、初小36所、教学点118个。全县学前儿童为17360人，女童8096人，适龄儿童在校生6606人，适龄儿童入学率为96%，其中女童入学率为94%。

2000年，台江县通过省人民政府“普六”复查验收以后，进入“普九”攻坚阶段。为开展好普及九年义务教育的攻坚工作，教育行政部门再次对小学布局进行调整，全县有城关小学2所，乡镇完小9所，村级完小41所，初小32所，教学点118个（革东镇在内），布局调整促进了城乡教育资源的平衡。

（三）扫除乡村文盲

20世纪80年代末，台江县成立扫盲教育委员会。1991年，县教育部门和各区乡镇政府认真宣传执行《扫盲工作条例》，坚持“一堵、二扫、三提高”的扫盲方针，在全县范围内实行“一长管两校、一师任两教、日教兼夜教”管理。各乡镇在扫盲工作中，不仅用汉字进行扫盲教学，还积极推广苗文教学，全县有1万多名农民参加苗文夜校学习，经过考试验收，有8000多人脱盲。

1992年，台江县迎来省、州人民政府的低标准验收。以州人民政府副秘书长孙永福为团长，州教委副主任卢仕忠为副团长，代表省、州人民政府对台江的扫盲教育进行验收。验收团分别对4个乡33个行政村344名学员进行了抽查。在15—40周岁的33989人中（除去丧失学习能力的648人），非文盲30199人，非文盲率为90.6%。抽查结果显示，各项指标均达到黔教通字〔1986〕203号文件和《贵州省农村脱盲、基本扫除文盲单位标准及检查验收试行办法》规定的要求。

扫盲工作通过省、州人民政府验收之后，台江县人民政府为搞好与1995年的“普六”验收的同步进行，继续采取组织保障的原则，调整县成人教育领导小组，进一步加强对扫盲教育的领导。同时，县人民政府办公室转发了扫盲领导小组《关于台江县实行义务扫盲的意见》，要求乡村行政干部要把扫盲和脱盲后继续扫盲列入任期目标管理；乡村公民办教师必须完成义务扫盲。

2001年后，为了完成每年的扫盲教育工作，县人民政府采取了一系列具体的、切合实际的措施，工作重心下移基层，落实到村，“两基”与计划生育一起抓。为能进一步地吸引和提高学员的参与积极性，各个乡镇的扫盲教学点别开生面地运用远程教育进行科技扫盲，大力宣传和推广农业科技知识。建立健全农村文化技术学校，以人为本，做好农业科技的培训。为了真正落实科技扫盲，县委、县人民政府以台党办发下发《关于全面实施“两基”攻坚的决定》和《关于抽调干部组成“两基”扫盲工作组的通知》，抽调科技、林业、卫生、畜牧、农业、农办等部门的80余名干部组成农业科技扫盲工作队伍下到第一线进行扫盲教育，手把手地给农民传授科技文化知识。

（四）举办苗文师资培训班

1991年2月，在施洞镇偏寨举办了一期苗文师资培训班，参加学习的有19名公办和民办教师。7月在报效举办一期培训班，有25名公民办教师参加学习。1991年暑假，在老屯乡报效中心小学举办了一期双语教学师资培训班，培训学员26人，其中男学员24人、女学员2人。1992年暑假，分别选送6人和7人到凯里民族师范和黔东南民族行政管理学校参加双语师资培训班学习。1991年2月在施洞镇偏寨片举办了一期苗文师资培训班，参加学习的有19名公办和民办教师。7月在报效举办一期培训班，有25名公民办教师参加学习。1993年8月，选派7人到凯里民族师范参加双语师资培训班学习。

1982—1994年年底，先后举办11期师资培训班，共计培训572人。双语师资有6期，学员123人，其中男学员113人、女学员10人，选送到省、州学习的共42人次，全县共培训双语教师及苗文扫盲教师计614人次。

2005年1月3—5日，民宗局在台拱镇番省小学举办了一期为期5天的双语教学师资培训班，参加学习的有25人。培训结束后，经考试全部合格。此外，还先后选送6人次到中央民族干部学院、贵州民族学院参加民族语文工作和双语师资培训。

2006年8月10日，在县职中举办了一期苗族文化走进课堂师资培训班，为期5天，参加培训的学员有51人，均为来自城关地区和县旅游景区的中小学教师。培训内容主要是苗族历史文化和苗族歌舞，通过培训，有力地推动了台江苗族文化进课堂活动的深入开展。

（五）实施双语教学

台江在校生中苗族学生占绝大多数，1991年以来分别在33所公办学校开展双语教学。通过实践证明，台江苗族小学生先学苗文，后学汉语，学习成绩提高较快，是学好汉语的最好渠道。1992年，张家寨双语文教育实验小学有11名学生参加中考，有7名学生考入中学。而张家汉语小学校只有1名学生考入中学。另外，巴担河双语文教学实验学校15名毕业生中有11名考入施洞中学。1992年，全县开展双语文教学的有20所小学，33个班级，870个学生。其中男生474人、女生396人。

双语教学自1995年通过国家民委和中国社会科学院的论证验收后，1996年继续加以巩固，并在施洞镇偏寨小学五年级新开了一个双语文教学班。1996年学生总数177人，从事双语文教学的教师10名。

1997年，苗文通过论证验收后，民族局加强对双语文教学的管理和指导，按照年度工作计划，指派专人定期到学校进行督促、检查和了解教学情况。当年台江有双语文实验小学2所6个班，学生124人。为把台江的双语文教学工作做得更好，为正式推行苗文做好准备，民族局丁1997年6月29日在县里召开了双语文教学工作总结会，对1996年度以来的教学工作进行了总结交流，并对5位教学成绩突出的教师进行表彰。1997年5月，州民族局在凯里召开了全州民族语文工作总结交流暨表彰会，对1992—1996年的双语文教学工作进行总结交流，对成绩突出的单位和个人给予表彰，民族局获得集体一等奖，稿午双语文小学教师吴正杰、巴拉河双语文小学教师张荣琪获得先进个人奖。

1998年，台江有双语文学校2所7个班，学生138人。双语文教师5人，其中3人属民办教师，2人从民管校民语班学习毕业后就安排到双语小学任教，工资由县政府行政科发，民族局除做好教师的思想工作和经常深入下去督促、检查、指导外，还帮助学校解决一些实际困难和问题，做好各年度的双语文命题、监考和评卷等工作，使台江的双语文教学工作得以巩固下来。

1999年，台江有双语文小学2所6个班，学生108人，双语教师5人，辅导员4人。随着全县教育体制改革的不断深化，自1997年台江的双语文教师纳入民办教师管理并相继转正后，工资由教育局统一发放，教师由各乡（镇）教辅站统一调配使用，双语文教学的教师编制得不到保证，给台江的双语文教学管理工作带来许多不便。尽管如此，民族局在积极协调各种关系和做好教师思想工作的同时，还经常派人下到学校去进行督促、检查和辅导工作，并拿出一定资金帮助学校解决一些实际困难和问题，使台江的双语文教学工作得以顺利进行。

2000年，台江有稿午和巴拉河双语文小学2所6个班，教师4人、学生98人。2001年，有双语文小学2所6个班，有教师4人、学生107人。下半年在台盘中学一年级又开设3个班的双语课。2002年，台江有3所学校10个班开展双语文教学，学生297人。其中，小学2所6个班，有学生107人；中学1所4个班，有学生190人。2003年，台江有3所学校10个班开展双语文教学，学生343人。2004年，台江有3所学校8个班开展双语文教学，学生325人。

2005年，台江有双语文教学点3个9个班，有双语文教师5人，学生371人。其中台盘中学有5个班，1名教师，278名学生；番省小学有2个班，2名教师，60名学生；巴拉河小学3个班，2名教师，33名学生。

2005—2006年第一学期，全县有番省小学、巴拉河小学和台盘中学3个双语文教学点，8个班级共有学生348人，4个双语文教师（其中1人已退休）。2006年，全县有双语文教学点2个6个班，有学生315人，教师2名。其中，台盘中学5个班，学生275人；番省小学1个班，学生40人，教师1名。

（六）民族文化进课堂

2002年8月，台江县委书记杨静在会议上提出：要让苗族文化走进中小学“音、体、美”课堂，并将其作为台江县发展民族特色旅游业、全面实施素质教育的一个重要工作来抓。为此，县教育局及时组织全局干部职工、全县中心完小以上校长，邀请文化专家、学者、民间艺人共80多人召开专题座谈会，共同商讨推进“苗族文化进课堂”的发展对策。暑假期间，还组织全县各中小学校52名“音、体、美”教师进行为期40天的“双语教学及苗族歌舞、工艺走进课堂”培训，聘请专家、学者、民间艺人讲解苗族文化、苗风苗俗，传授苗歌演唱、苗族舞蹈及苗族刺绣工艺的基本技能技巧，为开展苗族文化走进课堂工作做好前期准备。

2002年秋季开学后，县属各中小学校都开设了苗族歌舞、苗族刺绣课，将苗族文化课排入课程表，纳入教学计划内容之一来考核。县教育局还成立了一个督查小组，不定时地下到各中小学校检查其落实情况，同时还积极采取措施抓紧落实，一是成立民族文化素质教育大纲和教材编写领导小组，组织专家、学者、老教师、民间艺人编写了苗族文化教学大纲、教材以及教学参考书，供全县各中小学校使用；各中小学校还适时聘请专家、学者、民间艺人进入课堂去传授苗族历史、苗族礼仪、苗族音乐、苗族工艺美术等知识与技能。二是在保证开足、开齐中小学九年义务教育阶段和高中阶段国家安排课程的前提下，利用“音、体、美”课程以及课外活动时间开设苗族文化课，把苗族歌舞引入课堂。教学大纲规定每周两节体育课，其中安排一节课上苗族舞蹈，主要是要求教师教会学生跳芦笙舞、反排木鼓舞，革东、施洞的木鼓舞、四方舞及踩桥舞等；音乐课结合古歌、儿歌、飞歌、酒歌等苗歌进行教学，美术课结合苗族刺绣、民间工艺等进行授课。三是加大经费投入力度，在县财政十分困难的情况下，仍挤出一定资金投入到此项工作，保证各种教学器材购置、师资培训以及苗族文化教材编写所需的费用，同时，还在县职中开设一个民族导游班，由县财政拨款补贴民族导游班学生的学费。

二、民族教育政策实践成就

（一）基础教育走向正轨

在1995—2000年期间，时值普及六年义务教育，全县大力动员适龄儿童及幼儿入学。学前班在班儿童数和班数相对增加，1995年全县学前儿童数和班数曾高达1039人和36个班。

2003年，革东划归剑河，革东辖区的学校一并划出。至2004年“两基”验收合格年，全县共有153所小学，其中中心完小10所、村级完小46所、教学点

97个。之后，全县逐步发展寄宿制学校，加大撤点并校力度。2001年，八梗小学、偏寨小学并入施洞小学，学校变更为施洞镇中心小学。2009年，小河小学、杨家沟小学、巴拉河小学合并到施洞小学。2010年成为台江县首批寄宿制学校。同时，随着交通的便利，学生进入中心校就读，全家外出务工人员增多，导致部分农村教学点无生源而自然停办。至2010年年底，全县共有101所小学，其中中心完小10所，村级完小32所、教学点59个。

1991年，全县有初中教育的学校有台江县民族中学、台江二中、施洞中学、革东中学、南宫中学、台盘中学、革一中学、方召附中，全县初中共有68个班（包括方召附中开设的三年学制班）。

2002年，台江县民族中学实行高中、初中分离，对各乡镇中学进行改扩新建，对排羊中学实行改制，小学与中学合并为九年制学校。方召中学搬迁到县城台江民族中学的老校址。2003年，革东划归剑河后，台江具有初中教学的学校有9所，即台江二中（台拱镇民中）、方召中学、施洞中学、革一中学、台盘中学、南宫中学、老屯中学、排羊九年制学校、台江职中。2007年9月，台江职中初中部师生整体移交到方召中学，全县初中学校变为8所。

1990年后，为了集中高中办学资源，全县普通高中仅保留台江民族中学1所。

（二）学校基础设施极大改善

1990年以来，为了改善台江县的办学条件，在县委、县政府的领导下，多渠道引资注入台江教育事业。在援引修建的项目工程中，朱英龙先生共捐资修建17所学校，建筑面积为13348平方米，投入资金286万元，县自筹投入595.47万元，共投入881.47万元，受助学生55人。朱英龙先生捐资修建的学校有台江职中，投入20万元；施洞小学，投入10万元；老屯中学，投入15万元；台拱镇民中，投入20万元；台江县民中，投入85万元。

2000年，全县小学有教室782间，图书室20间，自然实验室18间，教师办公室60间，小学课桌椅19973套，图书40975册。初中有教室110间，图书室4间，实验室11间，教师办公室20间，课桌凳5067套，图书25000册。县职业高中有教室10间，理化生实验室3间，教师办公室3间，课桌凳1000套，图书5000册。县民族高中有教室22间，办公室8间，理化生实验室3间，其他器材保管室3间，课桌凳600套，图书5000册。特殊教育学校有教室3间，学生寝室1间，办公室1间，课桌凳72套，图书200册。县幼儿园有教室6间，学生寝室6间，办公室2间，食堂1间。

全县中心完小以上学校和初中都有完整的篮球场，基本上有50米和100米的跑道。高中有2个篮球场，400米的跑道。2004年以后，小学校舍建筑面积63029平方米，生均校舍面积3.77平方米，危房率降低到0.27%；初中校舍建筑面积31207平方米，生均校舍面积4.95平方米，危房率降低到0.68%。小学校园设施达标150所，达标率96.15%；初中校园设施达标10所，达标率83.33%。中小学班班有教室、黑板、讲台，校校有围墙、运动场。其中台江县民族高中、台拱镇民中、施洞中学、南宫中学、革一中学等都有400米以上的环行跑道和足球场。中小学在校生有23013人，共有课桌凳12026套，教师的教具和教学资料齐全。小学教学仪器达标学校156所，达标率100%，生均图书5.3册，图书达标学校151所，达标率96.79%；初中教学仪器配备达标学校10所，达标率83.33%，生均图书12.6册，图书达标学校10所，达标率83.33%。

2007年，台江县获得危房改造资金130万元，建设项目面积3731平方米，消除D级危房面积1478平方米，改造的学校有南宫乡交下小学、方召乡李子小学、台拱镇板凳小学、台盘乡基保小学、老屯乡报效小学。获得办学条件不足学校维修改造资金80万元，项目有台江二中围墙、老屯中学围墙和台盘乡南瓦小学学生宿舍楼。

2008年，获得农村义务教育阶段薄弱学校改造工程中央资金240万元，其中，施洞小学学生宿舍楼修建费100万元，场地平整及围墙等修整20万元；台盘小学学生宿舍楼修建费100万元，场地平整及围墙等修整20万元。

2009年，获得农村义务教育阶段薄弱学校改造工程中央和省级资金286万元，其中，D级危房改造196万元，建设面积1960平方米，消除D级危房面积1200平方米，项目有革一乡排生小学教学楼、方召乡基甲小学教学楼、革一乡茅坪小学教学楼；办学条件不足，学校南宫乡巫西小学改扩建90万元，建设面积900平方米。

2010年，获得农村义务教育阶段薄弱学校改造工程中央和省级资金615万元，其中，台拱镇登交小学危房改造113万元，建设面积1585平方米，消除D级危房面积714平方米；施洞小学新建综合教学楼190万元，建设面积1654平方米；南宫小学新建教学楼 312 万元，建设面积 2602 平方米。

2010 年，全县小学占地面积 222468 平方米，生均 14.13 平方米，校舍建设面积 80269 平方米，生均 5.1 平方米，学生宿舍建设面积达 6373 平方米，体育运动场面积 43354 平方米，计算机 184 台，图书 182382 册，生均 11.58 册。初级中学占地面积 193569 平方米，生均 27.19 平方米，校舍建设面积 43886 平方米，生均 6.17 平方米，学生宿舍建设面积达 13553 平方米，体育运动场面积 36777 平方米，计算机 385 台，图书 152113 册，生均 21.37 册。

（三）教师培训力度加大

由于各方面原因，台江县的教师素质偏低，数量不足，专业结构不合理，教师队伍建设难度较大。为了提高教师的思想素质及业务能力水平，根据《中共中央关于教育体制改革的决定》的要求，“必须对现有的教师进行认真的培训和考核，把发展师范教育和培训在职教师作为发展教育事业的战略措施”。

在 20 世纪 90 年代初期，农村小学绝大部分还是由一人一校的民办式代课教师去担任，而且民办、代课教师的数量占全县教师总数的 30%。这些教师的学历普遍偏低，绝大多数是初中毕业，甚至有些是小学毕业，因此教学质量不高。为了改变教师状况，除了尽快从专业学校培养人员充实之外，主要还是对教师进行在职培训。采取在职培训与离职培训相结合的形式，提倡在职培训为主，根据需要有计划地进行离职进修。

从 1991 年到 1995 年期间，组织安排的是部分学历低，业务水平急需提高的民办、代课教师到中函站（教师进修学校）学习，在中函站教师的指导下，有计划地开展业务能力培训。还有部分学历急需提高的中小学在职教师参加电大学习，通过考试参加电大课程培训，完成所修课程，获得省电大专科文凭。有部分教师通过自考和成人高考，完成所修课程取得文凭，成人高考属教育行政部门有计划地进行选送。通过各种渠道取得合格学历的教师达 500 人次。

1996 年，省、州下发了《关于在全省范围内开展中小学教师继续教育培训工作的通知》。2000 年完成了小学教师继续教育的第一阶段工作，全县教师基本都通过“五项基本功”的培训，此外还对中小学教师进行普通话水平测试。在 1996 年开展的小继教培训工作中，有县级培训 4 期，培训学科辅导教师、教育辅导站站长、试点学校校长共 122 人次，乡镇举办培训班 33 期，参加培训教师

844人次，镇中心小学集中教育辅导站培训106次，共培训教师3200多人次。

从1991年到2000年，经组织审批，有计划地进行培训达340人次，其中小学教师离职进修较多，大部分都以提高学历培训为主。如2000年，台江县就派出40余名小学教师离职到州教育学院英语专业进修学习，并要求这部分教师毕业以后到中心完小以上学校任教英语课。另外，在业务能力提高方面，采取组织安排与个人考试进行进修的形式培训。

至2002年，全县教师的继续教育告一段落，小学在职的860名教师全员参加培训，中学在职的437名教师中有435人参加培训，占中学教师的99.5%。

（四）教育水平极大提升

2004年，学前班适龄儿童入学达到1269人，2010年，全县在园幼儿园达2218人，学前三年入园率达35.45%，其中女童达35.03%；农村儿童学前一年受教育率达80.55%，其中女童达75%。

1991年，全县学龄儿童为23275人，其中女童6382人。7—12周岁的学龄儿童为17474人，适龄儿童在校生15157人，学前儿童入学率为86.7%，其中女童5487人。

2010年，台江城关第一小学五年级300人，六年级237人。学校有教职工85人，在专职教师中取得大专学历的有55人，占64.8%；本科15人，占17.6%；中专15人，占17.6%；小学高级教师70人，占82.4%，州级骨干教师9人，占10.6%；县级骨干教师1人。教师合格率为100%。城关二小有教职工81人，其中专任教师79人，专科以上74人，中专5人；小教高级67人，小教一级10人，小教二级2人，学校共设教学班级27个，学生1514人。

1992年以后，各个中学办学条件有一些改善，招生名额也有所增加，全县有中学在校生4982人，较20世纪80年代初期提高25%。由于很多中考落榜学生要求复读，各个中学办起补习班，还有部分退休老教师也联合办班。到1994—1995学年初，全县初中毕业班学生数达到2180人，比1990年提高了170.86%。2001—2004学年，初中毕业生的毕业率分别为92.93%、96.48%、98.09%。在2005—2006学年，13—15周岁初中适龄少年7081人，其中“三类”残疾少年27人，正常入学人数7274人，入学率为103.12%。在2008—2009学年，台江县初中在校生达6777人，初中阶段入学率达110.9%，17周岁人口初级中等教育完成率达 81.86%，辍学率控制在 2.19% 以内。

1990 年后，为了集中高中办学资源，全县普通高中仅保留台江民族中学 1 所。2003 年，文科高考人均分上升到全州第 11 名，高考本科录取率首次超过全省平均水平。到 2006 年，录取大专以上人数已上升到 375 人，其中本科 163 人。2007 年，高考成绩实现历史新高，一本录取人数达 26 人，二本达 130 人，专科达 449 人。台江民族中学考分 500 分以上学生有 103 人（其中 600 分以上 4 人）。除语文外，其余学科的人均分和文科综合的及格率全部超州、超省，许云龙同学还以 273 分的成绩摘取了文科综合全省单科第二名的桂冠（比第一名仅少 1 分）。2010 年，全校有中学特级教师 1 人，中学高级教师 32 人，一级教师 60 人，研究生 2 人，省级骨干教师 2 人，省级骨干班主任 3 人，州级骨干教师 11 人，县级骨干教师 15 人，在校学生达 1936 人。

（五）扫盲工作取得成效

1986 年春季，全县有扫盲班 15 个，在校学员 393 人。6 月，扫盲夜校发展到 147 所 187 个班，在校生（员）5244 人，验收脱盲 358 人。7 月，台江师范 4848 名毕业生下乡突击扫盲 20 天。12 月，扫盲夜校发展到 162 所 198 个班，在校学员 4843 人，脱盲 936 人。1987 年，交密乡农民教育入学率提高到 97.6%。6 月 23 日，全县扫盲班 150 个，学员 3625 人，脱盲 479 人。7 月学员发展到 3454 人，脱盲 651 人。8 月 10 日，凯里师范 46 名毕业生分配到排羊、登交、施洞、革东、交密、南瓦六个乡（镇）组织扫盲，入校学员达 1330 人，扫除文盲 101 人。年底，全年开办扫育班 123 所 156 个班，学员 5756 人，脱盲 1715 人。实现基本无盲单位的有登交、交密、排羊乡。8 月 26 日，凯里师范毕业生至台江发动青壮年入夜校扫盲，新建扫盲点 11 个 746 人，共办扫盲班 32 个。9 月 19 日，对革东镇的掌架、革东寨、沅江、屯州村进行实地考核验收，50 个学员，及格 49 人，全镇文盲和半文盲 258 人，非文盲率 89%，达到省、州基本无文盲单位标准。翁脚乡扫除青壮年文盲 127 人，全县有革东、东扛、台盘、南瓦、老屯等乡（镇）实现无盲单位。

1989 年 2 月 24 日起，对基本无文盲单位进行调查。台雄村抽查应试农民 7 人，笔试口试总分 89—98 分的 5 人，66—75 分的 2 人；白下村抽考 11 人，总分 90—99 分的 8 人，70—82 分的 3 人。调查结果，台雄村参加夜校学习脱盲 23

人，非文盲率达88.4%；白下夜校参加扫盲学习脱盲87人，非文盲率达97.7%；梅影村脱盲77人，非文盲率90.7%。8月21日，县政府组织基本无文盲单位验收团到南省、南瓦、台盘、登交乡八个村进行全面抽样考核，验收结果，全县脱盲学员1542人，超额完成州下达的扫盲任务。其中台拱区实现基本无文盲单位。1990年验收良田、四新、翡脚、平兆、坝场乡，实现基本无文盲单位。

1994年，州政府下达给台江的脱盲任务数为1630人，28所农技校要求培训8160人次，进行人口教育3000人次。1995—1997年，全县扫盲任务数为8000人次，实际脱盲人数为8047人，完成任务数的100.59%。截至1999年，全县1949年10月1日以后出生、年满15周岁以上的人口数为74958人，其中男性38768人、女性36190人，共脱盲14728人，非文盲率提高到94.27%。当年全县共开设扫盲班点152个，参加学习的学员3530人，经验收达标2841人，其中女学员有2383人脱盲达标，脱盲人数完成州下达任务的109.3%。

2000年，州政府下达给台江的扫盲任务数为4900人，实用技术培训10000人次。为顺利实现这一目标，县委、县政府充分利用革一农技校、台拱翁孟、施洞镇街上农技校、施洞镇芳寨农技校作为示范点。之后，在全县范围内全面开展，至2000年“普六”复查验收时，非文盲率已达95%。为进一步巩固和提高扫盲教育的工作成果，县政府下发《台江县2001—2005年“两基”发展规划及措施》，要求2001—2005年，每年要完成州下达的扫盲工作任务，2005年的非文盲率要达到96%以上。

2000—2004年，台江县共投入扫盲及农村成人教育经费30多万元，办扫盲班894个，参加学员16514人，验收脱盲13539人。

（六）教育经费比例增加

1992年以前，台江县教育经费的主渠道是财政拨款，学费只有县民族高中和幼儿园收取。教育行政开支主要是工资和公用经费，财政拨款中主要是教师工资和学生资助金以及公用经费。

1992年以后，开始征收农村教育费附加和城市教育费附加，以及国家机关、企事业单位在职职工的教育费附加。城市教育费由地方税务局按增值税、消费税和营业税额的3%收取。农村教育费附加是按上一年农民人均收入的1.5%征收，国家机关、事业单位的在职职工按固定收入的1%征收。

1992—1995 年间，台江县教育经费总收入 566.96 万元。

1992 年，世行贷款项目开始实施，项目投入中协议贷款 60.38 万元，国内配套 653.5 万元。

1998 年，开始实施第一期“义教工程”项目，一期项目投入 826.7 万元，其中国家、省级共投入 582.2 万元，州级投入 72.5 万元，县级投入 74 万元，乡镇投入 74 万元，社会捐资 24 万元。

2001 年，实施第二期“义教工程”项目，二期项目共投入 1419.5 万元，其中国家、省级共投入 761.7 万元，州级投入 66 万元，县级投入 510 万元，社会捐资 81.8 万元。

2004 年，实施危改项目工程，项目共投入 434 万元，其中中央投入 365 万元，县级投入 69 万元。

2004 年，实施农村寄宿制项目工程，项目共投入 805 万元，其中中央投入 770 万元、州级投入 5 万元、县级投入 30 万元。其中，土建投资 693 万元、设备投资 112 万元。中央资金用于采购 77 万元，州级资金用于采购 5 万元，县级资金用于采购 30 万元，主要购置铁床、课桌、床上用品等。

2006 年，实施农村中小学校薄弱学校改造项目工程，项目共投入 381 万元，其中中央投入 113 万元、省级投入 85 万元、县级投入 5 万元，社会捐资 178 万元。

2007—2008 年，全县地方财政经常性收入为 2516 万元、2797 万元，比上年增长比例分别为 11.43%、11.17%；2007—2008 年教育拨款数分别为 4707 万元、6333 万元，比上年增长比例分别为 8.03%、34.54%。2007—2008 年预算内教育事业经费小学拨款数为 2724 万元、3228 万元，初中拨款数为 976.3 万元、1232 万元；2007—2008 年预算内生均教育经费小学分别为 1678 元、1970.33 元，初中为 1551 元、1817.91 元。2007—2008 年预算内公用经费分别为 466.3 万元、598 万元，占事业费比为 9.9%、9.44%；2007—2008 年预算内生均公用经费小学分别为 175 元、217 元，初中为 287 元、355 元；2007—2008 年预算外杂费用于公用经费数分别为 194.26 万元、598 万元；2007—2008 年预算外生均公用经费小学分别为 78.1 元、217 元，初中分别为 107.26 元、355 元；2007—2008 年预算内外公用经费总支出数分别为 448.43 万元、622.5 万元，小学生均分别为

168.24 元、220.5 元，初中生均分别为 278 元、385.6 元。

2009—2010 年，全县地方财政经常性收入分别为 22138 万元、26465 万元，两年预算内教育拨款分别为 7265 万元、9560 万元，两年预算内生均教育费小学分别为 2378 元、3263.5 元，初中分别为 2456 元、3037 元，做到了逐年增长。两年内生均公用经费小学分别为 299.62 元、435.37 元，初中分别为 477.15 元、633.72 元，实现了逐年增加。农村税费改革转移支付资金、城市建设维护税、城镇教育费附加、地方教育费附加的拨付均超过了规定的标准。

（七）"两基"目标基本实现

2001 年以后，努力巩固和提高"普六"成果，争取实现"普九"目标。教育行政部门加大保学控辍的力度，先后下发《关于加快普及九年义务教育的决定》《台江县普及九年义务教育中小学布局调整实施方案（草案）》和转发《中共贵州省委、省人民政府关于"两基"攻坚的决定》等文件。根据《关于加快普及九年义务教育的决定》和《中共贵州省委、省人民政府关于"两基"攻坚的决定》的文件精神，各乡镇纷纷行动起来，对文化户口簿进行建档立卡，掌握第一手材料。各乡镇人民政府根据文化户口簿核对的适龄儿童数下发适龄儿童入学通知书到各村各组，学校再结合本校的实际情况给教师进行分工，各负其责，走村入户进行入学动员。为落实"普九"工作的目标责任制，县委、县政府制定了以乡推进"普九"的实施方案，县教育局与州教育局签订了"两基"目标管理责任书，将指标、责任落实到各乡镇，并与各乡镇教育辅导站签订了"两基"目标管理责任书，层层签订责任状，使目标责任落实到位。

2002 年，在认真贯彻落实《国务院关于基础教育改革与发展的决定》的同时，进一步深化各项改革，积极推进"四制一目标"，成立学校推行"四制一目标"内部管理体制，改革工作领导小组办公室制定"四制一目标"内部管理体制改革的实施办法、步骤及相关政策措施。县教育局认真组织实施第二期"义教工程"的启动，加大城乡教育费附加的管理、使用和征收力度，促进教育费附加的足额征收并全部用于教育，做好学校基础设施建设所需匹配资金和部分农村学校危房修缮资金的投入，逐步改善各级各类学校的办学条件，确保"普九"工作顺利推进。

2004 年，各校生均占地面积、生均校舍面积、生均图书等硬件条件基本达到“两基”验收标准。

2008 年，县政府投入巨资，按贵州省实验室建设标准在各中小学校建设标准实验室，全县开始普及实验教学。

2009 年，各校办学条件进一步提高，“两基”工作通过“国检”验收。

第四章　跨越发展时期民族政策与实践

第一节　民族政策与民族事务

一、民族事务机构

2012年，台江县民族宗教事务局内设办公室、民族文化教育中心、宗教股、宗教执法大队4个股室，行政编制3人，事业编制9人，机关工勤编制1人。实际在编行政人员3人，参公人员1人，事业人员6人，机关工勤编制1人。

2016年，民族宗教事务局内设办公室、监察室、民族宗教事务股、行政审批服务股4个股室，下设民族文化教育中心、宗教执法大队2个股级事业单位，管理1个正科级事业单位——苗族博物馆（台江县苗族文化研究中心）。全局人员编制共24个，实际到岗人数18人，其中行政编制5人，机关工勤编制2人，事业编制11人（宗教执法大队5人，民族文化教育中心3人，苗族博物馆3人）。

2018年，民族宗教事务局又对机构内部进行了细微调整，机关内设办公室、民族宗教事务股、行政审批服务股3个股室，下设民族文化教育中心、宗教执法大队2个股级事业单位，管理1个正科级事业单位——苗族博物馆（台江县苗族文化研究中心）。全局人员编制共18个，实际到岗人数18人，其中行政编制5人，机关工勤编制2人，事业编制11人（宗教执法大队3人，民族文化教育中心2人，苗族博物馆6人）。

二、民族政策的贯彻实施

2014年，有针对性地制定了《2014年宗教工作方案》，举办3期全县宗教工作培训会；切实加大宣传力度，积极宣传党和国家民族宗教政策，积极引导台江县信教群众按照党和国家宗教政策开展宗教活动。

2016 年，台江县民宗局深入贯彻落实中央民族工作会议、全国宗教工作会议、省人民政府民族工作联席会议、全州民族宗教工作会议和扶贫开发工作会议等会议精神，利用入村遍访、回访、上党课、干部例会、赶集日宣传活动等多种形式宣传民族政策及法律法规。开展了一期民族宗教业务培训会，培训内容主要是民族宗教法律法规及民贸民品扶持政策，共计 30 余人参加了培训。民宗局利用赶集日到县城主要街道向民众宣传民贸民品企业扶持政策，发放扶持政策汇编资料 500 余册。组织 2 名民贸民品企业管理人员赴上海参加省民宗委举办的民贸民品企业管理人员培训班。另外，还对台江县 74 家民贸企业开展摸底调研，筛选 2 家企业作为“十三五”期间台江县申报民品企业的备选。对“十二五”期间民族特需商品定点生产企业开展摸底调研，全面了解和掌握少数民族贸易和民族用品生产供应情况、企业经营情况、优惠政策落实中的困难和问题，并建立了企业基础档案。除了宣传企业扶持政策，还深入贯彻并落实优惠政策，台江县民贸民品企业共获得 201.7 万元少数民族发展资金扶持，两家民贸企业成功申请民贸民品流动资金贴息贷款，累计享受国家财政贴息贷款 784 万元，享受贴息资金 22.64 万元。

与县广播电视台对接，在台江新闻栏目对《贵州省公民民族成分登记管理实施办法》进行宣传，办理民族成分确认 2 人，办理民族成分变更 3 人。

利用召开中央和省州组织部台江扶贫工作队培训会、县“两会”分组讨论会等各类会议时机，将《民族区域自治法》《贵州省促进民族团结进步条例》等民族法规和有关其民族知识纳入会议内容，向民众发放民族政策法规及民族知识学习宣传资料。

2018 年，先后 4 次在县委相关会议上组织县委领导班子集中学习全国、全省、全州宗教工作会议精神，传达中央、省委、州委主要领导对民族宗教工作的重要指示精神；举办县、乡、村三级宗教信息员培训 1 期 100 余人，邀请省州领导到台江授课 2 期，培训人数 200 余人，召开宗教工作学习部署会议 1 次，开展宣传活动 10 余次，发放宣传资料 1800 余份。

2018 年，实施少数民族发展资金项目 23 个 560 万元；开展“双培”（汉语培训、实用技能培训）4 期；开展民贸民品企业服务管理和贷款贴息申请工作，为台江县国祥民族饰品有限公司等 8 家民贸民品企业向上级申报贴息贷款 548.97 万元。

三、民族团结进步创建工作

按照民族团结进步创建活动“六进”要求，台江县民族宗教事务局结合台江县具体实际，以“党的群众路线教育活动”为契机，积极推进民族团结进步创建活动向更深层次发展。积极深入项目村寨和项目学校开展民族政策“六进”活动，大力宣传党和国家的民族宗教政策，大力改善各项基础设施建设，助推创建工作深入开展。南宫乡交宫村被国家民委命名为中国首批少数民族特色村寨，台拱镇南冬村和洋汪村被省委宣传部、省委统战部、省民宗委授予“全省民族团结进步创建活动示范村”。同时，还在县职校、城关一小、番省小学、施洞小学等学校大力开展民族团结进步创建活动，取得了一定的成效，台江职校被省委宣传部、省委统战部、省民宗委命名为“全省民族团结进步创建活动示范学校”。

2016 年，台江县开展民族团结进步宣传活动，共发放宣传资料 300 余份；开展民族团结进步文化娱乐活动；支持台江县秀眉社区民族团结进步创建工作经费 3 万元；以交宫村、反排村、偏寨村等民族团结进步创建示范村为带动作用，拓展抓好萃文街道南冬村民族团结进步创建活动。

2018 年，进一步完善《关于进一步加强民族工作的意见》《关于推动民族团结进步创建活动的实施意见》等系列工作制度与措施，积极开展民族团结示范创建，努力申报特色村寨。牵头与县移民局、县文明办、县劳动局等 7 个单位在台拱街道文昌社区、秀眉社区和建材厂移民点、台盘移民点开展以帮助群众搬迁、帮助融入城镇生活、帮助实现就业、帮助实际困难为主要内容的“四帮”服务工作，解决民族群众搬迁难、融入难、发展难等问题，实现共居、共学、共事、共乐、共建等“五共”目标。对交宫、反排、红阳、偏寨、南冬、九摆等 26 个县、州、省三级民族特色文化村寨开展了民族团结进步创建活动，赠送民族歌舞等方面图书 10000 余册、光碟 5000 套。

2018 年，红阳村、交汪村、反排村和长滩村被国家民委评为中国第二批少数民族特色村寨。交宫村、红阳村、交汪村、反排村、南冬村、长滩村、偏寨村、九摆村 8 个村寨被评为省级民族团结进步创建示范村。其中，交宫村获中国首批少数民族特色村寨，全省民族团结进步先进集体称号。2个集体（秀眉社区、县职校）、5个个人被评为黔东南州民族团结进步模范集体和模范个人。台拱街道秀眉社区被评为全省民族团结进步示范创建先进单位。通过开展民族团结进步示范创建，全县各族干部群众增强了对民族团结进步事业的思想认同，社会正风、正气、正能量不断涌现，民族团结示范带动效应良好，全县民族团结，和谐稳定。

四、民族干部培养

（一）坚持铁规选任干部

扎实抓好新修订的《干部任用条例》的贯彻落实，以好干部标准，把“以德为先、崇尚实干、重视基层”的选人用人导向贯彻始终，并进一步规范和改进了动议、民主推荐、考察、任职工作。2014年共研究干部9批次，讨论干部任免185人次；共提拔科级干部43人（正科级5人，副科级38人），扎实推进优秀年轻干部培养，通过民主推荐、优胜劣汰、滚动培养的方式建立了后备干部队伍库。着眼于改善领导班子结构、提高干部队伍整体素质、帮助干部积累和丰富工作经验，积极稳妥推进重要部门、关键岗位和跨部门的干部轮岗交流。2014年，县直部门之间交流61人，县直部门与乡镇之间交流18人，乡镇间相互交流11人，并从招商、开发区等部门选派了5名优秀干部到浙江余杭区挂职学习。

（二）坚持纲纪监管干部

在考察前，对拟提拔人选的干部身份、任职资格等情况进行预先审查；实行干部任用全程纪实，对干部选用的每个环节进行详细记录；建立干部选拔任用工作责任倒查机制，严格执行领导干部报告个人有关事项、廉政谈话、经济责任审计等制度，强化干部日常监管。

（三）坚持提能教育干部

在干部教育培训工作中，结合县情实际和干部能力短板，坚决“执行两个计划，用好两种资源”。“执行两个计划”，即按照年初制定的教育培训计划和中长期干部教育培训规划开展干部教育培训工作；用好“两种资源”，即用好域外资源和域内资源。域外资源方面，根据省、州调训任务，2014年完成省、州调训培训43个班次107人次；采取“校地合作”“两县联合”的方式分别在贵州财经大学和浙江大学举办了一期党政干部、中青年扶贫业务骨干培训班，共培训干部 60 人；城域内资源方面，以县委党校、“苗疆讲堂”为主阵地、主渠道大力开展干部教育培训工作，其中县委党校开展干部培训 8 期次 662 人：开展“苗疆讲堂”8 期，培训干部达 2800 余人次。

2018 年，台江县从脱贫一线提拔的有 31 人，占提拔总人数的 65.96%。选派 78 名干部、村干部到余杭区委党校培训学习，选派 113 名领导干部到中央单位、余杭区、浙江大学附属第二医院等单位和地区挂职锻炼和进修学习，选派 33 名村干部到余杭区村社学习培训，组织干部参加省委“新时代学习大讲堂”110 期 11200 余人次，台江县新时代学习讲堂 23 期 5600 余人次。扎实开展干部不担当、不作为突出问题集中整治，发现线索 32 起，涉及问责干部 24 人。制定优秀年轻干部培养规划，开展年轻干部大调研，着重掌握了一批 80 后、85 后、90 后正副科级后备干部共 440 人（正科级后备干部 96 人，副科级后备干部 344 人）。2018 年，提拔 35 岁以下年轻干部占提拔总人数的 44.68%。

第二节　民族经济政策与实践

一、民族经济政策实践措施

（一）加大扶贫攻坚力度，推进同步小康进程

1. 深入开展精准扶贫

组织动员全县各方力量积极投身脱贫攻坚，推动组织资源、干部资源下沉脱贫攻坚一线，全县 4594 名干部集中到村蹲点工作，贫困人口漏评率、错评率、错退率经省交叉考核均低于 2%，进一步夯实了脱贫基础。

2. 继续推进农村“组组通”公路建设

完成 48.2 公里通组公路建设，农村公路通达率达 100%。深入实施“六个小康”行动计划，完善乡村垃圾处理、消防安全等基础设施。实施农村饮水安全工程，有效解决 93547 人饮水问题，交通通达、饮水安全能力得到进一步提升。

3. 着力打好产业扶贫硬仗

按照产业结构调整“八要素”“五个到村到户到人”和“一减四增”要求，因地制宜发展中药材、食用菌等产业。因户施策制定帮扶、服务、培训、就业等措施，确保移民群众“就业充分、收入不错”。

4. 着力打好教育、医疗、住房“三保障”硬仗

加强资助政策宣传，拓宽捐资助学渠道。全面落实“两免一补”“两助三免”和国家助学贷款等惠民政策，确保台江县建档立卡贫困学生不因贫失学；社会帮扶方面，与余杭区结对帮扶帮联范围拓宽到全县各乡镇（街道）、村（居）、中小学、幼儿园。对接各界力量广泛开展爱心捐赠、志愿服务等帮扶活动和“爱在黔方”手拉手助学行动，先后选送 65 名村干部和 78 名贫困劳动力到杭州参加乡村旅游接待服务、农村电子商务等学习培训，贫困户脱贫致富内生动力不断增强。重点抓好县民族中学、县中等职业学校改扩建和义务教育阶段薄改工程建设。全面落实健康扶贫医疗保障救助政策，进一步降低贫困人口住院起付线，提高贫困人口大病费用实际报销比例。全面完成农村老旧危房和透风漏雨专项整治任务，确保贫困群众的住房安全保障，加快贫困人员城乡居民基本养老保险应保尽保。

5. 积极推进“平安扶贫贷”台江模式

创新推行建档立卡贫困人口人身意外保险、特色农产品目标价格保险及种植保险。

6. 进一步激发脱贫内生动力

注重扶贫与扶志扶智相结合，广泛宣传脱贫攻坚先进典型和开展反面典型警示教育，引导贫困群众依靠自身脱贫致富，增强感恩意识和“脱贫光荣”意识，充分调动贫困群众的积极性、主动性、创造性。用好帮扶资源，重点推进定点扶贫、东西部扶贫协作和社会扶贫，进一步加大与中直帮扶单位以及杭州市联络对接力度，用好帮扶资源、帮扶资金，实施好各类帮扶项目。

（二）抓好产业培育，进一步壮大实体经济

1. 加快推进现代农业发展步伐

健全土地流转机制，将土地向种植大户、专业合作社、龙头企业流转，推动农业生产由分散经营向集约化、规模化经营转变。加快打造形成集生态种植、循环种养、休闲体验为一体的新型高效生态农业模式，推动农业产业规模化、品牌化。围绕产业布局和差异化发展，强化龙头企业带动，着力打造秀珍菇、灰树花、

茶树菇、香菇及30万头生猪养殖全产业链。实施“质量强农”战略，积极推动特色农产品质量安全溯源体系建设。继续扩大“三品一标”认证规模，力争2019年底新增6个“三品一标”农产品。深化“台江真味”“台江真韵”“九股苗”“苗岭八粳”等品牌创建，扩大台江县农特品牌影响力。实施“电商营销”战略，推动更多本土特色农产品线上交易走向市场，继续扩大和培育区域公共品牌。

2. 加快推进工业转型升级

以省“千企改造”工程为抓手，加快推进全县工业企业的转型升级，促进工业供给侧结构性改革和全县工业平稳增长、企业效益增长和产业结构优化。继续加快园区基础设施建设，加快推进台江经济开发区220千伏变电站、企业服务中心等项目建设，完成农民工返乡创业园3万平方米标准厂房建设，完善园区配套服务设施，改善园区投资环境。加大工业项目引进力度，实现新增工业项目10个以上，投资总额达10亿元以上，推动工业经济整体水平提高。壮大园区主导产业，重点服务好天能集团贵州项目尽快投产达产，加快理士国际集团项目建设进度，推动汽车动力能源产业发展。

3. 推进现代服务业加快发展

立足资源优势，大力发展绿色有机产品种养业、生态文化体验和休闲度假业、养老服务业。实施好农产品质量溯源体系建设，推动产品质量追溯试点示范企业扩展16家，视频溯源企业扩展到6家；加快推动大数据产业发展，引导5—8家本地实体传统企业转型升级，新增网络店铺30家以上。抓好银饰、刺绣特色产业发展，大力支持和培育一批500万元以上规模银饰、刺绣骨干企业发展。深入挖掘文化旅游产业拉动效应，继续打造2—3个高端民宿，推出6—8个乡村旅游脱贫示范村，探索尝试舞龙嘘花节、中国苗族姊妹节、独木龙舟节等民族节庆市场化运作，丰富旅游业态。

4. 引导商贸企业抓住年度消费热点，开展丰富多彩的促销活动

引导商贸流通企业与台江县民族文化与传统节日、民俗节庆相结合，充分发挥本土旅游资源优势，丰富节庆旅游展销活动，提升节庆、旅游消费。推进商业、旅游与文化相结合，培育旅游商品消费，加快民营经济发展，形成新的经济形态和消费模式。鼓励传统商贸企业搭建网上销售平台，推进网购销售模式，促进传统商贸转型发展。

（三）实施乡村振兴战略，推动区域经济协调发展

1. 巩固完善农村基本经营制度，加快推进土地确权登记颁证工作

稳步推进农村产权制度改革，全面开展农村集体资产清产核资。加快推进农村“三变”改革工作，认真落实好专项扶贫资金政策，大力推广“保底分红 + 效益分红”等利益联结机制。

2. 深入实施乡村振兴战略，持续推进美丽乡村建设

完成全县建档立卡农村扶贫基础设施项目建设，完善 41 个村传统村落基础设施建设，全面推进农村“三改”工作，大力支持精品民宿、农家乐等乡村旅游项目建设，多渠道增加农民收入。

3. 继续推进美丽乡村示范村建设

进一步提升村寨基础设施、公共服务设施、产业发展及人居环境建设。完成台江县城乡垃圾收运体系建设，村寨基本具备“有完备的设施设备、有成熟的治理技术、有稳定的保洁队伍、有完善的监管制度、有长效的资金保障”等“五有”标准，解决农村环境脏、乱、差问题。

（四）狠抓项目建设，进一步扩大有效投资

紧紧把握国家和省“十三五”规划中期调整和重大战略决策，以新经济和高质量发展为纲领，围绕脱贫攻坚、大旅游、大数据、大生态、大健康、教育医疗、产业发展、城镇建设等重点领域，进一步完善、优化、做实项目库建设，积级争取国家和省级项目资金支持。

1. 大力实施重大项目建设

继续实行县级领导联系重点项目责任制，强化项目建设服务力度，加快推进 G320 线台江县城至台盘公路、S311 施洞至台盘公路改造、汪江至交密公路、X845 县城至方召公路、台江经坝场至老屯公路改造项目建设。加快推进清水江平寨航电工程、空寨水库、南开水库、翁你河综合治理等项目建设，进一步夯实水利基础设施。全面推进南浓寨片区棚户区改造、智慧台江、民族体育中心、洋汪城市综合体等项目建设。

2. 加快建立招商项目落地建设协调调度机制

大力抓好大健康医药、文化旅游、现代高效农业、现代服务业等专题招商，强化新兴产业招商。加强对口帮扶合作发展，深化与泛珠三角、长三角等地区的

合作交流，力争编制招商引资项目50个以上，落地产业招商项目20个，开工建设20个，新增产业项目投资额26亿元左右，到位资金20亿元以上。

3.强化建设用地保障

积极做大增量，优先保障基础设施、新业态和民生用地。大力推进土地增减挂钩工作，积极盘活转而未供土地，加大闲置土地的处置力度，拓宽建设用地指标。坚持有保有控、优化供给，加快配套用地报批制度，推进低效工业用地退出机制，优先用于重大投资项目保障。

（五）抓好民生事业，强化社会保障能力

1.继续抓好全员培训和劳务输出工作

完成农村贫困劳动力职业技能培训2786人，转移农村劳动力就业4164人。扎实开展就业创业和城镇新增就业工作，完成县返乡农民工创业园建设。

2.努力办好人民满意教育

深化学前教育、义务教育、高中教育、职业教育管理和教学方式改革，努力提高高考升学率，推进职业教育高质量发展和基础教育内涵式发展。加快推进施洞小学等义务教育阶段的项目建设，统筹资源高标准建设台江县中等职业学校。确保学前三年毛入园率、高中阶段毛入学率、义务教育巩固率、三残少年儿童入学率、小学寄宿率、初中寄宿率分别达88%、88%、92%、90%、30%和70%以上，普通高中学生流失率控制在5%以内、中职学生流失率控制在10%以内。加强师德教育，加大教师培训力度，不断提高教育发展水平，努力办好人民满意的教育。

3.加快提升医疗卫生服务水平

加快县级三级综合医院、县妇幼保健院、县疾控中心等卫生项目建设，加大公共卫生基础建设投入，改善县乡二级医疗救治、疾病预防控制等工作硬件设施和仪器设备配置，提高应急处置能力，切实改善医疗卫生条件。加强高层次和急需医疗人才引进及培养培训，逐步补齐重点学科带头人和高职称人才缺乏短板。借助浙大附二院的结对帮扶、继续推进医疗健康扶贫全覆盖。加强食品、药品安全监管，保障人民群众食品药品安全。

4.积极抓好文化体育事业发展

全力推进文旅项目建设，加快推进全民健身中心、东山环线绿色健身步道、美丽乡村旅游步道等项目建设。继续抓好非物质文化遗产保护工作，大力加强非遗项目常规性保护和抢救性保护，稳步推进台江县的黔东南国家级民族文化生态保护区建设。落地实施“传统工艺振兴计划”，争取上级支持实施非遗技艺“十百千”培训工程。积极发展乡村旅游，形成助推“农文旅”一体化发展的突破点，推动本县乡村旅游业成为精准扶贫和农民增收的新亮点。

5. 继续推进社会保险工作

继续做好城镇职工养老保险、失业保险、基本医疗保险、工伤保险、生育保险及城乡居民基本养老保险等各项社会保险工作。有序推进社会保障体系建设，完善城乡居民医保制度，构建一体化的管理体系和信息系统，进一步加强社会保障基金监管，从源头和各个环节上堵塞漏洞。

6. 规范有序抓实价格工作

进一步完善社会救助保障标准与物价上涨联动机制。大力开展涉企、涉农、公用行业等价格和收费专项检查，加强教育、医疗收费等重点领域价格检查。继续抓好节日期间与群众生活密切相关的食品、车票等方面的监督检查工作，发挥好 12358 价格监管平台作用，坚决遏制不合理不合法的乱收费、乱涨价现象发生。

（六）深化改革开放，增强发展动力

1. 深化重点领域和关键环节改革

坚持问题导向，统筹推进各项改革任务。重点在供给侧结构性改革、处理政府与市场关系这些重点领域和关键环节改革上取得实质性突破，出台促进经济持续健康较快发展的系列政策措施，全面落实“三去一降一补”五大任务。加快推进政府职能转变、深化投融资体制改革，放宽民间投资领域，引导财政资金和社会资金相结合。

2. 提升对外开放水平

借助大开放带来的大机遇，加快资源、产业、资本、技术、人才的对接。充分用好国家支持贫困地区企业上市的绿色通道，谋划引进实力强、信誉好、能落地、带动大的实体经济。围绕台江县战略重点和新兴产业，精准招引一批大企业、大项目。

3. 鼓励支持创新发展

加大科技创新投入，提高研发资金占一般公共预算支出比重。优化劳动力、资本、土地、技术等要素资源，发挥政策叠加效应，持续推进大众创业、万众创新“双创”行动，大力实施就业创业促进工程。

（七）抓好生态文明建设，夯实绿色发展基础

1. 推进生态环保督查反馈问题整改

继续抓好中央和省委生态环保督察反馈问题整改，确保中央环保督察反馈问题按要求按时全面整改完成。优化环评审批服务，加强建设项目管理，对重点建设项目实施跟踪服务，加强建设项目事中事后监管，强化规划环评、项目环评指导作用，从决策源头防止环境污染和生态破坏，不断推动环境保护督察工作常态化、制度化。

2. 加强生态环境污染治理

坚决打好“蓝天保卫”“碧水保卫”“净土保卫”“固废治理”和“乡村环境整治”五场战役，深入开展各项污染防治攻坚行动。确保建成县城污水处理工程和农村垃圾收运系统工程，确保全县集中式饮用水水源地水质达标率达到100%，地表水监测断面优良比例保持在92%以上，城市（县城）环境空气质量优良天数比例保持在95%以上，城乡垃圾无害化处理率达90%以上，城镇污水处理率达85%以上。

3. 加强环境监管执法

加大环境保护队伍人员投入，强化对业务知识、技能技术的培训，全面提高环评审批队伍的业务水平和服务水平。加快推进环境监测执法业务用房、平敏大桥断面自动监测站的运行，着力解决监测能力建设滞后问题。积极推进生态环境监管执法队伍装备现代化、队伍专业化、管理制度化。

二、民族经济政策实践成就

（一）综合实力大幅提升

2019年上半年全县地区生产总值169180万元，同比增长4.3%，增速排全州第15位。分产业看，第一产业增加值25455万元，增长5.4%；第二产业增加值41981万元，增长8%；第三产业增加值101744万元，增长2.8%。

（二）按时高质量打赢脱贫攻坚战，脱贫摘帽取得决定性进展

1. 扎实推进易地扶贫搬迁工作

2018 年，完成桃源安置点建设，实现 1057 户 5441 人搬迁入住。推进搬迁户旧房拆除和宅基地复垦复绿工作，完成复垦复绿 225 户。按照省、州“六个坚持”的要求，积极开展移民群众劳动力培训，加大劳务输出力度，解决搬迁户就业 1909 人，多渠道助推移民家庭增收。按照省、州时间节点，倒排工期，推进 2018 年度县城交孟沟、方黎湾、台盘大道安置点工程建设，2019 年 6 月底前完成 2887 人移民群众搬迁入住，完成 2017—2018 年安置点的社区服务中心建社。

2. 种植养殖业深入推进

截至 2019 年，完成精品水果种植 2.65 万亩、稻田综合种养 4.3 万亩、中药材种植 1.26 万亩、食用菌种植 2200 亩、茶叶种植 0.3 万亩、蔬菜种植 10.5 万亩；建成生猪养殖基地 3 个，存栏 3000 头，出栏 1100 头；建成蛋鸡养殖场 5 个，存栏蛋鸡 14.9 万羽，产蛋 2300 吨；发展养蜂 3300 群。产业扶贫项目覆盖全县 9 个乡镇（街道）156 个村，受益农户累计达 2.75 万户 11.79 万人次，涉及贫困户 1.4 万户 5.62 万人次，户均增收 1086 元以上。

3. 落实好教育资助政策

2018 年共发放“两免一补”“两助三免”“营养改善计划”“贫困寄宿生生活补助”等资金 4462.73 万元，向高中、中职和省外高校学生发放贵州省教育精准扶贫资助、国家助学金 667.11 万元。通过“健康扶贫医疗保障救助”政策补偿农村建档立卡贫困人口 15.63 万人次，补偿资金 4297.29 万元。推进农村危房改造工作，实施农村危房改造 100 户。

4. 推进金融扶贫

2019 年，共发放扶贫产业子基金 2.91 亿元；发放“助保贷”“三农保证保险贷”共 1280 万元；发放“特惠贷”金额 8826 万元，惠及贫困家庭 1846 户。

（三）产业转型升级，凸显成果

1. 现代农业发展持续推进

2018 年，调减玉米 2.52 万亩改种附加值高的经济作物，蔬菜、茶叶、精品水果、中药材等特色产业发展壮大；全县粮食种植面积 15.1 万亩，同比减少 9.04%，总产量完成 4.88 万吨；农业产业龙头企业发展至 23 家；新增无公害种

植业产地认定4.83万亩，批准畜牧产地认定7个；农村“三变”工作持续推进，全县新增试点村48个；农业园区建设取得突破性进展，实现产值3360万余元。

2. 工业转型升级步伐加快

实施工业强县主战略，2018年，工业产值完成35.74亿元，增加值完成8.67亿元，增速28%，工业经济增速位列全省第一。全面推进火麒麟、保诚、兴泰化医等重点企业技改工作，提升企业产能效率达50%以上，为工业经济高速、健康发展夯实强劲基础。着力培育新增长点，天能集团项目有序推进，中科鑫筑装配式建筑标准厂房基本完成。

3. 现代服务业提档加速发展

以旅游扶贫为目标，加快构建与全域旅游发展相配套、与城镇化进程相协调、与游客需求相适应的现代服务业体系。姊妹驿栈、台江大酒店等一批酒店餐饮服务业加快成长；锦绣长滩和红阳景区成功通过州级景观质量3A级景区评审；反排、阳芳等民宿相继投入运营；建成九摆、交宫等8个重点旅游村寨。依托中国苗族姊妹节、独木龙舟节、“苗寨过大年”体验游、“舞龙嘘花”元宵节、二月二敬桥节等系列民族文化活动，扎实推进乡村旅游，吸引世界各地及省内外游客210.2万人。2018年实现旅游综合收入16.3亿元，增长46.2%。完成喜悦祥、苗人匠心、浩邓本、哆喋等40余家本地民族工艺传统企业和个人网络店铺的运营工作，电商产业蓬勃发展。县乡村“三位一体”新型合作社、“农超对接”服务平台日趋成熟，韵达、顺丰、申通、圆通等快递物流企业快速发展。

（四）统筹发展，城乡建设步伐加快

1. 区域空间管控持续优化

审查通过《台江县县城“多规合一”暨县城总体规划（2017—2035）》《台江县城市地下综合管廊专项规划》《台江县县域乡村建设规划》等城乡规划。

2. 城市基础设施不断提升

全面启动棚户区改造项目，建设县城主干道绿化及路灯升级改造工程、翁你河综合治理工程、阳汪停车场等项目，城乡垃圾收运系统和城乡供排水及污水处理设施建设有序推进，城市品位全面提升，城市畅通条件有效改善。

3. 乡村振兴战略扎实推进

完成编制《台江县县域乡村建设规划》和121个行政村村庄规划。加大传统村落的建设力度，建档立卡农村环境整治项目有序实施，乡村垃圾收运、污水排放、消防安全得到全面改善和提升。支持乡村发展食用菌、中药材、茶叶、畜禽养殖等产业，乡村产业化和经济振兴加快集聚。

（五）推进项目建设，有效投资不断扩大

以承办黔东南州第八届旅游产业发展大会为契机，以项目建设攻坚年为载体，积极推进一批重大工程和重点项目开工建设。重点水利工程建设扎实推进，开工建设空寨水库、南开水库项目，台雄水库灌溉工程验收工作基本完成。城区供水升级改造、城镇污水处理及配套管网、城乡排水（雨水）设施、城乡供水工程等项目有序推进，防洪灌溉、中小河流治理、安全饮水等项目有序推进。

交通骨干网络工程全面提质提升。完成 S311 施洞至革一改扩建工程，X845 县城至方召公路改扩建工程加快推进，县城经坝场至老屯公路改扩建复工建设，G211 台江至施洞公路改造工程、S311 施洞至台盘公路（革一至台盘段）改扩建工程、X845 方召至反排公路改扩建工程等项目前期工作基本完成。

（六）聚焦增进福祉，民生保障持续改善

1. 教育事业稳步发展

坚持优先发展教育，加大教育投入，完成实施教育工程项目“全面改薄”45 所、学前教育 14 所、高中项目 1 所、“厕所革命”20 座等项目建设，完成投资 4816 万元。突出职业教育特色化发展和合作化办学，实行集团化“连锁”管理，实现中心村幼儿园全覆盖。大力开展名校长、名教师、名班主任“三名工程”，2018 年台江县高考成绩创历史最好纪录。

2. 医疗卫生服务水平不断提升

启动实施县三级综合医院整体搬迁建设项目、县妇幼保健院、县疾控中心、萃文街道社区卫生服务中心、老屯乡卫生院门诊楼等卫生项目。完成 14 个深度贫困村卫生室装修改造。县、乡全面推进贫困人口“先诊疗后付费”和“一站式”即时结算便民措施，极大方便了群众看病，减轻了患者经济负担。加大对重点传染病、多发病、流行病预防控制。借助浙大附二院、泰安市中医院等帮扶力量，完成县医院远程会诊中心、泌尿外科、儿科、心脏介入中心及心血管内科、中医骨科门诊等重点专科和学科新技术、新项目共 35 项，全面补齐了台江医院重点专科建设不足短板。全面落实农村贫困人口“四重医疗”保障制度，开展家庭医生签约服务、免费孕前优生健康检查、生育健康全程服务等工作，有效干预新生儿出生缺陷。2018 年，全县建档立卡贫困人口家庭医生签约率达 100%，新型农村合作医疗参合率达 100%。

3. 创业就业工作有序推进

统筹推进高校毕业生、返乡农民工、退伍军人等重点群体就业创业，深入落实“特惠贷”和妇女创业等小额贴息贷款政策。2018 年，城镇新增就业累计完成 1779 人，完成年目标任务的 100.11%；失业人员实现再就业 217 人，完成年目标任务的 102.36%；就业困难人员实现就业 184 人，完成年目标任务的 106.98%。全年开展贫困劳动力全员培训 3162 人，完成年度目标的 100.13%，劳务协作就业输出 526 人。

4. 社会保障水平不断提高

城乡低保提标工作全面完成，2018 年，农村、城市低保平均标准分别增长 10% 和 7%，累计发放低保金 9455.71 万元。加大医疗兜底、临时救助、特困供养、孤儿救助等工作力度，累计落实救助金 1008.84 万元，受惠群众达 37178 人次。认真贯彻落实残疾人“两项补贴”政策，累计发放补贴 556.7 万元。2018 年，城乡居民基本养老保险参保 80601 人，城镇职工养老保险参保 3684 人，城镇职工医疗保险参保 8419 人，工伤保险参保 7007 人，失业保险参保 2062 人，生育保险参保 6080 人，均完成年初制定的目标任务。

（七）聚焦改革开放，创新活力持续加大

1. 关键领域改革不断深化

深化“放管服”，优化营商环境，扎实推进“多证合一、一证一码”登记制度改革和“最多跑一次”改革。推进国有企业布局调整优化重组，加快融资平台公司市场化转型，深化投融资体制改革，完善社会资助参与基础设施建设机制，加快推进 PPP 化债工作，创新运用一批专项债券进行融资，提高直接融资比例。扎实推进农村“三变”改革、户籍制度和司法体制改革，100 个病种按病种收费全面推行。市场主体总量累计达到 16441 户。农村集体产权制度改革全面启动，基本完成全县土地确权登记颁证工作，颁证 2.37 万本 15.46 万亩。公立医院改革不断深化，县级机构改革有序推进。

2. 对外开放力度不断加大

成功举办苗族姊妹节和承办“黔东南州第八届旅游产业大会”“2018年贵州环雷公山超100公里国际马拉松台江赛段”及参加央视春晚黔东南分会场表演等活动，向世界展示了台江丰富多彩的民族文化，全面提升了台江对外知名度。以产业大招商突破年为契机，优化营商环境，积极搭建招商平台，项目招引和落地建设成效明显，2018年，新增项目41个，新增投资总额25.47亿元，累计到位资金41.23亿元，开工项目41个，投产项目52个，项目开工率100%。引进天能集团、理士集团等企业落户台江，实现招大引强。

3. 创新发展水平不断提升

大力实施科技扶贫行动，组织科技人才深入基层，围绕“一减四增”开展科技咨询服务。2018年，新增省级科技型中小企业备案30家，备案累计120家；新增高新技术企业2家，累计4家；科技型企业备案30家，完成技术合同交易8820万元，申报专利123件。全县综合科技进步水平指数达61.3%，排名全州第三。

（八）聚焦生态保护，污染防治大力改善

1. 持续深化农村“清洁风暴”行动

加快推进农村环境治理工程，实施农村环境综合整治项目和城乡垃圾收运系统建设，生活垃圾无害化处理率、城镇生活污水处理率分别达89%、80%以上。

2. 大力推进“河长制”

推进清河、护岸、净水、保水四项工作，加强饮用水水源地保护，集中式饮水源水质达标率达100%。

3. 加强大气污染防治

深入落实“气十条”，加强对工业废气、建设工地扬尘、道路扬尘、餐饮业油烟污染等整治，减少大气污染排放总量，城市环境空气质量达标率达97.8%以上。

4. 强化公益林管理和林业生态红线保护

扎实开展新一轮退耕还林还草工程，完成33万亩退耕还林和3.69万亩营造林任务，森林覆盖率达68.82%。大力发展林下种养等林下经济和森林生态旅游等林业产业，启动实施万亩草场绿化美化工程，推动绿色发展。

第三节 民族文化政策实践

一、民族文化政策实践措施

（一）文化事业机构

2014 年，台江县文体广电旅游局编制 59 人，其中，行政编制 5 人，行政工勤编制 3 人，事业编 51 人，实有干部 60 人；其中党组书记 1 人，党组副书记、局长 1 人，副局长 2 人，纪检组长 1 人，办公室主任 1 人，主任科员 1 人；执法大队、体育中心、广播电视台是局属副乡级事业单位，下辖全县 8 个乡镇文化站。

2016 年县文化广电新闻出版局编制 60 人，其中，行政编制 6 人，行政工勤编制 3 人，事业编 51 人，实有干部 56 人；其中党组书记、局长 1 人，副局长 2 人，纪检组长 1 人，办公室主任 1 人，主任科员 1 人；执法大队、体育中心、广播电视台是局属副乡级事业单位，下辖全县 8 个乡镇文化站，联系县新华书店、广电网络公司。

2018 年，为加强全县旅游发展和文体广电新闻出版工作，经县委、县政府研究同意，撤销台江县文体广电旅游局（县新闻出版局、县版权局），设立台江县旅游发展委员会，加挂台江文体广电新闻出版局（县版权局）牌子，实行“一套人马、两个牌子”的运行模式，为台江县人民政府主管旅游发展、文体广电、新闻出版和版权的工作部门，其中局机关 1 个，即办公室。10 个直属事业单位，即县旅游产业发展办公室、县广播电视台、县非物质文化遗产保护中心、县体育中心、县文化市场综合执法大队、县文化馆、县民族图书馆、县文物局、县苗族刺绣博物馆、县广播电视事业建设站，2018 年，全系统共有干部职工 67 人。

施洞文化产业园区管理委员会于 2012 年 8 月设立，是经台江县人民政府批准成立的正乡级事业单位，核定事业编制 15 名。设工委书记 1 名（由副县级领导干部兼任），党工委副书记 1 名（兼任管委会主任，正乡级），纪工委书记 1 名（副乡级）；设管委会主任 1 名（由党工委副书记兼任，正乡级），管委会常务副主任 1 名（正乡级），管委会副主任 2 名（副乡级），2016 年设有综合办公室、项目办、财务室及纪检室 4 个办公室，单位在编人数为 11 名，其中选派到同步小康工作组驻村 2 名，抽调县政府办工作 1 名。2018 年调整为 5 个股室：综合办公室、创意办公室、市场开发办公室、网络管理办公室及文化保护与开发办公室。

施洞文化园区是省委、省政府重点扶持的 100 个示范小城镇、100 个旅游景区建设及全州 6 个 20 重点项目建设工程。2017 年被省发改委评定为“贵州省省级现代服务业集聚区”。

贵州黔东南苗岭国家地质公园台江县管理局为县人民政府管理正乡级事业单位，内设机构有办公室、综合室，人员编制核定事业编制 6 人，财政全额预算管理。设局长 1 名，副局长 2 名，纪检组长 1 名，工作人员 2 名。博物馆建筑为民族风格，共三层，占地面积 2400 平方米，建筑面积 1480 平方米，展厅面积 805.125 平方米。博物馆设计展示区 12 个，分别是地质公园简介、生物进化知识及考古重大发现、八郎生物探秘、园区民族风情及地质景观视频、黔东南地质地貌形成、㵲阳河白云岩喀斯特地貌、云台山和㵲阳河及镇远古城、虚拟漂流、雷公山生物多样性及景观介绍、苗侗民族风情、天生桥形成动画、天生桥模拟景观等。

（二）丰富群众文化生活

2014 年组织民间表演队 8 人，参加中国群众文化学会、江苏省群众文化学会、阜宁县委、阜宁县政府主办的“中国·阜宁第五届‘德惠’杯牛歌展演”，并获得国内外文艺界人士的高度赞扬。组织苗族原生态舞蹈队《方召多声部情歌》6 人到黔东南州电视台参加“多彩贵州青歌赛”表演，组织 4 名施洞民间服饰艺人参加深圳文博会服饰展演。应邀参加省内外演出 10 余场次。举办以台江经济建设为主题的摄影展活动，共展出 110 幅作品，台江自然风光、原生态民族风情、党政关怀、经济建设等一幅幅美轮美奂的摄影作品吸引了广大市民群众和摄影爱好者的眼光。完成 2014 年元宵节“舞龙嘘花”活动和贵州苗族姊妹节《五彩云霞》服饰节目的编排、文艺演出及斗牛、斗鸡、斗狗、斗鸟民间体育赛事活动。开展“电影”下乡活动。

2018 年完成农村数字电影公益放映 1930 场，观众超 11 万人次。安排专人送戏，安排公益电影《第一书记》等下村放映60余场。全年共放映故事片、科教片36余部，共计1872场次，观众达21.8万人次。春节期间协助南瓦、南宫、红阳等村开展了丰富多彩的文体活动。完成台江县“贵州苗族姊妹节”专题宣传片入选全国文化信息资源共享工程地方资源建设项目的拍摄工作。丰富和繁荣了台江县城乡农村文化生活。举办了“元宵舞龙嘘花节”“中国苗族姊妹节”“独木龙舟节”等全国性的独特节庆活动，同时还举办了“中国传统村落黔东南峰会长滩分会‘苗侗欢乐周’独木龙舟主题活动”等，有力地带动了农家乐市场的发展。

（三）做好涉及公共文化服务体系的民生工程建设

在县城主干道设置了习近平总书记经典语句、社会主义核心价值观、中华民族传统美德、台江本地民族文化、文明风尚用语等长期性宣传固定标识193块，全面提升了台江正能量文化氛围。

积极争取中央和省州专项资金及县级项目资金，建成登鲁村、交汪村、岩寨村、革一村、棉花村、长滩村、清江村、交密村8个村的综合文化服务中心建设，完成南宫小学、革一小学、方召小学、台盘小学、南省小学、施洞小学、知行小学、排羊小学等8个小学的少年宫建设。

2016年，台江县文体广电、财政、市场监督管理、消防等部门组成联合验收工作小组，按照《台江县城首家数字影院建设实施计划》的建设标准，对已建成的台江县盛世影城进行验收。台江县盛世影城位于御江苑一楼，由中央财政资金补贴80万元、台江县盛世影城有限公司投资60万元建成，影院建筑面积400余平方米，设有2个放映厅，共122个座位。该影院于2015年8月下旬启动实施，12月16日建成并开业，按照现代影院标准和消防规范进行装修建设，购置日本NEC放映设备、GDC服务器、乐视3D、国产金属大银幕，放映质量满足2K要求，且加盟贵州星空影业有限公司。

2018年，完成全省旅游“1+5个100工程”项目申报2个，重大旅游项目申报14个，美丽乡村建设项目资金申报获批600万元（其中旅游方面民俗改造150万元，体育方面步道建设450万元）；成功申报了锦绣长滩景区（长滩村—稿仰—方南姊妹休闲观光农业<扶贫>示范园）及红阳景区的3A级景区。积极做好反排木鼓舞非遗保护利用设施项目基地的建设工作和全民健身中心项目建设工作。抓好广电项目的实施，雪亮工程全年已开通492个点，占计划89.45%。智能云应急广播66个点已全部建成使用，多彩贵州“广电云”户户用工程全年任务数5586户，截止12月底实际完成6000户，完成全年任务的107.41%。

（四）开展文艺组织建设

2016年，全县在册文艺协会有文学、书法、美术、音舞、诗词、摄影、民间文艺7家协会，会员共300余人。

为进一步了解和掌握各文艺协会发展情况，整合工作合力，组织召开全县文艺和社科工作者座谈会和文艺协会工作座谈会，学习贯彻党的十八届四中、五中全会、省委全会和习近平总书记在中央扶贫开发工作会上讲话精神及赵乐际部长在台考察时的讲话精神，邀请各协会负责人、文艺骨干参加座谈。期间，还深入7个协会了解情况、交流工作。通过座谈和交流，进一步疏通了思想、凝聚了感情，对征求到的意见建议进行了梳理，并纳入县文联工作整改落实事项。建立了“苗疆文艺家”QQ群和公众号，组织开展会员重新认定和清理工作，建立全县文艺人员信息库，积极动员广大文艺爱好人士加入协会，建好建强文艺队伍。

本着文艺来自于基层，服务于基层的工作理念，因势就近在9个乡镇（街道）创建文艺创作基地，初步征求选点19个（台拱的登鲁、红阳，翠文的桃香、南省，老屯的长滩、望虎屯，施洞的小河、巴拉河，革一的大塘、排生，台盘的阳芳、南庄，排阳的九摆、大塘，方召的反排、交汪、翁脚交，南宫的交密、交下），基地要求有文化、有风光、有设施、有人员，将文艺连接点和落脚点延伸到基层，为文艺创作、文艺采风、文艺交流建好平台。积极开展“3个5”培育计划，深入挖掘5个优秀协会、每个协会5名成绩突出文艺人才先进材料和收集每个协会5件优秀作品，为今后参与文艺展览、交流学习提供参考资料和组织保障。

（五）继续推行“全民阅读”系列活动

2016年，县民族图书馆流动图书车开进南冬村，为苗家村民及学生送去了科技、种植、青少年科普等方面图书300余册，还现场为村民及学生播放科教宣传片。

2018年，县民族图书馆全年共接待读者17200人次，阅览图书6168册次；县文化馆全年接待群众达5000余人次，指导成立台江县山歌协会、台江县民间歌舞协会，全年开展各类培训指导100期；县苗族刺绣博物馆全年接待参观游客20000余人次，接待本地游客和学校师生12000余人次。

（六）民族文化申报与保护

2016年，对全县27个民族特色村寨进行回访，通过回访工作的开展，充实完善民族特色村寨调研材料，指导村民群众提高安全保护意识，参与村寨保护工作，成功申报了交宫村、红阳村、交下村、反排村4个村寨为贵州省第一批少数民族特色村寨。

争取项目申报，已获批红阳村少数民族特色村寨建设项目一个30万元；方召镇交汪村建设项目一个70万元，项目均已启动实施；动工实施红阳村一公里特色步道（投资13万元）和两个六角亭（投资17万元）建设。

根据《国家民委办公厅关于开展第二批中国少数民族特色村寨命名挂牌工作有关事项的通知》（民办发〔2016〕64号）文件精神，及时完成了交汪村、反排村、红阳村和长滩村的材料收集整理和上报工作。在到基层、到农村调查研究的基础上，通过反复论证和筛选，顺利完成了16个共计265.8万元的项目编制及上报工作。其中，滚动发展资金项目3个共90万元，传统手工艺项目3个共30万元；民族教育专项补助资金项目10个共145.8万元。

积极实施“民族古籍抢救保护工程”。台江县史志办、非遗办、苗学会协作，抓好对苗族古籍的整理，在面上投入经费聘请社会专业人士从事民族文化的挖掘、保护和抢救、收集工作。2018年收录162条，位居全州收集上报民族古籍条目数首位。

开展民族节庆品牌打造，助力“国内外知名民族文化旅游目的地”建设，将苗族姊妹节、舞龙嘘花节、施洞独木龙舟节等民族节日作为重要的民族节庆项目向省进行了申报，台江县的苗族姊妹节和榕江的萨玛节成为贵州省最重大的节庆日。

多方努力，筹措经费，组织编写和印制了《台江县苗族史志》《台江县苗族文化第六届民族文化论坛》《岩寨史志》等苗族文化书籍，为群众学习和了解、发展自己的民族文化奠定了基础。

2018年，将非遗项目纳入“送戏下乡”“民族文化走进大学校园”等工作，积极开展非遗保护传承工作。启动录制“苗族独木龙舟节”“苗族古歌”收录工作，组织撰写、整理《苗族姊妹节》书籍。认真开展非遗培训，共培训了130名苗族妇女。2018年完成省级文物保护“三防”基本情况的统计上报，申报2018年省保安全防范设施设备建设资金，省人民政府公布排羊乡九摆鼓楼等5处文物保护单位被列入贵州省第六批文物保护单位，台江县省级文物保护单位从原来的3处增加到8处。《台江县民族文化论坛优秀导游词文集》收集整理成册。积极配合县非遗办开展对《苗族古歌》的翻译和录入工作。

（七）加快旅游产业培育，全面推进全域旅游发展

用好用活生态和民族文化两个“宝贝”，将台江建成国内外知名民族文化乡村旅游目的地。到2020年，建成3A级景区3个以上、5A级景区1个，接待游客320万人次以上，旅游综合总收入达50亿元。打造一批旅游景区景点，推进旅游与农业融合发展，把老屯、排羊、革一、阳芳四个省级农业示范园区打造成为集农业产业发展和休闲体验旅游于一体的观光园。

推进旅游与文化融合发展，将施洞苗族文化旅游综合体按5A级景区进行规划和建设，同时重点开发和打造一批传统村落为民族文化乡村旅游景点；推进旅游与生态融合发展，加快开发白水洞、姊妹湖、红阳草场、翁密河等集山水风光与户外徒步探险于一体的景区景点；推进旅游与科普融合发展，开发革一古生物化石群地质科普教育基地；推进旅游与体育融合发展，建设台江登山健身步道、越野摩托车和汽车训练基地和山地自行车训练基地。

加强节庆文化旅游培育，办好中国苗族姊妹节、独木龙舟节、舞龙嘘花节等重大节庆，唱响“天下苗族第一县”品牌。积极开展越野摩托车场地邀请赛、山地自行车赛、拳王争霸赛和牛王争霸赛等体育及民间传统赛事活动，培育体育旅游产品。

加快苗韵枫情·温泉水城、翁密河漂流和姊妹湖水上旅游度假区开发，培育康体养生旅游产品。加快长滩、排扎等传统村落和旅游扶贫重点村建设，培育苗族风俗体验旅游产品。加快中国苗族博物馆、雷公山自然博物馆等建设，培育科普体验旅游产品。积极谋划一批质量高、影响大的旅游推介活动，努力把台江的旅游资源、旅游产品和旅游品牌推向市场、走出国内外。

完善旅游配套服务功能。加快星级酒店、游客服务中心、精品民宿等基础服务设施建设，建成四星级宾馆2家以上，建成南冬、反排、红阳、交宫等一批精

品民宿村。建成阳芳农业休闲度假村、长滩传统村落度假村、排扎新农村度假村等一批旅游特色精品村。

建成县城游客集散服务中心、南宫旅游服务中心等一批旅游配套重点项目。完善旅游景区景点的水、电、路、通讯和标识标牌等一批旅游服务设施。加大银饰刺绣工艺品、苗族服饰、姊妹饭等一批“姊妹系列”旅游商品开发力度。加快建成台江电子商务配送中心，促进“互联网＋旅游商品”融合发展。

（八）进行文化市场监管

2014年1月，县委县政府督察室组织文化、公安、消防、工商、安监五部门组成联合检查组对辖区内文化娱乐场所进行专项整治行动大检查。联合检查组对网吧、歌舞娱乐场所、印刷、出版物经营场所进行检查，重点检查：是否存在未成年人进入，消防安全疏散通道、安全出口是否畅通，疏散指示标志、应急照明灯、灭火器材配置是否完好有效，电器线路是否存在安全隐患现象，是否制定灭火和应急疏散预案，消防安全责任制和消防安全管理制度是否落实，经营场所是否存在“黄、赌、毒”违法违规现象等。通过联合检查，进一步提高了文化市场经营业主的消防安全和守法经营意识，有效预防安全事故和违规经营现象的发生。2018年，全年累计出动执法人员528人次，检查文化经营场所216家（次），依法查处“黑网吧”一家，“扫黄打非”案件查处两起。2018年完成了台江县作品著作权登记相关工作。

二、民族文化政策实践成就

（一）项目经费落实有力，民生事业改善

2014年共获得少数民族发展资金177.6万元，到位资金110万元。项目经费下达后，民宗局严格按照资金管理的要求，积极深入项目点加强督促指导，确保项目按质按量完成。

一是为方召乡反排村特色步道建设投入40万元，建成长1500米、宽1.2米、厚0.08米的山石板路面硬化。通过项目的实施，解决了全村384户1684人的出行难问题，同时进一步完善该村的基础设施建设，为该村民族旅游业的发展奠定了坚实的基础。二是为施洞镇偏寨村特色步道建设投入13万元，建成136米具有花纹图案的青石护栏。该项目的实施，受益人数2120人，使该村基础设施得到很大改善，对推动该村新农村建设、助推民族旅游业发展、增加农民收入起到积极的促进作用。三是为台拱镇南冬村步道通行桥投入 12 万元，建成长 45 米，宽 2.5 米，高 4.6 米的生产生活步道通行桥。通过项目的实施，解决了该村 199 户 986 人的出行困难，有效地改善了该村人民群众的生产生活条件，为增加农民收入和加快新农村建设步伐奠定了基础，取得了良好经济和社会效益。四是申报民贸民品企业 42 家，获得省级认定企业 41 家。截至 2014 年 12 月底，已有锦绣图腾工艺品有限公司等 10 家民贸民品企业获批项目资金 72.7 万元。

争取民族文化教育专项补助资金 49 万元，大力开展民族文化教育和传承保护工作。利用项目扶持并积极深入民族项目学校（台江职中、番省小学、城关三小）及双语和谐示范点（张家村）开展调查研究和指导工作，使台江县的双语教学、民族文化进校园及双语和谐环境建设工作得以顺利开展；完成县委、县政府交办的“台江县第三届苗族文化论坛优秀导游词征文演讲大赛”及姊妹节游演活动。

2016 年，台江县获批各类民族经费项目 26 个，项目资金共 287 万元。其中，中央发展资金项目 11 个，101 万元；省级发展资金项目 10 个，165 万元；省级民族教育专项经费 1 个，10 万元；省级民族工作经费 4 个，11 万元。项目资金均按照省财政、省民宗委项目资金文件下达到县财政指标。项目经费下达后，严格按照资金管理的要求，到项目点强化督查指导，确保项目按质按量完成项目申报。

2018 年，获得少数民族发展资金 560 万元，实施项目 23 个。项目建设内容涵盖基础设施建设、种植养殖业、传统手工艺保护、民族团结进步示范创建、民族节庆（姊妹节）补助等。以上项目均与建档立卡贫困户建立了利益联结机制。

（二）新媒体平台利用充分，传播影响力提升

2012 年，县广播电视台完成县台播放 616 条，州电视台和州广播电台采用 100 条，中央电视台采用 17 条。制作专题部制作姊妹节开幕式、台江宣传片等专题片 18 部（集）。CCTV 等 20 多个平台对舞龙嘘花节、独木龙舟节等进行现场或连线直播，全国点击量突破 640 多万次。台江县在各级各类媒体共刊（播）发新闻稿件 1686 篇（条）。

2014 年，举办了元旦新春文艺演出、节庆文艺演出、“六五”苗歌苗舞普

法、科技文化卫生“三下乡”等专场宣传教育活动1000多场次，参与群众数万人次。元旦、春节、姊妹节期间举办大型图片展3次，印刷台江新版宣传画册1份，印量5000册，租用制作高速公路大型广告宣传4期，收到了很好的外宣效果。创办《今日台江》内部刊物，每期印刷5000份，2014年发行28期，拓展了新的宣传载体，营造了良好的社会氛围。

2018年，县广播电视台完成县台播放616条，州电视台和州广播电台采用100条，中央电视台采用17条，制作专题部制作姊妹节开幕式、台江宣传片等专题片18部(集)；CCTV等20多个平台对舞龙嘘花节、独木龙舟节等进行现场或连线直播，全国点击量突破640多万次，台江县在各级各类媒体共刊(播)发新闻稿件1686篇(条)；组织台江节目参加央视春晚黎平分会场，台江苗族盛装、舞龙嘘花、反排木鼓舞三个节目登上央视春晚大舞台。

（三）外宣工作提质增量，提升台江美誉度

2014年8月6—11日，受中央电视台邀请，县委宣传部组织“反排木鼓舞”参加CCTV音乐频道《争奇斗艳——少数民族冠军歌手争霸赛》第二季的节目录制，深受好评。

2014年以来，台江县在国家高端媒体平台上稿200余篇（条），在省级各类媒体上稿600余篇（条）。特别是4月贵州苗族姊妹节期间，台江“贵州苗族姊妹节”宣传报道的稿子逾百篇（幅），网络上稿被转播11万余次（幅），“2014年台江姊妹节”相关微博的点击率达到5000多万次，评论2万多条。4月14日和6月26日《人民日报·海外版》《光明日报·综合新闻版》分别对“台江苗族姊妹节”和“施洞独木龙舟节”盛况的相关内容进行了报道。《2014台江贵州苗族姊妹节招商洽谈会签约60.5亿》等相关报道被60多家金融商业网站转载。《贵州民族报》《黔中早报》《黔东南日报》、当代先锋网等各类报刊网站。重点报道或整体推进报道，台江民族文化资源和台江跨越发展、后发赶超的形象在国内外得到充分彰显。

2016年，利用“台江县人民政府网”“今日台江”“醉美台江”等县内宣传平台，设置台江旅游专版、重点对台江旅游资源进行宣传报道，确保景区宣传营销常态化；积极组织银饰刺绣企业、农家乐、旅游村寨参加工艺比拼等旅游宣传促销活动。在2016年全州“十佳”旅游活动中，台江1人获得十佳工艺传承人、

3 项工艺品获得十佳旅游工艺品、红阳和反排 2 个村寨获得十佳旅游村寨称号。在旅游宣传上积极跟随省、州、县领导带队的旅游推介团到北京、上海、深圳、陕西、云南等地开展大美黔东南旅游推介会，以宣传台江的多彩民族文化和秀丽自然山水，扩大台江县对外知名度。

2018 年，完成《反排姑娘》电影剧本创作。摄制完成《相约姊妹节》《台江苗绣》《秘境登鲁》等宣传纪录片。

2018 年成功将台江创建成为全州文明县城，排羊乡被评为全省文明乡镇，老屯乡长滩村、台盘乡棉花村被评为全省文明村寨，革一镇、排羊乡被评为全州文明乡镇，阳芳村、文山村等 6 个村被评为全州文明村寨，县委办、教科局等 15 个单位被评为全州文明单位。

（四）文旅产业提速发展

台江县结合苗绣文化底蕴深厚的实际，采取"合作社＋基地＋妇女组织＋农户"的生产模式，手拉手帮扶，心连心培训，让 2 万绣娘收益。2014 年该县共开展苗绣培训班 90 班次，培训绣娘 5000 余人，发放 210 万元小额贷款给 100 户苗绣微型企业，120 家苗绣个体工商户，35 个苗绣合作社，有力推动了台江苗绣产业发展。

2016 年，续建和新建项目 12 个，总投资 2.24 亿元，完成投资 13673 万元，占全年投资 61.04%。施洞苗族文化旅游综合体、苗岭国家地质公园等景点基础设施建设进一步加快，在中组部扶贫工作组的积极争取和省委、州委的关心支持下，规划建设雷公山自然博物馆、苗族迁徙史博物馆和环雷公山国家登山步道。出台《关于加快文化强县建设的三十条意见》《台江县非物质文化遗产发展行动计划》，深入挖掘苗族文化资源，加大苗族传统村落保护力度。完成施洞镇旧州村省级文物保护单位集中成片传统村落整体保护利用工程，建立施洞苗族刺绣博物馆及 24 个非遗文化传承基地。扎实开展锦绣计划，被列为省"锦绣计划巧手脱贫示范县"，扶持做强吉玉鸟、喜悦祥、锦绣图腾、水姑娘等 20 户民贸龙头企业，"台江苗绣""台江银饰"产业不断做大做强。创新舞龙嘘花节、独木龙舟节等民族节日办节模式，苗族姊妹节办节水平进一步提升，成功升级为"中国苗族姊妹节"，举办苗族文化论坛，极大地提高了台江县旅游吸引力。截至 12 月，全县共接待旅游游客 99.75 万人，较去年同期上升 63.48%；实现旅游综合收入

6.66亿元，较去年同期上升63.52%。全县共接待旅游游客99.75万人，较去年同期上升63.48%。

2018年，通过“千村计划”“锦绣计划”、中小企业专项资金和微型企业资金等项目申报，帮助文化产业企业获得项目资金，并抓好项目实施。启动14个州级非物质文化遗产项目申报工作，继续做好“苗族姊妹节”“苗族独木龙舟节”申报人类非物质文化遗产工作。成功将施洞文化产业园申报为全省“十三五”文化产业重点项目，并加快推进建设。此外，研究制定了《关于进一步加快台江银饰刺绣产业发展的实施意义》，成立银饰刺绣文化产业指挥部，从政策项目等方面支持做大“台江银秀”产业品牌。据统计，2018年台江文化产业增加值占GDP比重达5.35%，在全省县域第三方阵甲类中排名第一。

（五）非遗保护逐步推进

2014年11月，台江县南宫乡交宫村被国家民委评为首批“中国少数民族特色村寨”，并完成了挂牌仪式。“中国少数民族特色村寨”命名挂牌工作是国家民委、国家财政部根据国务院《关于进一步繁荣发展少数民族文化事业若干意见》的要求，为发挥少数民族特色村寨的品牌效应，加大宣传力度，目的是提升村寨知名度，促进少数民族特色村寨的保护与发展。

同年12月16日，住建部、文化部、国家文物局、财政部、国土部、国家旅游局等七部局联合公布“第三批中国传统村落名录名单”，台江县7个村落榜上有名。“第二批中国传统村落名录名单”中，台江县入选了29个村，至2014年，台江共有36村入选了台江年省“中国传统村落名录名单”。2014年9月17日，中国民生银行·中国扶贫基金会“美丽乡村——反排古村落保护项目”落户方召乡反排村，同时反排村还被中央电视台列入“古村寨拍摄计划”。

另外，文化部公布的441个2014—2016年度“中国民间文化艺术之乡”名录中，台江县“苗族姊妹节习俗”名列其中。从1998年开始，县人民政府引导民间举办“中国贵州苗族姊妹节”并对外推介，目前姊妹节已成为一个中外闻名的传统民族节日和世界级的旅游品牌。2006年“中国贵州苗族姊妹节”被列为全国第一批非物质文化遗产保护项目；2011年入选首届CCTV《乡土盛典》最具人气民间节会名单；2013年入选2013年第一次实施的全国文化信息资源共享工程地方资源建设项目。

2018年，将非遗项目纳入“送戏下乡”“民族文化走进大学校园”等工作，积极开展非遗保护传承工作。启动录制“苗族独木龙舟节”“苗族古歌”收录工作，组织撰写、整理《苗族姊妹节》。认真开展非遗培训，共培训了130名苗族妇女。

2018年，完成省级文物保护“三防”基本情况的统计上报，申报2018年省保安全防范设施设备建设资金，省人民政府公布将排羊乡九摆鼓楼等5处文化保护单位被列入贵州省第六批文化保护单位，台江县省级文物保护单位从原来的3处增至2018年的8处。

（六）文艺作品收获颇丰

2014年，全县创作小说40余篇，其中县级刊物采用10余篇，州级刊物采用6篇，各种网站发表10余篇。创作散文200余篇，县级刊物采用40余篇，州省级刊物采用20余篇。各种网站发表30余篇。出版了一部长篇小说和一部纪实侦破文学。创作诗词400余篇，县级刊物采用50余篇，州级以上刊物采用30余篇。书法、创作美术作品500余幅，展出360余幅，刊物采用40余幅。春节期间，书法协会10余名会员义务为广大市民书写春联，共书写1000余幅。摄影创作2000余幅，展出1600余幅（次），各种刊物采用60余幅，送县印制画册20余幅。县电视台拍摄电视专题20个，电视散文3个，分别在县、州电视台播出，其中州电视台播出电视专题5个。

2016年，文学创作方面，小说创作30余篇，其中县级刊物采用20余篇，州级刊物采用5篇，各种网站发表10余篇；散文创作200余篇，县级刊物采用30余篇，州省级刊物采用5余篇、各种网站发表30余篇；诗词创作200余篇，县级刊物采用50余篇，州级以上刊物采用10余篇。书法、美术创作方面，书法、美术创作300余幅，展出160余幅，刊物采用20余幅；春节期间，书法协会10余名会员义务为广大市民书写春联，书写了1000余幅。民间文艺方面，搜集整理10余篇作品。摄影摄像创作方面，摄影创作400余幅，展出200余幅（次），各种刊物采用20余幅；摄像工作由县文联牵头拍摄电视专题6个，电视散文3个，分别在县、州电视台播出，其中州电视台播出电视专题3个。

2018年上半年，编辑出版《台江初心》《台江故事》和《台江风物志》三本书，全面介绍了台江的风土人情、民族文化、自然景观。诗词创作400余篇，县级刊物采用80余篇，州级以上刊物采用30余篇。书法、美术创作300余幅，展出150余幅，刊物采用20余幅。

组织民间艺人积极创业和申报国家级、省级、州级民族文化传承人，其中：田锦锋、方少保荣获国家级民族文化传承人，王玉荣、张武等16人获得县级“三名工程”人才；文联委员熊金江获评为县管专家，熊克武、张志发获评为县级拔尖人才，杨再平、王小平、张旭、张宽智获评为工匠人才。

县文联与县民宗局积极开展苗族古籍文化收集活动，至2018年收集整理完成苗族古歌100余首，收集整理民间山歌400首，并汇编成小集子。创作摄影作品500余幅，展出200余幅（次），各种刊物采用60余幅。

（七）文化活动丰富多彩

2014年，县文联组织县书法协会10余名会员开展义务写春联活动，共为群众义务写春联2000余幅。组织举办2014姊妹节书画摄影展活动，共展出书法、美术、摄影作品400余幅，为历年来台江县规模最大、质量最优的一次书画摄影展，观众达5000余人次。举办了迎国庆摄影展，展出作品100余幅。应工业园区有关领导的邀请，组织诗词爱好者10余人到革一工业园区采风，撰写楹联50余幅。

2016年，组织县书法协会10余名会员开展春节前义务写春联赠送活动，共为群众义务写春联1000幅，得到中组部加印1500幅，发给党员干部和农村基层贫困农户。组织举办2016中国姊妹节书画展，共展出书法、美术作品130余幅；组织举办中国苗族姊妹节“印象台江”摄影展，共收到摄影作品640幅，展出150幅，观众达10000余人次。组织举办“中国苗族姊妹节主题歌和台江形象歌曲征集”活动，共收到歌词和歌曲190首，评出8首为获奖等次，并制作13000张光盘向全县干部和来台江游客发放。期间，举办了“台江‘八一’军民联欢暨中国苗族姊妹节主题歌和台江形象歌曲颁奖大型晚会”，协助开展“永跟党走·筑梦小康”庆祝建党95周年歌咏比赛活动和“苗歌唱响风雨桥”活动。组织人员参加全州第四届旅发大会书画大赛和全省戏剧编创、书法、摄影“三区”人才台江培训班培训，开展廉政书画作品征集，县离退局开展老年节书画比赛，秀眉社区开展“两学一做”书画活动，指导秀眉社区成立苗歌协会。会同红十字会开展“捐作品献爱心，共助脱贫攻坚”活动。举办“2016年苗歌唱响风雨桥”

活动。激发引导广大群众多读书、读好书，推动全民阅读风尚的形成。

组织开展2016年“脱贫攻坚，文艺先行”采风活动，30余人参加此次活动。做好“我歌我快乐，同步小康民间歌谣”征集工作，共征集到民间歌谣80多首，精选30首上报州小康办参加评选。组织专人编创《花开满枝头》和《苗歌唱响风雨桥》民间歌谣，邀请到北京蒋凌云老师、台江县南省小学梁晓英老师一起合唱并制成光盘，其中《花开满枝头》选用为全省、全州同步小康民间歌谣调演晚会的歌曲，全州16个县市仅有台江、剑河、榕江三个县的歌谣作品被选用，两首歌谣将编为台江县脱贫攻坚的民间歌谣进行巡演。收集上报29名文艺人才参加全州第一届文艺奖、12名文艺青年参加全省民间文艺“青年十佳”评选活动。

2018年，县文联组织近20名书法家集中于县第一中学连续书写3天春联，写成2000多幅春联。2018年姊妹节由县文联组织举办三个地方摄影展，一是为迎接旅发大会观摩活动，在排羊白基山布展摄影作品40幅，向游客和参加旅发大会的领导展示白基山的景观。二是县城翁妮河两岸摄影展，布展作品100幅。三是黔东南摄影家黄明光摄影展，在台江大酒店河边景观台上布展90余幅。应广西省龙胜县文联之邀，组织10幅书法作品参展，县书法协会组织赵光学、王小平、熊天葵、刘东等写出10幅书法作品参展，并于6月27日—30日派书协代表前去参加活动。组织书法家协会参加全省禁毒书画大赛。组织县民间歌舞艺人参加姊妹节活动。2018年姊妹节期间，县文联配合歌舞协会，组织民间艺人参加万人唱响翁你河活动。

（八）项目规划和建设工作成果凸显

2014年，台江县获贵州省级“100个旅游景区”项目建设奖励资金500万元，主要用于台江县施洞苗文化旅游综合体游客中心建设补助及贷款贴补。项目建设完工后，台江县施洞苗文化旅游综合体景区的基础设施更加完善、交通更加便捷，旅游接待能力和服务水平进一步提升。

2016年邀请北京清华同衡、北京绿十字、四川观堂建筑、港中旅等知名的旅游规划团队以及浙江大学、贵州大学等高等院校旅游专家教授前来台江就旅游体育事业把脉会诊。完成《台江县十三五旅游脱贫规划》《环雷公山自驾游精品线》《反排村旅游扶贫村试点规划》《红阳村旅游扶贫村试点规划》的编制。

2016年，大力推进项目建设工作。一是施洞苗文化旅游综合体项目12个，其中路网项目完成主体工程，姊妹节踩鼓场项目完成观景台基础和圆形主广场基础，外围环形路路面工程及路道牙绿化施工，旅游停车场进入主体工程建设阶段，生态景观池及四周步道已进入样板段施工阶段；二是古建筑修缮进入工程验收阶段；三是启动台江国家登山健身步道项目，拟建50公里以上的第一期台江国家登山健身步道示范性工程项目；四是启动“姊妹湖”项目的可研规划设计。

利用施洞镇被列入全省重点镇打造100个示范小城镇契机，围绕全面实施文化旅游名镇战略、建设4A级文化旅游景区的目标，按照3P模式和5A级标准，与贵州苗疆文化旅游开发有限责任公司签订协议，投资24.58亿元打造施洞文化产业园区。

此外，在“乡村少年宫”项目中，2016年已有施洞、台盘、排羊3座乡村少年宫建设投入使用，南宫小学少年宫项目获得中央资金援助，年内建成。各少年宫每年开展活动20次以上，建立体育、音乐、绘画、书法等各类兴趣小组，极大地丰富青少年的课余活动，发掘和培育学生的兴趣和天赋。

积极组织台江县企业申报省文化产业项目发展专项资金、省文化产业扶贫“千村计划”项目、2016年贵州省文化产业示范基地等，2016年，完成申报省文化产业项目发展专项资金项目共8个，申报资金共354万元；文化产业扶贫“千村计划”项目申报4个，申报资金共346万元。其中，台江县锦绣图腾工艺品有限公司申报的台江县苗族刺绣工艺品产业创意发展项目获得省文化产业扶贫“千村计划”70万元专项资金支持。

2018年，完成全省旅游“1+5个100工程”项目申报2个，重大旅游项目申报1个，美丽乡村建设项目资金申报获批600万元（其中旅游方面民俗改造150万元，体育方面步道建设450万元）；成功申报锦绣长滩景区（长滩村—稿仰—方南姊妹休闲观光产业扶贫示范园）及红阳景区的3A级景区。积极做好反排木鼓舞非遗保护利用设施项目基地的建设工作和全民健身中心项目建设工作。抓好广电项目的实施，雪亮工程全年开通492个点，占计划的89.45%。智能云应急广播66个点已全部建成使用，多彩贵州“广电云”户户用工程全年任务数5586户，年底实际完成6000户，完成全年任务的107.41%。

第四节　民族教育政策与实践

一、民族教育政策实践措施

（一）全面推进义务教育均衡发展

1. 优化学校布局调整，推进义务教育均衡发展

学校办学进一步向规模化、集中化发展，寄宿制学校逐步得到提高完善，全县教育资源配置进一步合理优化。2012—2014 年，台江县新建幼儿园 18 所，合并幼儿园 1 所，合并小学高年级 6 所，撤销教学点 34 个。村级完小从 2010 年的 46 所撤并为 2014 年的 35 所，农村教学点从 2010 年的 49 个撤并为 2014 年的 23 个。现有幼儿园 24 所，完小 35 所，教学点 23 个，初级中学 8 所（含 1 所九年制学校），高中 2 所。

2014 年，全县合并幼儿园 1 所，撤销教学点 6 个。小学纯入学率巩固在 99% 以上，初中毛入学率保持 95% 以上，纯入学率从“两基国检”年的 63.71% 提高到了 2014 年的 97.27%。辍学率控制在小学 1% 以内、初中 2% 以内。寄宿率小学达 26.02%，初中达 76.71%。义务教育阶段巩固率达 87.36%。其中小学新生接受学前教育率比往年提升，2012 年为 85.18%，2013 年为 92.04%，2014 年为 94.11%，全县教育已经从“有学上”转变为“上好学”的方向发展。

2. 加大教育投入，教学资源进一步得到优化

2014 年，县政府通过融资贷款 4200 万元，加强了对台江教育信息化建设。其中，“班班通”设备 550 套，计算机教室 44 间（2000 台），15 间智慧教育互动课堂，1 套县教育综合管理平台。由中国社会福利基金会、贵州省委统战部、省中华职业教育社以及广东拍翼教育科技有限公司帮助和赞助，对台江县教育局和 22 所学校实施免费教学资源网站建设。2016 年，建设了贵州省首个县级教育城域网，实现千兆光纤进校园，并在县教育局建立了台江县教育信息中心机房。2018 年，安装三个不同学段学校的录播室，发挥录播教室的课堂直播功能，推进信息化与课堂教学深度融合。全县参加“一师一优课，一课一名师”活动 601

人，晒课406节，共推出县级优课67节，获得参加省评的州级优课54节。全面推进“网络联校”建设，引导以中心校为核心，以“人人通”空间为平台，实现网络片区化学校管理和教研工作，集体备课，组建网络教研组，开展网络教研。

3. 狠抓教育工程建设，着力改善办学条件

实施教育工程项目共四大类，总投资4816万元，涉及“全面改薄”45所、学前教育15所、高中项目1所、厕所革命20所。其中，全面改薄项目校45所，单体数67个，建筑面积77505平方米，项目规划投资3183万元；开工面积70205平方米，竣工面积51273平方米；前期手续及场坪单体7个，主体施工单体2个，主体完工单体2个，完工单体3个，竣工验收单体53个。学前教育项目校15所，单体数16个，建筑面积9123平方米，项目计划总投资1000万元；开工面积9123平方米，竣工面积8735平方米；主体完工单体1个，竣工单体15个。普通高中项目校1所，单体数11个，建筑面积27610平方米，开工面积27610平方米，计划投资431万元；主体施工单体2个，竣工单体9个。厕所革命项目实施单体20个，其中新建3个，重建4个，改造7个，提质6个，建筑面积1657平方米，资金投入202万元；20个单体全部竣工。

（二）统筹发展各类教育

1. 学前教育

定期对各幼儿园收费、园务管理、环境创设、保教工作、队伍建设、安全工作、集团化办园工作、教研指导责任区工作进行指导和督查，并列入年终目标考核。加强对民办幼儿园的监管，依法对民办幼儿园进行执法检查，强化制度管理、保教质量监督，促进其依法办园。积极探索小幼连贯制学校办学模式，继续做好番省村小幼连贯制学校和南瓦村小幼连贯制学校试点工作。完成15所公、民办幼儿园的县级评估工作。

2. 义务教育

2014年以来，县政府领导和教育局共同组织召开“控辍保学”推进会、调度会6次，“七长责任制”落实具体，工作任务明确，宣传和组织入学力度大，台江县创新利用民族节日开展入学宣传和县职中深入到初中以晚会的形式宣传招生的方式，受到省教育厅表扬。台江县小学、初中辍学率分别为0.98%和1.99%，小学入学率达99.38%，初中入学率达98.47%，均达到年初预定的工

作目标。学前在园幼儿4612人，超省下达任务数49人，民中、职中分别招生1215人和974人的招生任务也如期完成。

2018年辍学人数共121人（其中小学9人，初中105人，普通高中7人）。县政府采取“七长责任制”和“双线”工作机制，实行层层包保“控辍保学”责任机制，及时组织人员进行进村入户动员返校工作，建档立卡贫困户的子女全都动员入学。

（三）强力推进教育扶贫

1.教育帮扶

杭州市余杭区有16所学校与台江结对帮扶，派出了4位教师到台江民族中学支教。余杭区支教教师主动利用他们的人脉优势，成立了“苗岭民间助学会”，该会筹集善款余杭区部分达439.02万元，分别对全县小学、初中、高中共计899名学生资助了92.1万元，安排58.497万元为全县1147名乡村幼儿园幼儿2016年秋季开学起提供免费午餐。余杭区教育局派出余杭临平三中副校长赵扬于2016年10月19日到台江任第三中学校长。

2016年6月份，杭州市学军中学原校长陈立群先生到台江县举办一期全县校长培训。2016年7月25日，台江县领导赴杭州恳请杭州市委组织部协调派出杭州市学军中学原校长陈立群先生到台江民族中学支教任职，陈立群先生于2016年8月13日到台江民族中学支教并任校长。陈立群校长到任以来，精于管理，台江民中在校风校貌、学生的行为习惯、教师的工作积极性等方面都发生了巨大的变化，社会评价陡然向好，成为教育帮扶的最大亮点。同时，借助陈立群这位名教师的资源，已组织近30名校长、教师到台江民族中学跟岗学习，让陈校长的管理经验和教育智慧最大限度地发挥教育帮扶作用。

从2016年8月起，浙江大学连续5年每年给台江民中捐赠20万元设立“求是奖教金”，用于奖励爱岗敬业、业务精湛的高中教师。从2016年起，支持台江民中50万元实施“求是强师”计划，用3年时间，对台江民中所有教师进行一次免费培训，通过组织民中教师到杭州去跟班听课、座谈交流、参观学习等方式，拓展视野，更新教育理念，提升教学水平。2016年11月6日—12日，县委副书记赵凯明率队台江民中第一批24名教师赴浙江省杭州市杭州二中、杭州十四中、浙大附中、长河高中等4所学校考察学习；2016年11月20日—26日，县教科局副书记、副局长刘龙率队台江民中第二批20名教师赴浙江省杭州市杭州高级中学、杭州四中、杭师大附中、杭州源清中学等4所学校考察学习。浙大还利用暑期组建大学生支教团到台江实施“学生能力素质提升计划”；每年组织浙大优秀教师和大学生走进台江民中进行励志教育。2016年7月份，浙大21名学生志愿者到台江民族中学开展了为期15天的励志教育、社会调研和学科辅导等活动，还组织了5名专家教授对台江民中500名学生进行科普讲座和对全县200余名教师开展了5场培训。浙大还帮助争取万科集团到县职校开办“万科班”，万科集团与台江县职业中学于2016年7月6日达成了联合办学协议。

神华公益基金会在台江设立“神华爱心助学金”，2016—2018年，神华公益基金每年捐资90万元，共270万元，用于资助台江户籍并就读于台江中小学校、家庭经济贫困、学习成绩优异的学生。为满足台江贫困学生“读好书、好读书”的需求，神华公益基金会还为全县37所农村小学建立“神华爱心书屋”，总投资116万元。

北京航空航天大学、北京科技大学等学生社团利用暑假，组织22名学生义务到台江县中小学生开展学业辅导、励志教育等活动。北大附属实验中学在台江招收1名小学毕业贫困生，城关二小杨菲菲同学已赴该校接受6年（初中、高中）免费教育。

2016年3月，贵阳市民族中学派出1位教师到县民中挂职副校长，任期1年；2016年6月24日，省委组织部再次协调贵阳市教育系统4位教师到台江民中支教，同时，贵阳市第三实验中学和贵州省实验中学同意接受县民中派出教师赴该校进修学习。2016年5月，贵州财经大学师生赴台江县8个乡镇中学、中心小学开展了两期“花蕾护航、女童保护”心理辅导公益活动。贵州财经大学艺术学院和信息学院帮扶台江职业学校签订协议，艺术学院于2016年7月1日赴县职校举行揭牌仪式，信息学院于2016年7月中旬赴县职校开展了为期10天的电商专业教师培训。

2016年7月29日，省人民医院护士学校与台江县达成帮扶协议，对台江倾斜招生，学生减免近60%的学费，每生每年书学费、住宿费、校服费等共计仅交1800元，台江输送61名学生到该校学习。2016年7月22日，贵州水利电力学校到县职校签订帮扶协议，帮助台江合作培养水利水电工程技术、工程测量技术、建筑工程施工技术、发电厂及电力系统、楼宇智能化设备安装与运行、电子商务等专业方面的人才。2016年，在台江职校报读贵州水利电力学校相关专业的学生有62人，到贵州水利电力学校就读相关专业的学生有13人。

2016年9月6日，贵州理工学院派出1名副教授到台江职校挂任副校长。2016年以来，省教育厅、省发改委批复教育项目24个，下达资金6378万元。州教育局协调凯里振华二中为台江代培8名致远班学生，州民族高中为台江县代培5名学生。10月10日，凯里一中派出1名老师到台江民中挂任副校长。黔东南州和凯里市相关学校到台江开展了26校次的教育结对帮扶活动。省扶贫基金会、省委统战部引资为台江捐建了23所资源网站学校，助资合计225.4万元。教育部在线教育中心和清华爱学堂为台江捐助了价值近2000万元的在线学习资源。

中国作家协会、中华文学基金会、中国烟草专卖局、贵州黔硕科技有限公司、余杭实兴服饰有限公司、深圳市康成文化有限公司、团省委和省青协联系的十八家企业、凯里广播电台、余杭区仓前镇中心小学、长春市宽城区柳影小学和天光小学等30多个单位、社会团体给予台江县中小学捐赠校服、图书、课桌椅、台灯、电脑、学习用品等，价值近500余万元。

2. 学生资助

2014年，贫困寄宿生生活补助春季、秋季下拨资金716.14万元；下拨普通高中国家助学金167.7万元；下拨中职助学金54.97万元；下拨大学新生入学资助金额2.6万元；幼儿资助项目下达14万元，惠及280名学龄前儿童。生活补助费共下达771.1万元。其中小学下拨290.6万元，惠及2906名学生；中学下拨480.5万元，惠及3844名学生。中职免学费到位资金65万元。中国教育发展基金共下达40万元，其中小学16万元，惠及400名学生；初中24万元，惠及600名学生。“四季大通”助学基金50万元，惠及100名品学兼优的中学生。

2016年，台江县发放教育精准扶贫资金387.389万元，资助人数1421人；助学贷款受理1406人，贷款金额847.347万元；发放农村义务教育阶段家庭经济困难寄宿生生活补助中央和省级资金765.9万元，受助学生6721人；普通高中国家助学金243.2万元，资助人数1216人；职业高中国家助学金72.7万元，资助人数727人；中职三年免学费78.6万元，受助学生786人；发放幼儿资补第一批中央奖补资金8万元，受助幼儿160人。通过团县委、县委统战部、县扶贫办等渠道，争取“茅台—国之栋梁”“泛海”“雨露计划·圆梦行动”等项目，为台江县考入大学学生助学金共计 173 万元，受助学生 370 人。

2018 年，对全县就读高中（含职中）以及到外省就读高校的建档立卡贫困学生进行全面排查：2015—2016 学年、2016—2017 学年及 2017—2018 学年建档立卡贫困学生中“应助未助”798 人次，补发资助金额 196.776 万元。义务教育阶段“两免一补”政策惠及学生 20387 人。享受贫困寄宿生生活补助费的有 6414 人（其中初中 3645 人，小学 2769 人），发放资助资金 366.2625 万元。高校、高中（含职中）“两助三免”，高中生免学费 175.8 万元，惠及贫困学生 1572 名；高中免书费 258.15 万元，惠及贫困学生 2894 名；高中免住宿费 67.75 万元，惠及贫困学生 1355 名；发放贵州省教育精准扶贫资助金 171.554 万元，惠及贫困学生 1348 名；发放国家助学金 160.8 万元，惠及贫困学生 1750 名；减免中高考报名费和发放大学新生资助金 10.2175 万元，惠及贫困学生 905 名。

3. 营养午餐计划实施

2014 年，学生营养改善工作总投资 809 万元，惠及 13360 人。按省里统一要求，台江县通过招标采购，对大米、食用油、猪肉、鸡蛋等大宗物品，实行“统招、统配、统购、统送”。经过一年多的摸索，营养改善工作在实现“校校有食堂、人人吃午餐”目标的基础上，在资金管理、预防腐败、安全防范、供餐质量、经营管理、远程监管等方面，初步积累了经验。从 2014 年起，享受营养餐的学生已经扩大到县城初中住校生。

2016 年，全县享受营养午餐的学生数为 13141 人，占义务教育阶段学生的 64.38%，其中小学 8761 人，占 66.67%；初中 4380 人，占 33.33%。对大宗食材实行“四统”，全县统一了学生每天供餐菜谱，完成了 150 人以上 25 所学校的电子眼安装，实现了营养午餐的远程监控。

2018 年，台江县享受农村义务教育学生营养改善计划学生共 14896 人，其中初中 5248 人，小学 9648 人；全年下拨营养改善计划资金 1194.6 万元；县城区以外幼儿园营养改善计划实现全覆盖，享受幼儿营养改善计划幼儿 5613 人次，其中春季学期 3002 人、秋季学期 2611 人，下拨营养改善计划资金 82.8552 万。投入“新两基”600 多万元为全县学校（幼儿园）食堂增加设备，消除食堂设备安全隐患。

通过招标，由中标的贵州苗岭半亩田公司和台江县供销社基层中心社两家公司分片区为全县营养改善计划项目学校配送食材。2018 年，全面实施校农结合“1234”工程。小学（幼儿园）消耗大米 590641 公斤，其中本地食材 109649 公斤；猪肉 56491 公斤，其中本地食材 25986 公斤；鸡蛋 16795 公斤，其中本地食材 7726 公斤；各种时令蔬菜 92778 公斤，其中本地食材 42678 公斤。学生营养改善计划项目同时解决了 197 个贫困户 539 人的就业问题。

4. 大力发展职业教育，助推脱贫攻坚

台江民族职业中学是台江县职业技术教育的主要力量，学校创办于 1986 年。1995—2000 年，因受就业等各种因素的影响，学校生源出现大滑坡。2001—2006 年实行高中招生转轨，职业教育适逢转机。2002 年以后，国家对职业教育高度重视，国务院作出了大力推进职业教育改革与发展的决定。2010 年，学校实施职业资格证、毕业证“双证书”制度。2011 年，学校被省教育厅评为省级重点中等职业技术学校。

2008—2010 年，学校为加强专业建设，通过“走出去，引进来”的办学手段，先后引进了广东惠州电子有限公司、福建富宇服装有限公司、苗疆姊妹艺术团、广东省电子信息技术学校、凯里学院、凯里星华驾校等学校和企业与本校联合办学，把工厂落地于学校，借助它们的技术力量、实训经验和设备，全面提高了学校办学水平和教学质量。2008 年与广东惠州电子有限公司合作开办台江县景琛电子有限公司，双方共同设计人才培养方案，共同制定教学计划，共同指导学生开展技能训练；公司提供设备、原材料、实习岗位、技术指导及产品销售；学校为企业提供厂房、招生、理论教学、学员管理，学生毕业后择优录用。实施校企结合联合办厂后，每年为社会组织电子技能培训 1000 人次以上。2010 年，引进福建富宇服装制衣有限公司投资 500 万元，建立“厂中校”，办学成效明显，校办服装厂为台江县提供 200 个学生实习和就业岗位，产品远销德国、美国，月缴税 15 万元以上。

2016 年 7 月，贵州水利电力学校到县职校签订帮扶协议，帮助台江合作培养水利水电工程技术、工程测量技术、建筑工程施工技术、发电厂及电力系统、楼宇智能化设备安装与运行、电子商务等专业方面的人才。2016 年，在台江职校报读贵州水利电力学校相关专业的学生有 62 人（一年后转到省水校就读）；已到贵州水利电力学校就读相关专业的学生有13人。2016年9月，贵州理工学院派出1名副教授到台江职校挂任副校长。

2018年，输送23名建档立卡贫困学生到贵州铁路技师学院就读；输送16名建档立卡贫困高中毕业生到杭州经济技术开发区前沿科技专修学校就读。台江职业中学“职业教育全免费订单精准脱贫班”与山东烟台富士康集团签订了校企合作协议，保证100%就业。

2018年，全县脱盲再教育对象1508人，为16—55周岁以内的文盲或半文盲人员，分布在63个深度贫困村，均为建档立卡贫困户。乡镇干部与教师联合包保脱盲再教育对象脱盲，开展脱盲再教育工作，累计培训1482人次，教师累计参与脱盲再教育823人次。

（四）全面深化教育改革

台江县委、县政府高度重视教育工作，将教育工作纳入县委、县政府重要议事日程，坚持做到教育事业优先发展，教育投入优先安排，教育用地优先考虑，教育问题优先解决，教师待遇优先落实，以此保障教育优先发展。并先后出台了《台江县中长期教育改革发展规划纲要（2010—2020）》《台江县教育事业改革与发展第十二个五年规划》《台江县突破学前教育发展三年行动计划》《台江县推进义务教育均衡发展规划》《台江县突破高中阶段教育发展规划》。县乡两级政府、教育主管部门与学校分别签订教育工作目标责任状，明确乡镇政府及部门主要负责人为教育工作第一责任人，根据责任状制定了《台江县党政领导干部教育工作督导考核工作方案》《台江县党政主要领导教育工作督导考核职能部门工作职责》。

2014年，开展师德师风教育活动，教师节期间将优秀教师、先进班主任、先进工作者代表的先进事迹在全县各中小学校和幼儿园进行巡回演讲和宣传报道，重点组织党的十八届四中全会精神、习近平总书记系列重要讲话精神及习总书记教师节在北京师范大学讲话精神和赵克志书记9月21日讲话精神等专题学习教育活动。

2016年，选派805名校（园）长及骨干教师到清华大学、浙江大学等高校参加学习培训。对全县58名小学校长（幼儿园园长）进行任职资格培训。开展语文、数学、英语、学前教育骨干教师送教下乡24场、受训教师1000余人次。启动省级乡村名师田腾、龙泉工作室，培养本县学科骨干教师。新招30名特聘教师，12 名凯里学院免费师范生，6 名幼儿园教师，2 名职校教师；2013 届特岗服务期满且符合留任接转聘用条件的教师 48 名，2015 届凯里学院免费师范试用期满转正 9 名。完成了《贵州省深化中小学教师职称制度改革工作实施方案》的相关工作。2016 年，全县中小学校、幼儿园教师共有 5 人申报评审高级教师，27 人申报一级教师。全县中、小学教师有 17 人申报 25 年教龄荣誉称号，有 49 人申报 30 年教龄荣誉称号。

2018 年，完成全县中小学学科优质课竞赛、教学技能大赛活动和课堂实录工作。组织完成省级论文 1000 余篇次。成功申报州级科研规划课题 13 个，省级科研规划课题 1 个，结题州级教育科学规划课题 4 个。重新修订《教育教学质量先进学校评分细则》和《教研教改先进学校评分细则》。完成省级乡村名师田腾、龙泉、张俊工作室教研教改指导工作和全国高中生数学联赛活动。配合完成余杭区结对学校到台江县开展送教暨教研和州教科所组织送教下乡活动。

（五）有序推进项目建设

1. 农村寄宿制学生食堂工程

2014 年项目学校 6 所，总建筑面积 2836 平方米，总投资 300 万元，项目资金到位 300 万元。农村寄宿制学生宿舍工程，即台江三中学生宿舍楼两栋，建筑面积 6514.3 平方米，投资 858.28 万元。

2014 年，台江县修建教师公租房与周转房 74 套（其中公租房 44 套，周转房 30 套），总建筑面积 2590 平方米，投资 363 万元。其中：革一小学公租房 20 套，投资 98 万元；台江民中公租房 24 套，投资 118 万元；排羊九年制教师周转房 30 套，投资 147 万元。

2. 农村初中校舍改造工程

项目学校 2 所，即革一中学、南宫中学校舍改造工程，项目总投资 407 万元（其中：革一中学校舍改造投资 223 万元，南宫中学校舍改造投资 184 万元）。根据台江县教育发展中长期规划布局调整到县第三中学来修建。校舍维修改造 7 所，包括台江一中、台江二中、台盘小学、台盘中学、南宫中学、施洞小学、城关一小学生厕所改造工程项目总投资 140 万元。

3. 城镇义务教育项目

学校规划用地 90 亩。台江第三中学项目建设规模为：教学楼三栋（建筑面积 8335.78 平方米）、综合楼两栋（建筑面积 8113.08 平方米）、学生宿舍四栋（建筑面积 13028.68 平方米）、学生食堂（建筑面积 36633.06 平方米）。总建筑面积 66110.6 平方米，总投资 8000 万元。根据台江县布局调整，台江县第三中学建成后，台江县只保留施洞中学一所农村初级中学，老屯中学、革一中学、台盘中学、排羊九年制学校初中部、南宫中学五所乡镇中学整体搬迁至台江县第三中学，惠及五所学校 2715 学生，并可以解决两所城关初级中学大班额问题。台江县三中学建成后，将是全县唯一一所封闭式教学环境学校。60 个标准教室，可以容纳学生 3000 人。4 栋学生宿舍楼可容纳 2800 人住宿，为进城务工农民工随迁子女就近入学提供良好条件，同时使县城初级中学大班额现象得到极大缓解。良好的教育教学环境为台江县迎接国家、省义务教育均衡发展验收创造了优越条件。

4. 学校续建、改扩建项目及其他项目

2016 年，继续推进以下改扩建项目及其他项目。

老屯乡知行小学项目：修建学生宿舍楼 1080 平方米，资金投入 162 万元；修建浴室、锅炉房 120 平方米，资金投入 18 万元；修建教学楼 540 平方米，资金投入 81 万元；修建运动场 4172 平方米，资金投入 104.3 万元。

城关二小项目：修建教学综合楼 1994 平方米，资金投入 299.1 万元；修建运动场 5394 平方米，资金投入 134.8 万元；修建厕所 180 平方米，资金投入 26.8 万元。

方召小学项目：修建学生运动场 5394 平方米，资金投入 134 万元。

城关一小项目：修建教学综合楼 2262 平方米，资金投入 335 万元。

设备采购项目（台江一中、台江二中、台盘中学、施洞中学、排羊九年制学校、南宫小学、施洞小学、台盘小学、革一小学），已全部完成购置任务。

围墙、堡坎建设项目（二安小学、板凳小学、番省小学、龙翁小学、巫西小学）已全部完工。

续建乡镇公办幼儿园项目（即县城第三幼儿园），建筑面积 4190 平方米，总投资 660 万元，主体工程已完工。利用农村闲置校舍改建幼儿园项目 19 所，已全部竣工投入使用。

续建 2014 年城镇义务教育学校建设项目 1 所，教学楼 ABC 栋 3 个单体和教学综合楼D栋1个单体，学生食堂于2017年3月份竣工投入使用。

城关三小扩建项目，总投资1000万元。

台江民中后山滑坡地质灾害治理项目一、二标段完工，台江二中不稳定斜坡地质灾害治理项目完工。

革一乡茅坪小学教师周转房，建筑规模210平方米，项目总投资31.5万元；台拱镇登交小学教师周转房，建筑规模210平方米，项目总投资31.5万元；巫脚交小学教师周转房12套，建筑面积420平方米，资金投入64万元；棉花坪小学教师周转房12套，建筑面积420平方米，资金投入64万元；南瓦小学教师周转房10套，建筑面积350平方米，资金投入53万元；交密小学教师周转房14套，建筑面积490平方米，资金投入74万元；巫西小学教师周转房14套，建筑面积490平方米，资金投入74万元；景洞塘小学教师周转房10套，建筑面积350平方米，资金投入53万元。

台江县第一中学校舍建筑面积5288平方米，运动场建设9150平方米，项目总投资1021万元，其中，中央资金816万元，修建资金205万元。

（六）抓实科技服务

2016年，台江县综合科技进步水平指数预统计工作在上级业务主管部门的指导和县直各责任部门的积极配合下，顺利完成统计上报工作，据省厅反馈预统计数为34.8%。据8月底省情报所反馈数据，2016年上半年新指标体系中，县综合科技进步水平指数为43.39%，位居全州14位，全省68位。累计申报省级科技计划项目16项，其中科技成果转化7项，科技型企业梯队遴选2项，大学生创业4项，农业攻关2项，平台建设1项。

2016年，积极开展地震应急演习演练，联合县教育局组织全县100余所中小学2万余名师生开展防震减灾知识宣传教育和避震逃生应急疏散演练活动；积极开展防震减灾知识“六进”活动，全县地震科普知识、应急避险自救互救知识的宣传面和力度不断加大，社会公众的防灾意识以及对地震灾害的心理承受能力明显增强。

2018年，完成省级科技型中小企业备案数30家，全县备案成功的省级科技型中小企业累计104家。省州相关部门选派22名“三区”科技人才到台江各乡镇（街道）村进行帮扶工作。22位科技特派员和5位科技副职撰写31份产业发展调研报告，其中以乡镇为单位的调研报告9份，个人调研报告22份。各类科技人才组织举办农业技术培训80期次，帮扶农户200人，培训指导群众数2000余人，解决农业技术难题51个，解决群众困难问题百余个。台江县综合科技进步水平指数61.3，位列全省第50位，全州第三位。

（七）加强管理，切实保障校园安全

2004年，为了进一步加强学校教学管理、财务管理和学校安全管理，规范教学行为、强化财务监管和学校安全工作，县人民政府教育督导室、县教育局对全县学校进行三次全覆盖、拉网式检查工作，未出现挪用、占用各种专项经费和未发生安全责任事故。同时，按照省教育厅学科渗透法制教育有关要求，还成立了工作领导小组，并组织20余名中小学校长、主任到施秉县学习学科渗透法制教育的先进经验，并在全县教育系统广泛宣传。同时从政法、公安、司法等部门聘请法制副校长到学校上课，进一步让学生加深对各种法律法规的了解。

2016年，对全县中小学校校园开展两次拉网式、零盲点安全隐患排查，加大校园安全整治，突出抓好防溺水、食品安全、交通安全和校舍安全排查整治。教育局与全县中小学校长、幼儿园园长签订《台江县教育系统每年交通安全责任书》《台江县教育系统每年消防安全责任状》《台江县教育系统校园及周边环境治安重点整治工作责任书》《台江县教育系统每年食品、卫生安全责任书》《台江县教育系统每年禁毒教育责任书》《学校地质灾害目标责任书》等。

2018年，学校（园）组织人员对本校（园）全面开展隐患排查自查，县教育局组建春秋两季学期开学初2个检查组，汛期检查1个检查组，打黑除恶和矛盾纠纷2个检查组，消防安全月1个检查组，对全县128所学校（园）开展全面检查，排查安全隐患共15处，落实整改责任人，落实资金，制定整改方案措施，限期整改。

二、民族教育政策实践成就

（一）义务教育均衡发展

2014年，台江县共有学校92所，其中幼儿园24所，小学58所（含教学点23个），初中8所（含排羊九年制学校1所），普通高中1所，职业高中1所。全县有学生30092人，其中学前幼儿4612人（独立幼儿园2394人）；义务教育阶段学生 20411 人（其中小学 13418 人，初中 6993 人）；高中学生 5069 人（其中普高 3092 人，职高 1977 人）。

2016 年，全县有学校 119 所。其中幼儿园 55 所（民办幼儿园 11 所，小幼一体化幼儿园 34 所，乡镇中心幼儿园 10 所），小学 54 所（含教学点 40 个），初中 8 所，普通高中 1 所，职业高中 1 所。全县学生 29821 人，其中学前幼儿 4620 人（独立幼儿园 2939 人）；义务教育阶段学生 19947 人，其中小学 13164 人，初中 6783 人；高中学生 5254 人，其中普高 3021 人，职高 2233 人（含非全日制 1131 人）。

2018 年，台江县有学校（含幼儿园）127 所，其中普通高中 1 所，职业高中 1 所，初中 4 所，小学 53 所（完小 14 所，村级教学点 39 个），幼儿园 68 所（其中城关幼儿园 3 所，乡镇中心幼儿园 7 所，村级幼儿园 45 所，民办幼儿园 13 所），在校生 30152 人（其中普通高中生 3110 人，职业高中生 1634 人，初中生 6724 人，小学生 13833 人，幼儿 4851 人）。

（二）教师队伍不断优化

2014 年，教育局完成接转特岗教师 88 名（2 名自愿离职）；顺利招录 40 名特岗教师；并通过人事招录教育局机关项目工程办工作员 1 名，幼儿园教师 26 名；聘用学生宿舍管理员（寄宿制学校生活指导教师、工勤岗位）9 人。完成 15 名校（园）长的任免，调整 15 名特岗教师工作岗位，57 名教师、校长进行异校交流，更进一步地解决了县内学校教师学科结构不合理问题。

2014 年，全县中学教师申报中学高级教师任职资格 19 人，经州高评委评定，通过 12 人；申报中学一级教师任职资格 76 人，经州中评委评定，通过 49 人；申报小学高级教师任职资格 69 人，经州中评委评定，通过 52 人。申报基层副高教师任职资格 8 人，经州中评委评定，通过 8 人。

为提高教师自身的业务水平和教学能力，推动台江教育的深层次发展，2014 年组织教职工分别参加“国培计划”36 人，“素质提升工程”117 人，“千校万师”20 人，“校长培训”15 人，全州初中、小学骨干教师“送培到县”和“新方法”教师专业技能培训 430 人，“道德讲堂”3636 人次。全年有 1896 篇论文发表和获奖，获州级优质课等次奖 20 人次。组织全县教师进行专业知识和通识能力的考试，通过美中友好志愿者对台江县教育系统中小学 58 名英语教师进行为期10天的培训。

2016年，全县教职工1919人，专任教师1623人。其中幼儿园教职工222人，专任教师156人；义务教育阶段教职工1421人，专任教师1216人，其中小学教职工960人，专任教师838人，初中教职工461人，专任教师378人；高中教职工276人，专任教师251人。

2018年，全县教职工1826人，其中高中阶段教职工268人，初中教职工432人，小学教职工966人，幼儿园教职工160人。省级骨干教师5人，省级乡村名师3人，州级骨干班主任7人，州级骨干教师53人，州级名班主任1人，州级名校长1人，县级骨干教师72人，县级“名校长”“名班主任”“名教师”21名。2018年录用11名普高教师，公开引进高层次人才1人和急需紧缺人才1人到台江民中任教。完成2015届50名特岗教师服务期满且符合留任接转聘用条件教师的申报工作。全县中小学校、幼儿园教师申报评审高级职称有8人，申报一级职称有30人。

（三）教学质量逐年提升

加大教育教学改革力度，强化学校管理，快速提升师资队伍质量和水平，使全县教育教学质量有了进一步提高。

2014年，顺利完成小考、中考、高考工作。高考一本上线17人，比上年多7人，增长了70%；中考成绩人均分比去年高18.3分，中考500分以上比2013年的288人多58人，全州排位第10名；小考成绩人均分比去年高29.8分。当年中考考生1930人、高考考生963人，参考率为近三年最高记录，全州排名均居第4名。通过“走出去，引进来”的方式，首批浙江省杭州市余杭区4名支教教师到台江县民族中学办“示范班”，并跟班执教直至高考。继续选送30名优秀学生到江苏射阳中学开办第二个“台江班”。这是解决台江县高中教育教学质量提升的有效途径。

2016年，参加高考考生998人，一本上线43人，比去年多25人；二本以上上线228人，较2015年二本以上上线人数134人多了94人。中考人均分创历史最高为406.5分，比2015年上升了5.2分。省、州教学名师、骨干教师到台江县开展送教下乡活动共12场次。召开5次高考备考推进会。完成省级论文竞赛征集活动，征文1100余篇。完成教学常规检查过程评价，随堂听课450余节。

制定了《台江县教育和科技局局机关二级目标考核办法》，完成《台江县教育事业“十三五”发展规划》,《台江县基本普及十五年教育实施方案》获县政府常务会通过。

2018 年，全县高考考生 901 人，一本上线 73 人，同比净增 30 人；二本以上上线 504 人，比同比净增 210 人；专科以上上线率达 99.1%。600 分以上有 8 人；本科上线率从去年的 29.82% 上升到 55.94%；高考一本、二本上线完成率连续两年分别名列全州第二、第一；户籍地学生高考每万人口本科上线率从 2017 年全州第二名上升到第一名。

2018 年，台江县中考成绩呈上升趋势，人均分 446.54 分，同比上升 22 分，中考人均分和及格率分别排名全州第四、第六；台江县 5 个先进集体、4 个高中先进团队受到黔东南州基础教育教学质量评价表彰，全县中考 600 分以上学生共有 259 人，留在台江民中就读的有 227 人，台江县高中优质生源回流势头良好，全社会对台江办学的信任度、满意度大幅提升。

（四）体卫艺成果颇丰

狠抓学生素质，在全县广泛开展大课间体育活动，保证中小学生每天锻炼 1 小时。2014 年，教育局组织台江县高中、初中足球代表队赴天柱县参加黔东南州第三届省级示范性高中暨首届初级中学足球联赛，荣获季军。组织台江县中学生赴黎平县参加黔东南州“中国人保财险杯”2014 年第十一届中学生田径运动会，台江县代表队获男子 200 米高脚、女子 5000 米长跑、女子 100 米板鞋三个单项金牌，男子 200 米短跑、男子 5000 长跑、女子跳高、女子 60 米板鞋四个单项获银牌，男子 100 米高脚单项获铜牌。

组队参加 2016 年黔东南州青少年田径锦标赛，荣获金牌 2 枚、银牌 3 枚、铜牌 4 枚。组队参加黔东南州九运会青少年足球赛暨校园足球三级联赛，小学男子队荣获亚军，初中男子队荣获第三名，高中女子队荣获第三名，高中男子队荣获第四名，台江民族中学代表队获得“道德风尚奖”。组队参加黔东南州 2016 年教职工“园丁杯”篮球运动会活动，李相相和邰昌菊老师荣获州级“最佳运动员”称号。

2018 年，组队参加州校园足球联赛，高中男子队、初中男子队、小学女子队均获第三名，小学男子队获第五名。组队参加黔东南州第六届中小学艺术展演活动，荣获绘画组二等奖1个、三等奖7个，书法组二等奖4个、三等奖1个，舞蹈组一等奖1个，声乐组一等奖1个、二等奖2个、三等奖2个，戏剧组二等奖2个、三等奖1个，摄影组一等奖1个、三等奖1个，朗诵组一等奖1个，学生艺术实践工作坊一等奖1个。组队参加全国中学生朗诵比赛，荣获高中组一等奖、初中组二等奖。组队参加黔东南州首届气排球比赛，荣获小学组女子第三名、男子第四名，县教科局荣获组织奖。

（五）惠民政策大覆盖

实现贫困学生走访全覆盖，对全县就读高中（含职中）以及到外省就读高校的建档立卡贫困学生进行全面排查：2015—2016学年、2016—2017学年及2017—2018学年建档立卡贫困学生中“应助未助”798人次，补助金额196.776万元。义务教育阶段“两免一补”政策惠及学生20387人。享受贫困寄宿生生活补助费6414人（其中初中3645人，小学2769人），发放补助资金366.2625万元。

2018年，高校、高中（含职中）“两助三免”，高中免学费175.8万元，惠及贫困学生1572名；高中免书费258.15万元，惠及贫困学生2894名；高中免住宿费67.75万元，惠及贫困学生1355名：发放贵州省教育精准扶贫资助金171.554万元，惠及贫困学生1348名；发放国家助学金160.8万元，惠及贫困学生1750名；减免中高考报名费和发放大学新生资助金10.2175万元，惠及贫困学生905名；发放幼儿资补40.1万元，惠及贫困幼儿802名；发放生源地助学贷款1148.451万元，惠及困难家庭学生1724名。其他政策性资助，减免参加中考贫困学生855人的报名费72675元；减免参加高考贫困学生50人的报名费6500元；普通高中免收学费学生2522人次，减免资金297.27万元；中职学校免收学费372人次，减免资金60.88万元；发放34名台江户籍考取大学的新生资助金共2.3万元。

通过团县委、县总工会、县委统战部、县民政局、黔东南州教育扶贫关爱联合会、州计生协会、中国新能源集团、县妇联和县苗岭助学基金会、中央专项彩票公益金等渠道争取到资助资金390.54万元，资助贫困学生2139人、贫困教师22人。生源地助学贷款，受理贷款1724人（其中：建档立卡贫困学生929人，其他困难家庭学生795人），发放贷款1148.451万元。

（六）教育帮扶稳步推进

2018年，杭州市及余杭区选派21名优秀教师、浙江大学选派8名优秀大学生、贵阳市选派9名优秀教师到民中和三中帮扶支教；东北林业大学选派16名优秀大学生到一中和二中帮扶支教；传梦公益基金资教工程选派4名优秀大学生到南省小学帮扶支教，为台江教育教学注入了新的活力。

杭州市及余杭区结对子学校、幼儿园纷纷组团前来台江对子学校开展送教活动，给台江对子学校的学生送来价值3万余元的学习用品和办公用品。余杭区爱心人士爱心帮扶物资折合200余万元。杭州市支持台江县1000万元的教育综合提升帮扶资金，专项用于师资队伍建设。浙江省甘霖基金会每年出资12.5万元在台江民中资助举办“甘霖班”。挂职副县长司文朋牵线开展“手拉手”助学活动，每年资助台江300名贫困学生，初中1250元/年/生，小学1000元/年/生。

台江县2018年新增10所幼儿园与余杭区10所幼儿园签订帮扶协议书，2018年共有26所学校、幼儿园与余杭区学校、幼儿园结对子。

杭州市支持1000万元实施的“教育提升工程”项目，专项用于师资队伍建设，力争用3年时间，对台江县从学前到高中涵盖所有学科教师进行“送出去、请进来、建机制、重奖励”的教师能力提升培训、激励工作，2018年6月27日正式启动。

2018年，全县组织中小学、幼儿园校（园）长、德育骨干、优秀骨干教师等共227名赴杭州及余杭跟班学习。教师节期间分别对州级“三名工程”工作室及辅导学生取得优异成绩的老师发放第一批教育综合提升工程激励资金11.25万元。省教育厅在台江民中设立“陈立群名校长领航工作室”，省级乡村名师张俊、州级名班主任李平艳工作室揭牌；开展省级乡村名师田腾工作室第二批学员研修与第二次集中培调学习活动和省级乡村名师张俊工作室、龙泉工作室送教到村活动，组织名师、骨干教师100余人开展“春风行动”和“夏秋攻势”送教下乡活动7次。选送4名教师参加“国培计划（2017）”、15位教师参加省“四有”“三者”好老师专题培训、3名校长参加黔东南州乡村小学校长管理能力提升培训活动、188名中小学幼儿园教师参加为期1个月的黔东南州素质提升工程培训。邀请教育部“万人计划”教学名师、浙江省高级教师、杭州市长河高级中学校长等专家名师给台江县教师和学生进行感恩励志教育及对台江中小学学科教师进行专题培训。当年全县共选派教师参加“国培”37人次，“省培”62人次，“州培”485人次，“县培”3045人次。

（七）项目申报成果凸显

2018年，申报各级各类科技项目15项，其中科技支撑（产学研）项目3项，基础研究1项、社会发展2项、平台及人才团队建设6项，成果转化3项，累计申请资金1319万元。开展知识产权保护和专利执法6次，查处专利案件25件。全县累计申报各类专利101件，其中发明专利47件，有效发明专利累计21件，万人发明专利拥有量1.88件，位居全州第二。

参考文献

［1］贵州省台江县志编纂委员会．台江县志．贵阳：贵州人民出版社，1994.

［2］台江县地方志编纂委员会．台江县志：1991—2010. 北京：方志出版社，2017.

［3］台江县史志办公室．中国共产党台江县历史大事记．成都：成都品诚文化传播有限公司，2011.

［4］中国社会科学院民族研究所．中国少数民族现状与发展调查研究丛书：台江县苗族卷．北京：民族出版社，1999.

［5］台江县史志办．台江年鉴 2014. 昆明：德宏民族出版社，2014.

［6］台江县史志办．台江年鉴 2015. 昆明：德宏民族出版社，2015.

［7］台江县史志办．台江年鉴 2016. 昆明：德宏民族出版社，2016.

［8］台江县史志办．台江年鉴 2017. 昆明：德宏民族出版社，2017.

［9］台江县史志办．台江年鉴 2018. 昆明：德宏民族出版社，2018.

［10］台江县史志办．台江年鉴 2019. 北京：中国文史出版社，2019.

［11］中共黔东南自治州委党史研究室，黔东南自治州人大常委会民族委员会，黔东南自治州民族宗教事务委员会．党的民族政策在黔东南的实践．贵阳：贵州民族出版社，2006.

［12］中共黔东南州委党史研究室．中国共产党黔东南州历史大事记：1990—2009 年．北京：中共党史出版社，2012.

后 记

本书是我院庆祝中国共产党成立100周年重点支持的出版项目。2020年7月，我院副院长李斌教授，组织校内外专家、学者启动了专项课题，意在总结党在黔东南地区实施的民族政策及其实践，进一步铸牢中华民族共同体意识，同时也为了充分挖掘黔东南民族文化这个宝藏，促进凯里学院“区域内一流建设培育学科”民族学学科建设，进一步凝练科研方向，凸显民族学服务地方的特色和优势，推动民族学一流建设，培育学科又好又快发展。

从10月份启动这项工作以来，学校领导高度重视，多次召集课题组成员讨论，并积极和各县市沟通，开具公函，方便课题组成员搜集资料。

本人自领到任务，负责台江县篇以来，多次奔赴台江，收集到丰富的资料。台江县各级领导在百忙之中抽出时间来帮我，在此，我十分感谢台江县政府、史志办等部门的领导和有关工作人员，尤其感谢我的堂弟杨航，在其完成台江县组织部繁重的工作任务之余，还帮我与台江县史志办联系与协调，使我在短时间内获取到了大量的资料。感谢我在台江工作的朋友们，是他们的大力支持和帮助，才让我在短时间内完成这一任务。

杨沁

二〇二一年完成于凯里